“十四五”职业教育国家规划教材

职业教育物流管理专业教学用书

岗课赛证综合育人系列教材

仓储与配送实务

丛书主编　陈雄寅

本书主编　韦妙花

副 主 编　肖祥伟

主　　审　陈雄寅

電子工業出版社

Publishing House of Electronics Industry

北京 · BEIJING

内容简介

本书是职业教育物流管理专业教学用书、1+X证书系列教材。本书采用“项目—任务”的形式组织教学单元，适合采用项目教学法、任务引领教学法，每个任务由任务展示、任务准备、任务执行、任务评价组成。主要内容包括走进仓储与配送、仓储规划、入库作业、在库管理、出库作业、配送中心内部规划、配送中心业务处理。

本书既可以作为职业院校物流管理专业及其他相关专业的教学用书，也可以作为物流从业人员的参考资料和培训用书。

图书在版编目（CIP）数据

仓储与配送实务 / 韦妙花主编 . —北京：电子工业出版社，2019.11
ISBN 978-7-121-36544-7

Ⅰ. ①仓… Ⅱ. ①韦… Ⅲ. ①仓库管理－中等专业学校－教材 ②物流管理－物资配送－中等专业学校－教材 Ⅳ. ①F253 ②F252.14

中国版本图书馆 CIP 数据核字（2019）第 092393 号

责任编辑：王志宇
印　　刷：中国电影出版社印刷厂
装　　订：中国电影出版社印刷厂
出版发行：电子工业出版社
　　　　　北京市海淀区万寿路 173 信箱　邮编 100036
开　　本：787×1 092　1/16　印张：12.5　字数：320 千字
版　　次：2019 年 11 月第 1 版
印　　次：2024 年 1 月第 10 次印刷
定　　价：48.00 元

凡所购买电子工业出版社图书有缺损问题，请向购买书店调换。若书店售缺，请与本社发行部联系，联系及邮购电话：(010）88254888，88258888。

质量投诉请发邮件至 zlts@phei.com.cn，盗版侵权举报请发邮件至 dbqq@phei.com.cn。

本书咨询联系方式：(010）88254523，wangzy@phei.com.cn。

前　言

仓储与配送活动是商品流通乃至社会再生产过程中不可缺少的，是现代物流体系中的重要环节。党的二十大报告强调:“构建优质高效的服务业新体系，推动现代服务业同先进制造业、现代农业深度融合。加快发展物联网，建设高效顺畅的流通体系，降低物流成本。加快发展数字经济，促进数字经济和实体经济深度融合，打造具有国际竞争力的数字产业集群。优化基础设施布局、结构、功能和系统集成，构建现代化基础设施体系。”对于企业来说，如何提高仓储配送工作效率、降低仓储配送运营成本、从根本上提高物流管理和服务水平，是每个企业都必须面对和解决的问题。

仓储与配送实务是物流管理专业的核心课程，旨在向同学们介绍仓储与配送的相关理论及实务知识。本书共有 7 个项目，分别是走进仓储与配送、仓储规划、入库作业、在库管理、出库作业、配送中心内部规划、配送中心业务处理。

在本书每个项目的栏目设计上，我们做了如下安排。

(1) 任务展示：通过操作性很强的任务，调动学生的学习兴趣和工作欲望。

(2) 任务准备：主要介绍项目所涉及的一些必备理论知识、操作流程、作业技巧。

(3) 任务执行：通过图文并茂的方式，展示项目任务的具体操作步骤，介绍操作过程中应该注意的细节。

(4) 任务评价：通过自我评价、他组评价、教师评价等对任务的完成情况进行综合评价。

本书的主要特点如下。

(1)立德树人,课程思政。本书将社会主义核心价值观和物流工匠精神融入教学内容，在“润物细无声”中培养着学生认真严谨、精益求精的职业精神,较好地体现课程思政。

(2) 服务 1+X，书证融通。本书把学历证书与职业技能等级证书结合起来，探索实施 1+X 证书制度，是国务院 2021 年 2 月发布的《国家职业教育改革实施方案》中的重要改革部署。本书积极响应国家的职教改革部署，服务 1+X 证书制度，是书证融通的职业教育国家规划教材。

(3) 岗位导向，任务驱动。本书基于任务驱动和工作过程的流程进行编写，将物流行业相关岗位的工作任务转化为教学任务，实现“岗位导向，任务驱动”，体现“工学结合，理实一体”。

（4）三个对接，三个融合。该书实现“三个对接”，分别是课程体系与岗位需求的对接，学习内容与工作内容的对接，校内教学资源与企业培训资源的对接。同时该书较好地体现“三个融合”，即职业教育与思政教育、情感教育、职业生涯规划教育的融合。

（5）突出典型，注重实务。本书在编写过程中遵循“突出典型，注重实务”，有利于培养物流行业的实用型技能人才和管理人才。

（6）内容精当，资源丰富。本书教学内容安排精当，行文简明，深入浅出。

（7）全彩印刷，图文并茂。本书全彩印刷，以图文并茂的形式展示内容，直观形象地介绍相关的知识点和技能点，不仅可以作为职业院校物流专业课程教材使用，还可以供相关物流从业人员作为参考资料或培训使用。

本书由泉州职业技术大学韦妙花担任主编，负责拟定全书框架结构，负责编写项目一及全书的总撰和定稿；广东理工职业学院肖祥伟担任副主编，负责编写项目二和项目六；陕西省电子信息学校党麦玲负责编写项目三，济南理工中等职业学校孙亮负责编写项目四，济南理工中等职业学校庄敏负责编写项目五，鄂尔多斯理工学校庄宇负责编写项目七的任务一～任务三，云南白药集团股份有限公司计加鹏负责编写项目七的任务四和任务五。全国物流管理 1+X 认证核心导师陈雄寅担任本书的主审。

本书在编写过程中参考了大量的文献资料，借鉴和吸收了国内外众多学者的研究成果，在此对相关文献的作者表示诚挚的感谢。由于编写时间仓促和编者水平有限，书中难免有疏漏之处，敬请广大读者批评指正。

编　者

目录

项目一 走进仓储与配送

本项目我们将“走进仓储与配送”细分为 3 个任务，分别是任务一　组建项目团队；任务二　走进仓储；任务三　走进配送。

任务一 组建项目团队

任务展示

据了解，世界 500 强企业里有 80% 以上的企业都用了项目团队的方式来进行运作。在今后的仓储配送实训教学过程中，我们也要通过项目团队的力量去攻克一个又一个未知的任务。请你和其他志同道合的同学一起组建一个属于你们自己的项目团队，并确定团队的名称、口号及团队成员分工。在项目经理的带领下，共同完成任务执行中的破冰游戏。

任务培训

任务准备 1：什么是项目团队

项目团队的定义：项目团队不同于一般的群体或组织，它是为实现项目目标而建设的按照团队模式开展项目工作的组织，是项目人力资源的聚集体。项目团队具有如下 6 个特征：①项目团队具有一定的目的；②项目团队是临时组织；③项目经理是项目团队的领导；④项目团队强调合作精神；⑤项目团队成员的增减具有灵活性；⑥项目团队建设是项目成功的组织保障。

任务准备 2：项目团队发展有几个阶段

项目团队发展共有四个阶段，如图 1-1 所示。

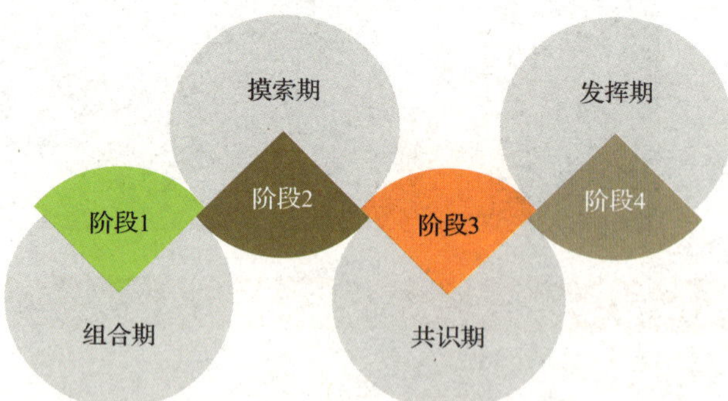

图 1-1 项目团队发展的四个阶段

组合期：在这一阶段，团队新成立，队员之间彼此未必有深切的了解，彼此的相对地位尚未确立，队员对团队的目标不清楚，大家处事没有默契。

摸索期：在这一阶段，队员之间可能会相互竞争，团队内可能会出现小圈子。团队整体处于“休眠状态”。

共识期：队员共同议定目标和守则，队员相处自然，开始发挥表现，对团队引以为荣，成为群策群力的团队。

发挥期：队员相互支持，全情投入，队员认同团队，工作成绩卓越。

任务准备 3：项目团队建设对完成工作任务有何意义

项目团队建设对完成工作任务的意义主要体现在以下五个方面。

1. 保证完成项目工作任务

项目团队是完成项目工作任务的重要力量，它承担了企业分配的职责和任务；便于研究、探索工作中出现的问题，能够集思广益，有利于做出更好的决策并不断创新；团队可以充当媒介，促进沟通；团队可以协助集体，约束个人。

2. 使管理层有时间进行战略性的思考

企业采用团队工作形式，管理者可以脱身去做更多的战略规划。当工作以个体为基础时，管理者往往要花去大量时间监督其下属和解决下属出现的问题，而很少有时间进行企业发展的战略思考。运用团队工作形式，发挥团队精神，能让管理者的精力主要集中在长期发展规划等重大问题上。

3. 提高决策速度

领导层把工作中一些具体问题的决策权下放给团队，使企业在决策方面具有更大的灵活性。与领导层相比，团队成员对工作相关问题的决策往往更切合实际。因此，采用团队形式，决策常常更迅速。

4. 增加决策准确性

由不同背景、不同经历的个体组成的团队，看问题的角度要比单一的个体更开阔。同样，由不同来源的个体组成的团队所做出的决策，往往要比单一个体的决策更准确。

5. 提高工作绩效

在实践中，与传统的以个体为中心的企业相比，采用团队工作方式的企业可以减少工作中不必要的经费支出，减轻工作中的官僚主义作风，提高工作绩效。

任务执行

步骤 1：确定项目团队名称、口号、人员分工

项目团队名称：________________________________

团队名称寓意：________________________________

项目团队口号：________________________________

项目成员名单如表 1-1 所示。

表 1-1 项目成员名单

序　号	姓　名	职务 / 分工	联系方式	QQ
1				
2				
3				
4				
5				
6				
7				
8				

步骤 2：项目破冰游戏

（1）请你和项目团队里的每个成员握手，团队成员互相问好如图 1-2 所示，微笑地对每个人说："你好，我叫 ×××，你很棒，我很喜欢你！"。

图 1-2 团队成员互相问好

（2）在项目经理的带领下，项目全体成员共同宣读，宣读内容如图 1-3 所示。

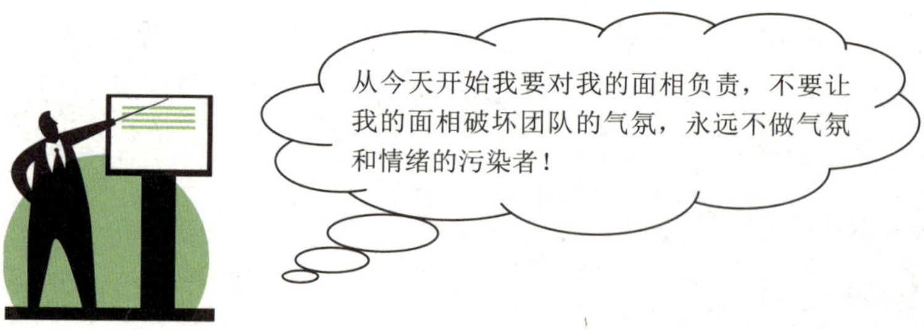

图 1-3 项目全体成员共同宣读内容

（3）每个团队选派一名代表发言，交流团队的名字、寓意和团队的口号。之后全班所有项目组进行"喊口号比赛"，即每个项目组在项目经理的带领下，在音乐声中，大声地将自己团队的口号喊出来。教师对各项目团队口号进行打分，评出名次。

任务评价

在完成上述任务后，教师组织进行三方评价。全班举手投票，选出本任务的“最佳团队”，并完成如表 1-2 所示“组建项目团队”任务评价表的填写。

表 1-2 “组建项目团队”任务评价表

项 目 组		成 员				
评价标准	评 价 项 目	分值（分）	自我评价（20%）	他组评价（30%）	教师评价（50%）	合计（100%）
	团队名称积极向上、团队名称寓意较好	10				
	团队口号整齐、响亮	20				
	团队成员分工合理	10				
	团队代表发言情况	20				
	破冰游戏团队表现	40				
合 计		100				

任务二 走进仓储

任务展示

学生以项目团队为单位，通过上网查找四种典型仓储企业的资料，了解四种典型的仓储企业可以提供哪些仓储服务、企业发展过程中遇到哪些问题，并通过项目团队分析讨论，提出相应的解决对策或建议，最后填写表 1-5。四种典型仓储企业分别是保税仓、城市配送中心、中转分拨仓、供应商管理库存（Vendor Managed Inventory，VMI）。

任务培训

认识仓储

任务准备 1：什么是储存和仓储

《中华人民共和国国家标准：物流术语》对储存（Storing）的定义是：保护、管理、贮藏物品。储存是包含库存和储备在内的一种广泛的经济现象，是一切社会形态都存在的经济现象，是物流（Logistics）最重要的业务之一。

《中华人民共和国国家标准：物流术语》中对仓储（Warehousing）的定义是：利用仓库及相关设施设备进行货品的进库、存贮、出库的作业。

任务准备 2：什么是物流中心和配送中心

《中华人民共和国国家标准：物流术语》对物流中心（Logistics Center）的定义是：从事物流活动的场所或组织，应基本符合以下要求（见图 1-4）：①主要面向社会服务；②物流功能健全；③完善的信息网络；④辐射范围大；⑤少品种、大批量；⑥存储吞吐能力强；⑦物流业务统一经营管理。

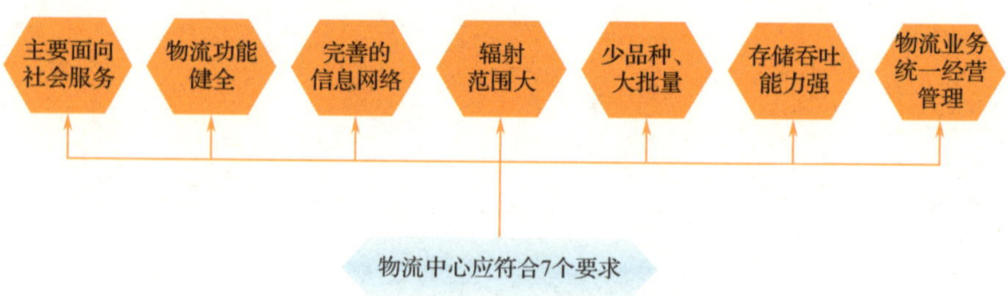

图 1-4 物流中心应符合 7 个要求

《中华人民共和国国家标准：物流术语》对配送中心（Distribution Center）的定义是：从事配送业务的物流场所或组织，应基本符合下列要求（见图 1-5）：①服务特定用户；②配送功能健全；③信息网络完善；④辐射范围小；⑤多品种、小批量；⑥配送为主，储存为辅。

图 1–5　配送中心应符合 6 个要求

任务准备 3：什么是仓库

《中华人民共和国国家标准：物流术语》中对仓库（Warehouse）的定义是：保管、储存物品的建筑物和场所的总称。仓库一般由贮存物品的库房、运输传送设施（如吊车、电梯、滑梯等）、出入库房的输送管道和设备以及消防设施、管理用房等组成。

任务准备 4：仓库如何分类

对于仓库的分类，从不同的方面来分析，仓库可以有不同的分类标准。

1. 按用途分类

仓库按用途分类，可以分为自有仓库、营业仓库、公共仓库、保税仓库，具体如表 1–3 所示。

表 1–3　仓库按用途分类一览表

序　号	仓库类型	仓库描述
1	自有仓库	各企业为了保管本公司的货品而建设的仓库
2	营业仓库	按照仓库业管理条例取得营业许可、保管他人货品的仓库。营业仓库是社会化的一种仓库，面向社会，以经营为手段、以营利为目的
3	公共仓库	国家或公共团体为了公共利益而建设的仓库
4	保税仓库	保税制度中应用最广泛的一种形式，是指经海关批准设立的专门存放保税货物及其他未办结海关手续货物的仓库。保税仓库按照使用对象不同分为公用型保税仓库、自用型保税仓库、专用型保税仓库

2. 按结构和构造分类

仓库按结构和构造分类，可以分为平房仓库（见图 1–6）、多层仓库（见图 1–7）、高层货架仓库（见图 1–8）、散装仓库（见图 1–9）、罐式仓库，具体如表 1–4 所示。

表 1-4　仓库按结构和构造分类一览表

序　号	仓库类型	仓库描述
1	平房仓库	这种仓库一般采用预制钢筋混凝土结构，有效高度一般不超过 5 ～ 6 米，建筑费用很便宜，可以广泛采用
2	多层仓库	底层应有卸货装货场地，装卸车辆可直接进入。货物的垂直运输一般采用 1.5 ～ 5 吨的运货电梯。多层仓库常用滑梯卸货
3	高层货架仓库	利用高层货架配以货箱或托盘储存货物，利用巷道堆垛起重机及其他机械进行作业的仓库
4	散装仓库	专门保管散装粒状或粉状物资的容器式仓库
5	罐式仓库	以各种罐体为储存库的大型容器型仓库

图 1-6　平房仓库

图 1-7　多层仓库

图 1-8　高层货架仓库

图 1-9　散装仓库

3. 按功能分类

仓库按其不同的使用功能，可以分为生产仓库、储备仓库、集配型仓库、中转分拨型仓库、加工型仓库、流通仓库。

4. 按技术处理方式及保管方式分类

仓库按技术处理方式及保管方式的不同，可以分为普通仓库、冷藏仓库、恒温仓库、危险品仓库。

5. 按选址分类

仓库按其设立的选址不同，可以分为港口仓库、内陆仓库、枢纽站仓库。

任务准备 5：什么是供应商管理库存

供应商管理库存，是一种在供应链环境下的库存运作模式，本质上，它是将多级供应链问题变成单级库存管理问题，相对于传统的按照用户发出订单进行补货的做法，供应商管理库存是以实际或预测的消费需求和库存量，作为市场需求预测和库存补货的解决方法，即由销售资料得到消费需求信息，供货商可以更有效地计划、更快速地对市场变化和消费需求做出反应。

任务执行

步骤 1：上网查找四种典型仓储企业资料

1. 保税仓

我们重点调研了深圳赛格储运有限公司下属的福保赛格实业有限公司（以下简称福保赛格）。福保赛格在深圳市福田保税区拥有 28 000 平方米的保税仓。福田保税区的特点在于有通向香港落马洲的进出境通道（一号通道）和通向深圳市区的进出关通道（二号通道）。货物进出境只需向海关备案，而进出关则需要报关。客户可以利用保税区境内关外的政策优势，实现整批进境、分批入关的延迟纳税优惠，或享受提前退税的好处。

福保赛格的主要客户包括日本理光国际通运有限公司、华立船务有限公司、伯灵顿国际物流有限公司、华润物流等近百家外资、港资物流企业和分布于珠三角地区的制造企业。福保赛格面向这些企业，提供保税仓的长租和短租服务，并附带从事流通加工等物流增值服务。

福保赛格的在职员工约 40 名。包括 5 名管理人员，10 名左右的叉车工人和搬运工人，另外还有报关员、报检员、客户服务人员、仓库管理员、勤杂人员（含门卫和设备检修人员）等 20 多人。

福保赛格的赢利模式是以仓库库位出租为核心的物流服务项目的收费。基本收费项目是仓租费。另外还有装车、卸车、并柜 / 拼箱，对货品进行贴标、缩膜 / 打板、换包装、简单加工（如分包、重新组合包装、简单装配等）以及代客户进行报关、报检等服务项目的收费。主要支出是人工、水电、仓储物和设备折旧带来的维修、维护费用等。

福保赛格的仓库主要是平面仓，有部分库区采用立体货架。以托盘为基本搬运单元，用叉车（地牛）进行进出库搬运和库内搬运。一楼是越仓区，有五辆燃气动力的叉车。2 ～ 10 楼为储存区，每层都有 1 ～ 2 台电动叉车（用蓄电池驱动），有两个大型货运电梯。车辆停靠的月台有十多个车位，可以停靠货柜车、厢式车等多种型号的运输车辆。

福保赛格目前仍然是以订单为驱动、以业务为中心进行运作的仓储服务企业，还没有转型到以客户服务为中心。在该公司管理层的推动下，公司上下全体员工已经树立了全面质量管理的理念，并以 ISO9000 质量管理体系的要求建立了规范化的质量文档体系。但该公司尚未正式申请或通过 ISO9000 质量体系认证。

福保赛格及其母公司深圳赛格储运有限公司在 1999 年开发过一套基于 C/S 体系的管理

信息系统，后因结算不准确、系统灵活性差、不能适应业务变化等原因放弃使用了。2002—2003 年，深圳赛格储运有限公司与赛邦软件合作开发了一套全新的、基于 Web 的 B/S 体系的物流管理系统，覆盖了运输业务、仓储业务、财务结算等各个方面。从而实现了客户网上下单，网上查询订单处理状态、库存状态、账单明细等，可以做到实时结算和预约结算。

福保赛格面临的最大问题是如何提高资产回报率。保税仓的固定资产超过 8 000 万，而每年的利润却不到 500 万。与运输业务相比（货柜车辆的固定资产只有 1 000 多万，每年贡献的利润却达到 2 000 万以上），资产回报率太低。提高保税仓库区工作人员士气，努力增强服务意识，注重品质提升；增大物流增值服务的比例，大幅提高仓租费以外的收入来源，争取更多利润率高的优质客户，淘汰利润率低的 C 类客户等都是可能的解决途径。

为了使公司业务能够上一台阶，提高保税仓的资产回报率，并在适当的时候通过 ISO9000 的认证，福保赛格希望通过内部实现全面质量管理来持续改进自己的管理流程，并通过信息化的手段来辅助管理的开展。他们所考虑的思路与前面我们所探讨的质量管理学大师戴明所持的观点有很大程度的吻合。首先他们希望建立现代的岗位培训制度，建立严谨的教育及培训计划。然后通过在部门中持续不断地开展培训和流程监控，消除内部部门之间的隔阂，提升所有员工主动为客户服务的意识，并且消除员工对于管理层的恐惧感，敢于提出自己的观点和看法；逐步取消妨碍基层员工工作顺畅的因素及量化考核指标，并且通过最高层领导的积极参与，在企业内部形成一种计划、执行、检查、处理的全体员工认同的管理文化。对外开发更多的高端客户，树立以客户为中心的意识（强烈关注客户的满意度），提出“要把服务做在客户没有想到之前”的口号。通过内部的管理流程挖潜和对外客户的优质增值服务来获得新的竞争优势。

2. 城市配送中心

我们重点调研了杭州富日物流有限公司（以下简称富日物流）。富日物流于 2001 年 9 月正式投入运营，注册资本为 5 000 万元。富日物流拥有杭州市最大的城市快速消费品配送仓。它在杭州市下沙路旁租用的 300 亩土地上建造了 140 000 平方米现代化常温月台库房，并正在九堡镇建造规模更大的 600 亩物流园区。富日物流已经是众多快速流通民用消费品的华东区总仓，其影响力和辐射半径还在日益扩大。

富日物流通过引入西方先进的“第三方物流”经营理念，聘请了职业经理人王卫安，成功地开拓了以杭州为核心的周边物流市场，目前已成为杭州最大的第三方物流企业之一。富日物流的主要客户包括大型家用电器厂商（如科龙、小天鹅、伊莱克斯、上海夏普、LG、三洋等）、酒类生产企业（如五粮液的若干子品牌、金六福等）、方便食品生产企业（如康师傅、统一等）和其他快速消费品厂商（如金光纸业、维达纸业等）。国美电器、永乐家电等连锁销售企业和华润万佳等连锁超市也与富日物流达成了战略合作关系。

富日物流的商业模式就是基于配送的仓储服务。制造商或大批发商通过干线运输等方式把货品大批量地存放在富日物流的仓库里，然后根据终端店面的销售需求，用小车小批量配送到零售店或消费地。目前，富日物流公司为各客户单位每天储存的商品量达 2.5 亿元。最近，这家公司还扩大了 6 万平方米的仓储容量，使每天储存的商品量达 10 亿元左右。按每月流转 3 次计，这家公司的每月物流量达 30 亿元左右，其总经理王卫安运用先进的管理经营理念，使得富日物流成为浙江现代物流业乃至长江三角洲地区的一匹“黑马”。富日物流为客户提供仓储、配送、装卸、加工、代收款、信息咨询等物流服务，利润来源包括仓租费、物流配送费、流通加工服务费等。

富日物流的仓库全都是平面仓，部分采用托盘和叉车进行库内搬运，少量采用手工搬运。富日物流月台设计很有特色，适合于大型货柜车、平板车、小型箱式配送车的快速装卸作业。

富日物流的业务发展蒸蒸日上，而信息化一直处于比较原始的阶段，只有简单的单机订单管理系统，以手工处理单据为主。以富日物流目前的仓库发展趋势和管理能力以及为客户提供更多的增值服务的要求，其物流信息化瓶颈严重制约了富日物流的业务发展。直到最近开始开发符合其自身业务特点的物流信息化管理系统。

富日物流在业务和客户源方面已经形成了良性循环。如何迅速扩充仓储面积，提高配送订单的处理能力，进一步提高区域影响力已经成为富日物流公司决策层的考虑重点。

富日物流已经开始密切关注客户的需求，并为客户规划出多种增值服务，从典型的仓储型配送中心向第三方物流企业发展。从简单的操作模式迈向科学管理的新台阶，富日物流的管理层开始意识到仅仅依靠决策层的先进思路是完全不够的，此时导入全面质量管理的管理理念和实施 ISO9000 质量管理体系，保证所有层次的管理人员和基层人员能够严格地按照全面质量管理的要求，并且在信息系统的帮助下，富日物流的管理体系才能达到科学管理的新高度。

3. 中转分拨仓

我们重点调研了浙江省义乌市联托运开发总公司运输分公司联发快运的中转仓。义乌市联托运开发总公司是一家集义乌全市所有联托运线点开发、经营和管理于一体的综合性企业。该公司对义乌市的所有省外线路的各个托运点只拥有管理权而无所有权，也不拥有省外运输的车队。但其下属的联发快运则直接经营省内运输业务，并在浙江省内几乎每个县市都设有货物收发点，实现定点、定时收发货物。联发快运通过自己的运输力量可以在不超过两天的时间内在浙江省内任何两个县市之间完成货物送达。而发往省外的货物则需要通过义乌中转，交由设在义乌的直达全国 300 多个城市的托运点完成全程运输。因此，联发快运在义乌总部设有中转仓，以实现不同运输线路之间的货物中转分驳。由于货物在中转仓的停留时间短(通常只有几个小时),因此基本上没有正式的库存管理和库内管理(如比较正式的盘点、移仓作业)。仓库也是采用两端通透型类似于越库区（Cross Decking）的设计，没有进行细致的库位划分。由于在义乌承接货物、跑国内长途的货车都是平板车等非集装箱类车型，通常不采用托盘作为基本物流单元，也基本上不用叉车，而是以人工搬运为主。在质量管理上，都是粗线条的操作规程，不够灵活和细致，过于强调低成本竞争，不重视对客户的服务，尚没有考虑 ISO9000 质量认证体系的贯彻和实施。

联发快运的管理层认为公司面临的最大问题是业务负荷远远跟不上运力，需要对货源和优质大客户进行深入挖掘。联发快运现在已经拥有的和可以整合的运力资源潜力非常巨大。具体办法包括转变以往“等客上门”的思想观念，加强服务意识，改革国有企业的人事制度等。

4. 供应商管理库存（VMI）

我们重点调研了中国台湾世平国际公司苏州分公司（以下简称世平国际）。随着大量台资、外资企业进驻苏州工业园区，苏州已经形成了电子元器件、芯片、计算机及计算机配件等硬件产品生产的庞大企业生态群落。各企业之间存在多对多的复杂的供销关系。在这一领域，存在一个基本规律，那就是随着龙头企业的迁入，必将带动越来越多的上下游企业来苏州落户，从而使得苏州在信息产业硬件产品和电子元器件等领域的群体优势越来越明显。

这些企业对物流服务有着特殊的要求，原因在于随着分工的细化，这些电子产品、元器件、原材料和成品种类日益繁多、更新换代周期短、货品单值较高、周转迅速。制造企业为了尽可能地降低成本，减少库存对资金的占用，都强调准时生产和零库存原则，要求供应商小批量、多批次、配合生产流程频繁供货。

为了满足上述要求，供应商管理库存应运而生。其特征在于多个供应商共同租用一个公共仓库，面向一家或多家制造企业供货。当制造企业一次向多家供应商采购时，订单可以统一处理，从而在完成多对一的集中拣货和并单运输的同时，实现制造企业和供应商之间一对一的月度结算，由此大大降低了总体运输成本和交易成本，满足了制造企业准时生产的需求。

世平国际是台湾著名的信息产业渠道 / 分销商，沿袭业已存在的伙伴关系，满足苏州台资企业的物流需求，在苏州开展了以统仓共配型仓储为核心的物流服务。

世平国际的客户既包括像明基电通、高科（苏州）等在内的大批台资企业，也包括英特尔在内的跨国巨头。

世平国际运营的公共仓储是以托盘为存储单元的半自动立体仓，在单据、库位和货品上全面采用了条形码扫描读取技术，并拥有自动化辅助分拣系统。

世平国际拥有严谨细致的业务流程和仓库管理规范，并严格按照 ISO9000 质量管理体系中的规范进行全面质量管理，标准化程度高，并有很强的持续改进能力。

世平国际应用了国外某知名仓储软件企业的软件产品进行信息化管理，相关员工在系统使用上已经相当娴熟。

目前该公司面临的问题是如何低成本扩张，以进一步扩充仓储能力、提高信息系统的处理能力，应付不断增长的客户需求。

步骤 2：分析四种典型仓储企业资料

各项目经理组织本项目团队的成员对四种典型的仓储企业资料进行分析，并完成如表 1–5 所示四种典型仓储企业分析表的填写。

表 1–5　四种典型仓储企业分析表

序　号	类　型	企业名称	提供什么仓储服务	企业发展面临问题	发展对策 / 建议
1	保税仓				
2	城市配送中心				
3	中转分拨仓				
4	供应商管理库存（VMI）				

任务评价

在完成上述任务后，教师组织进行三方评价。全班举手投票，选出本任务的“最佳团队”，并完成如表 1-6 所示“走进仓储”任务评价表的填写。

表 1-6　“走进仓储”任务评价表

项 目 组		成　　员				
评价标准	评 价 项 目	分值（分）	自我评价（20%）	他组评价（30%）	教师评价（50%）	合计（100%）
	资源查找翔实、具有典型性	20				
	团队讨论分析情况	30				
	团队代表发言情况	30				
	团队分工、合作情况	20				
合　　计		100				

任务三 走进配送

任务展示

每个项目团队安排两位同学进行“配送失误”情景剧表演。扮演角色分别是陈老板和小李（陈老板是一家街头零售店老板，小李是某配送中心的送货员）。情景剧台词如下：

小　李：老板，我来给您送货。

陈老板：你们公司送货怎么这么慢？我订的货应该昨天就要送到啊！

小　李：对不起，我们公司配送中心出了点问题。（小李清点货物）

陈老板：怎么你们送来的货与我订单内容不一样啊？

小　李：是吗？

陈老板：这个产品不对，我要的是 150 mL 的饮料，你送的是 500 mL 的，这个产品也不对，我要 30 瓶，你们只拿了 20 瓶！真是乱七八糟！

请以项目团队为单位，分析讨论为什么会出现配送失误以及如何避免这种情况再次发生？每个项目团队派一名代表分享团队讨论结果。

任务准备

任务准备 1：什么是配送

《中华人民共和国国家标准物流术语》对配送（Distribution）的定义是：在经济合理区域范围内，根据客户要求，对物品进行拣选、加工、包装、分割、组配等作业，并按时送达指定地点的物流活动。配送的目的在于最大限度地压缩流通时间、降低流通费用，提高客户服务水平，降低社会的总成本，实现资源的最优配置。配送的含义包含以下几点内容。

（1）配送几乎包含了所有的物流功能要素，是物流的一个缩影或在某小范围中物流全部活动的体现，所以配送又被称为“小物流”。

（2）配送的实质是送货，但是在送货前要在物流配送中心有效地利用分拣、配货等理货工作，使送货达到一定的规模，利用规模优势取得较低的送货成本。因此，配送是特殊的送货，是高水平的送货。

（3）配送是从物流节点对用户终端进行物资配置的运输，在整个运输过程中，处于“二次运输”“支线运输”“末端运输”的位置。

（4）配送完全按照用户要求的数量、种类、时间等进行分货、配货、配装等工作。

任务准备 2：运输、配送、送货有何区别

运输、配送、送货的区别如表 1-7 所示。

表 1-7 运输、配送、送货的区别

项 目	主要业务	一般特点
运输	集货、送货、运输方式和工具选择，路线和行程确定，车辆调度	干线、中长距离、少品种、大批量、少批次、长周期的货物移动
配送	分货、配货、送货、运输方式和工具选择，路线和行程确定，车辆调度	支线、市场末端、短距离、多品种、小批量、多批次、短周期的货物移动
送货	由生产企业承担，中转仓库的送货只是一项附带业务	简单的货物输送活动，技术装备简单

任务准备 3：配送的类型有哪些

1. 按配送中供给与需求的对象分类

（1）企业对企业的配送。这种配送发生在完全独立的企业与企业之间，或者发生在企业集团内的企业之间，基本上是属于供应链系统的企业之间的配送需求。作为配送需求方，基本上有两种情况：一种是企业作为最终的需求方；另一种是企业在接受配送服务之后，还要对产品进行销售，这种配送一般称之为“分销配送”。

（2）企业内部配送。企业内部配送大多发生在大型企业之中，一般有两种情况：

① 连锁型企业的内部配送。由于各种连锁商店经营的物品、经营方式、服务水平、价格水平相同，因此随机因素的影响比较小，计划性比较强，因此容易实现低成本、精细化的配送。

② 大型企业的内部配送。统一采购，集中库存，按车间或者分厂的生产计划组织配送。

（3）企业对消费者配送。企业虽然可以通过会员制、贵宾制等方式锁定一部分消费者，但消费者是一个经常变换的群体，消费者的需求是不断变化的，服务水平的要求又很高，所以这是配送过程中最难以操作的一类配送。

2. 按配送商品种类及数量多少分类

（1）少品种、大批量配送。少品种、大批量配送的方式由于配送的商品品种少，所以配送机构内部组织、策划等管理工作较为简单，而且配送数量大，易于配载，车辆使用效率高，多数可以采取直送方式，因此配送成本较低。这种方式常见于为生产制造企业和批发商配送。

（2）多品种、少批量配送。这类配送的特点是品种较多，而且商品的配送量不大。这种配送方式相对来说作业难度较大、技术要求高、使用设备复杂，为实现预期的服务目标，必须制定严格的作业标准和管理制度。目前在国内经济较发达地区，这种方式比较常见于生产制造企业零配件的配送和商业连锁体系商品的配送。

（3）配套（成套）配送。配套（成套）配送是按顾客的要求，将其所需要的多种商品（成套产品）配备齐全后直接运送到生产企业、建设工地或其他顾客。例如，对生产制造企业的某一台产品或某一个部件，将其所需的全部零件配齐，再按生产的要求在特定时间送达指定地点，以使生产企业能够及时装配。这种配送方式强化了物流的服务功能，有利于生产企业实行“准时制”生产。

3. 按配送时间和数量分类

（1）定时配送。定时配送就是按事先约定的时间间隔进行配送，每次配送的品种及数量可预先计划，也可以临时根据客户的需求进行调整。这种方式由于时间固定，双方均易安排作业计划。但也可能由于配送品种和数量的临时性变化，增加管理和作业的难度。

（2）定量配送。定量配送是按规定的批量在一个指定的时间范围内进行配送。定量配送由于配送品种和数量相对固定，备货工作相对简单，而且时间没有严格限制，所以，可以将不同客户所需的商品拼凑整车，并且对配送线路进行合理优化，节约运力，降低配送成本。

（3）定时定量配送。定时定量配送是按规定的时间、规定的商品品种和数量进行的配送。这种方式兼有定时配送和定量配送两种方式的特点，对配送企业的服务要求比较严格，管理和作业的难度较大。

（4）定时定路线配送。定时定路线配送是通过对客户分布状况的分析，设计出合理的配送运输路线，根据运输路线安排到达站点的时刻表，按照时刻表沿着规定的路线运行配送。

（5）即时配送。即时配送是根据客户提出的时间要求和商品品种、数量要求及时地将商品送达指定的地点。及时配送可以满足用户的临时性急需，对配送速度、时间要求相当高，因此，通常只有配送设施完备、具有较高管理和服务水平及作业组织能力和应变能力的专业化配送机构才能开展即时配送业务。

任务准备 4：配送的模式有哪些

配送模式可按配送组织者、配送产品、新兴配送模式等进行分类，具体如图 1-10 所示。

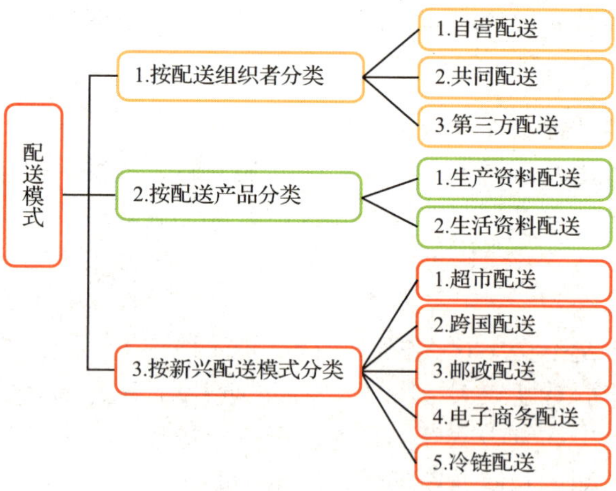

图 1-10 配送模式

任务准备 5：配送的一般流程是什么

多品种、少批量、多批次、多用户地的商品，能够通过配送有效地实现末端的资源配置。这种类型的配送对象、配送工艺流程比较复杂，具有代表性，可以将这种配送对象的配送流程确定为一般的、通用的、标准的配送流程，配送的一般流程如图 1-11 所示。

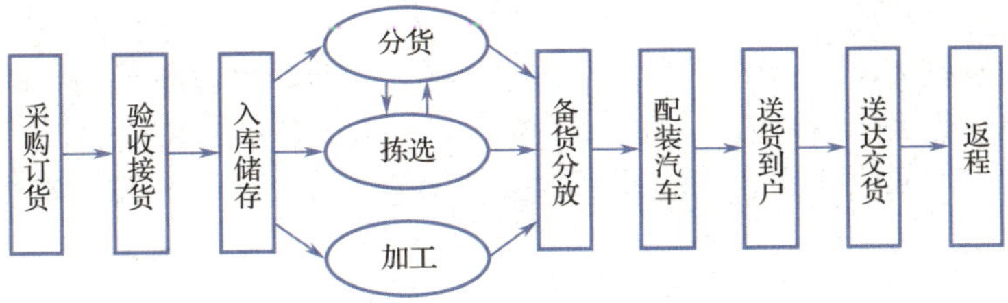

图 1-11 配送的一般流程

任务执行

步骤 1：表演“配送失误”情景剧

每个项目团队安排两位同学扮演陈老板和小李，陈老板是一家街头零售店老板，小李是某配送中心的送货员。

步骤 2：分组讨论如何避免配送失误再度发生

本项目任务展示中出现的问题，属于典型的配送失误。频繁的配送失误会造成顾客的不满而导致客户的大量流失，对配送中心影响极为不好。在一种完整的营销形态及其营销流程中，配送系统也是极其重要和不可缺少的一环，配送系统的好坏通常关系到整个营销形态中营销效果的好坏。套用传统的营销理论来讲，它实际上就是生产商的产品在整个销售过程中的物流系统，这是诸多企业花大气力、花大投入来努力开展的一项工作。对于任何生产型企业或规模巨大的流通供货商而言，这种现代化配送系统的建设就显得尤其重要了。那么如何避免任务展示中的配送失误再度发生呢？那就是要严格按照配送的流程来进行作业，加强配送中心的管理，具体做法如下。

1. 备货

备货是配送的准备工作或基础工作，包括筹集货源、订货或购货集货、进货及有关的质量检查、结算、交接等。配送的优势之一是可以集中用户的需求进行一定规模的备货。备货是决定配送成败的初期工作，如果备货成本太高，就会大大降低配送的效益。

2. 储存

配送中的储存有储备及暂存两种状态。

储备：配送储备是按一定时期的配送经营要求，形成的对配送的资源保证。这种类型的储备数量较大，储备结构也较完善，视货源及到货情况，可以有计划地确定周转储备及保险储备的结构与数量。配送储备保证有时在配送中心附近单独设库解决。

暂存：配送的另一种储存形态是暂存，是指在具体执行配送时，按分拣配货要求，在理货场地所做的少量储存准备。由于总体储存效益取决于储存总量，所以，这部分暂存数量只会对工作方便与否造成影响，而不会影响储存的总效益，因而在数量上控制并不严格。

还有另一种形式的暂存，是在分拣、配货之后形成的发送货载的暂存，这个暂存主要是调节配货与送货的节奏，暂存时间不长。

3. 配送加工

配送加工是流通加工的一种，是按照客户要求，对商品进行包装、分割、计量、分拣、拴标签、组装等简单作业。配送加工在配送中不具有普遍性，但是往往起到很重要的作用。通过配送加工，可以大大提高客户的满意程度并提高被配送货物的附加价值。

4. 分拣及配货

分拣及配货是配送不同于其他物流形式的功能要素，也是决定配送成败的一项重要支持性工作。分拣及配货是完善送货、支持送货的准备性工作，是不同配送企业在送货时进行竞争和提高自身经济效益的必然延伸，所以也可以说是送货向高级形式发展的必然要求。有了分拣及配货就会大大提高送货的服务水平，所以分拣及配货是决定配送系统水平的关键要素。

5. 配装

在单个配送数量不能达到车辆的有效载运负荷时，就存在如何将不同用户的配送货物进行搭配装载，充分利用运能、运力的问题，这就需要配装。和一般送货不同之处在于，通过配装可以大大提高送货水平及降低送货成本、减少运次，同时能缓解交通堵塞，所以配装也是配送系统中具有现代特点的功能要素之一。

6. 配送运输

配送运输属于运输中的末端运输、支线运输，和一般运输形态主要区别在于：配送运输是较短距离、较小规模、频度较高的运输形式，一般使用汽车和其他小型车辆做运输工具。

与干线运输的区别在于：配送运输路线选择问题是一般干线运输所没有的，干线运输的干线是唯一的运输路线，而配送运输由于配送用户较多，一般城市交通路线又较复杂，如何选择最佳路线、如何使配装和路线有效搭配等，是配送运输的工作难点。

7. 送达服务

将配好的货物运输到客户还不算配送工作的结束，这是因为货物送达与客户接货往往还会出现不协调，使配送前功尽弃。因此，要圆满地实现运到货物的移交，方便、有效地处理相关手续并完成结算，还应讲究卸货地点、卸货方式等。送达服务也是配送独具的特色。

8. 返程

在执行完配送的使命之后，车辆需要回程，回程车辆如果空缺，会降低配送效益、提高配送成本，在规划配送路线时，回程车辆可将包装物、废弃物、残次品运回集中处理，或者将用户的产品运回配送中心，作为配送中心的资源，向其他用户进行配送。

任务评价

在完成上述任务后，教师组织进行三方评价。全班举手投票，选出本任务的“最佳团队”，并完成如表 1-8 所示“走进配送”任务评价表的填写。

表 1-8　“走进配送”任务评价表

项目组		成　员				
评价标准	评价项目	分值（分）	自我评价（20%）	他组评价（30%）	教师评价（50%）	合计（100%）
	“配送失误”情景剧表演情况	25				
	团队讨论分析情况	25				
	团队代表发言情况	30				
	团队分工、合作情况	20				
合　计		100				

任务巩固

一、单项选择题

1.（　　）的定义为保管、管理、贮藏物品。

A. 储存　B. 仓储　C. 仓库　D. 库存

2.（　　）的定义为利用仓库及相关设施设备进行物品的进库、存贮、出库的活动。

A. 储存　B. 仓储　C. 仓库　D. 库存

3. 下列哪一项不是项目团队发展的四阶段之一（　　）。

A. 摸索期　B. 组合期　C. 共识期　D. 分歧期

4.（　　）是指经海关批准设立的专门存放保税货物及其他未办结海关手续货物的仓库。

A. 营业仓库　B. 公共仓库　C. 保税仓库　D. 自有仓库

5. 平房仓库有效高度一般不超过（　　）米。

A. 4　B. 6　C. 3　D. 5

6.（　　）是指国家或公共团体为了公共利益而建设的仓库。

A. 营业仓库　B. 公共仓库　C. 保税仓库　D. 自有仓库

7.（　　）是保管、储存物品的建筑物和场所的总称。

A. 储存　B. 仓储　C. 仓库　D. 库存

8.（　　）是从事物流活动的场所或组织，应基本符合以下要求：主要面向社会服务，物流功能健全，完善的信息网络，辐射范围大，少品种、大批量，吞吐能力强，物流业务统一管理、经营。

A. 配送　B. 仓储　C. 储存　D. 物流中心

9.（　　）一般适合干线、中长距离、少品种、大批量的货物移动，其主要业务是集货、送货、选择运输方式和工具、确定路线和行程、车辆调度。

A. 运输　B. 配送　C. 调度　D. 送货

10. 配送模式按照（　　）来分，可以分成超市配送、跨国配送、邮政配送、电子商务配送和冷链配送。

A. 配送的组织者　B. 配送的产品　C. 新兴配送模式　D. 产品的原材料

11. 根据客户提出的时间要求、商品品种和数量要求，及时地将货物送达指定地点的配送类型是（　　）。

A. 定时配送　B. 即时配送　C. 定量配送　D. 定时定路线配送

12. 按事先约定的时间间隔进行配送，每次配送的品种及数量可预先计划，也可以临时根据客户的需求进行调整的配送类型是（　　）。

A. 定量配送　B. 定时配送　C. 定时定量配送　D. 即时配送

13. (　　) 是配送区别于其他物流形式的功能要素，也是决定配送成败的一项重要支持性工作。

A. 分拣及配货　B. 配装　C. 配送运输　D. 配送加工

14. 通过对客户分布状况的分析，设计出合理的配送运输路线，根据运输路线安排到达站点的时刻表，按照时刻表沿着规定的路线进行配送的配送类型是 (　　)。

A. 即时配送　B. 定时配送　C. 定时定量配送　D. 定时定路线配送

二、多项选择题

1. 仓库按用途分类，可分成以下哪几种 (　　)。

A. 自有仓库　B. 公共仓库　C. 营业仓库　D. 集配型仓库

2. 按技术处理方式及保管方式分类，可以将仓库分为 (　　)。

A. 散装仓库　B. 冷藏仓库　C. 恒温仓库　D. 危险品仓库

3. 按仓库选址分类，可以将仓库分为 (　　)。

A. 港口仓库　B. 内陆仓库　C. 枢纽站仓库　D. 流通仓库

4. 按照结构和构造，仓库可以分为以下几类 (　　)。

A. 多层仓库　B. 罐式仓库　C. 平房仓库　D. 冷藏仓库

5. 仓库按照其不同的使用功能，可以分为 (　　)。

A. 生产仓库　B. 内陆仓库　C. 储备仓库　D. 流通仓库

6. 仓库按照其设立的选址，可以分为 (　　)。

A. 保税仓库　B. 港口仓库　C. 内陆仓库　D. 枢纽站仓库

7. 按配送时间和数量分类，可以把配送分为 (　　)。

A. 定时配送　B. 定量配送　C. 定时定量配送　D. 定路线配送

8. 以下属于定时配送具体形式的是 (　　)。

A. 按日配送　B. 准点配送　C. 快递方式　D. 按量配送

9. 配送是指根据客户的要求，对物品进行 (　　) 等作业，并按时送达指定地点的物流活动。

A. 拣选　B. 加工　C. 分割　D. 组配

10. 配送的一般特点包括 (　　)。

A. 多品种、小批量　B. 支线运输、短距离

C. 干线运输、中长距离　D. 多批次、短周期

11. 配送是从物流节点对用户终端进行物资配置的运输，在整个运输过程中，处于 (　　) 的位置。

A. 二次运输　B. 干线运输　C. 支线运输　D. 末端运输

12. 配送模式按组织者不同可以分为 (　　)。

A. 自营配送　B. 超市配送　C. 共同配送　D. 第三方配送

思政课堂

课后习题

项目二 仓储规划

党的二十大报告强调：“我们要善于通过历史看现实、透过现象看本质，把握好全局和局部、当前和长远、宏观和微观、主要矛盾和次要矛盾、特殊和一般的关系，不断提高战略思维、历史思维、辩证思维、系统思维、创新思维、法治思维、底线思维能力，为前瞻性思考、全局性谋划、整体性推进党和国家各项事业提供科学思想方法。”在仓储规划工作中，我们也要树立战略思维、历史思维、辩证思维、系统思维、创新思维、法治思维、底线思维能力，科学运用资源做好规划。本项目我们将“仓储规划”细分为 3 个任务，分别是任务一　签订仓储合同；任务二　规划仓库货位；任务三　进行货物编码。

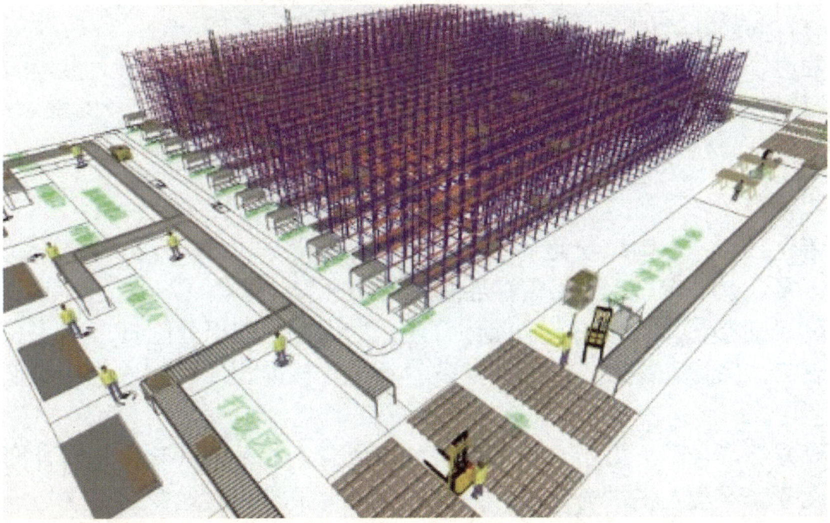

任务一 签订仓储合同

任务展示

签订仓储合同是提供仓储服务的前提，可以有效地保证合同双方的利益。仓储合同是用于约定保管方接受和保管存货方交付储存的货物，并在储存期限届满时完好地返还该货物，存货方给付规定的保管费的协议。

烟台美达机械设备进出口有限公司（以下简称烟台美达）有一批汽车零配件 WF0331，共有 500 箱，每箱 30 个，每个单价为 25 元，每箱尺寸 1.5 m×0.8 m×1.4 m，每箱重 60 kg，其中有三箱包装有轻微破损，欲存入仓库 B。山东丽宏物流有限公司（以下简称丽宏物流）入出库需要检验产品数量、包装、品质，存储时间是 30 天，允许有 0.3% 的损耗，入库办理仓储保险，保险费率为 0.5%，仓库 B 是平面仓库，占地 10 000 m^2，实际存储货位面积为 6 000 m^2，层高为 8 m，仓库储存货物较多，现还有 120 m^2 空货位，地面承载能力为 2 t/m^2。仓储费为 3 元 / 平方米 / 天，采用一半预付、一半出库付清的结算方式，在对双方的权利与义务、租赁期限、租金、结算办法和违约责任等内容进行协商后，双方准备签订仓储合同。如果你是丽宏物流的业务经理，应该怎么做呢？请完成仓储合同的签订。

任务准备

任务准备 1：仓储合同的定义及法律特征

1. 仓储合同的定义

仓储合同，又称仓储保管合同，是保管人储存存货人交付的仓储物，存货人支付仓储费的合同。仓储业是随着商品经济的发展，从保管业中发展壮大起来的一种特殊行业。近代以来，仓储业日渐发达，原因就是随着国际及地区贸易的扩大，仓储业能为大批量的物品提供便利、安全、价格合理的保管服务。因此仓储合同不再作为一般的保管合同来对待，而是作为一种独立的有名合同在合同法中加以规定。

2. 仓储合同的法律特征

（1）仓储合同为诺成合同。为约束仓储合同双方的行为，更好地维护双方利益，法律规定仓储合同自双方达成合意时成立，而不需存储物品的实际交付。

（2）保管人必须是拥有仓储设备并从事仓储保管业务的人。根据国务院批准的《仓储保管合同实施细则》规定，保管人必须是经工商行政管理机关核准、依法从事仓储保管业务的法人。

（3）仓储合同为双方有偿合同。由于仓储也是一种商业营业活动，因此，仓储合同的双方当事人互负给付义务，保管人提供仓储服务，存货人给付报酬和其他费用。这与一般的保管合同不同，因为保管合同既可有偿也可无偿。

（4）仓储合同为非要式合同，可以是书面形式，也可以是口头形式。

任务准备 2：仓储合同何时生效

仓储合同是诺成合同，又称为不要物合同，即双方当事人意思表示一致就可成立、生效的合同。而保管合同是实践合同，或称为要物合同。保管合同除双方当事人达成合意外，还必须有寄存人交付保管物，合同从保管物交付时间开始成立。这是仓储合同与保管合同的重要区别之一。仓储合同为不要式合同，既可以采用书面形式，又可以采用口头形式。无论采用何种形式，只要符合合同法中关于合同成立的要求，合同即告成立，而无须以交付仓储物为合同成立的要件。这就意味着双方当事人意思表示一致即受合同约束，任何一方不按合同约定履行义务，都要承担违约责任。无论是存货人还是保管人都有商业营利的需要，特别是保管人就是以替他人储存、保管货物为业。保管人接受仓储物予以储存，存货人支付仓储费，双方就是一种交易行为，如果规定仓储合同为实践合同，则不利于这种交易的安全和稳定。因此本条规定："仓储合同自成立时生效"。

任务准备 3：仓储合同的主要条款有哪些

仓储合同的主要条款有货物的品名和品种；货物的数量、质量、包装；货物验收的内容、标准、方法、时间；货物保管条件和保管要求；货物进出库手续、时间、地点、运输方式；货物损耗标准和损耗的处理；计费项目、标准和结算方式；银行、账号、时间；责任划分和违约责任；合同的有效期限；变更和解除合同期限。

任务准备 4：仓储合同签订注意事项

（1）验收项目

保管人的正常验收项目为：货物的品名、规格、数量、外包装状况以及无须开箱拆捆、直观可见可辨的质量情况。包装内的货物品名、规格、数量，以外包装或货物上的标记为准；外包装或货物上无标记的，以供货方提供的验收资料为准。散装货物按国家有关规定或合同规定验收。

（2）验收方法

全部验收和按比例验收。具体采用哪种方法，应在合同中明确约定。验收的期限是自货物和验收资料全部送达保管人之日起，至验收报告送出之日止，日期以运输或邮电部门的戳记或直接送达的日期为准。

（3）验收期限

验收期限自货物和验收资料全部送达保管人之日起，至验收报告送出之日止。

保管人应当按照合同约定的验收项目、验收方法和验收期限进行验收。保管人验收时发现入库的仓储物与约定不符的，如发现入库的仓储物的品名、规格、数量、外包装状况与合同中的约定不一致的，应当及时通知存货人，由存货人做出解释，或者修改合同，或者将不符合约定的货物予以退回。

保管人验收后发生仓储物的品种、数量、质量不符合约定的，保管人应当承担损害赔偿责任。在理解本条保管人的赔偿责任时，品种、数量不符合约定，应当承担损害赔偿责任。质量问题的赔偿责任，要注意两点：一是质量不符合约定，对不同条件、不同性质的仓储物的质量，可以按照交易习惯和当事人的特别约定来确定质量问题；二是如果约定不明确，发生质量问题是否由保管人承担赔偿责任，依据合同法第三百九十四条的规定，因仓储物的性质、包装不符合约定等造成灭失、损坏的，保管人不承担赔偿责任。

（4）储存危险物品和易变质物品的要求

储存易燃、易爆、有毒、有腐蚀性、有放射性等危险物品或者易变质物品，存货人应当说明该物品的性质，提供有关资料。

存货人违反前款规定的，保管人可以拒收仓储物，也可以采取相应措施以避免损失的发生，因此产生的费用由存货人承担。

保管人储存易燃、易爆、有毒、有腐蚀性、有放射性等危险物品的，应当具备相应的保管条件。如果保管人不具备相应的保管条件，就对上述危险物品予以储存，对自身造成的损害，存货人不承担赔偿责任。

（5）物品的保存

保管人应当按照合同约定的储存条件和包装要求，妥善保管仓储物。没有特别事由，保管人不得改变储存的场所和保管方法，保管人存储、保管危险物品和易腐货物的，应当具备相应的保管条件，按照国家或合同规定的要求操作和存储，保管人在存储、保管过程中不得损害货物的包装物，如因保管或操作不当使包装发生损坏的，保管人应当负责修复或按价赔偿。保管人应当自己保管仓储物，当事人另有约定的除外。不得将仓储物交付第三人保管，保管人未经存货人同意而将仓储物转交第三人保管、对仓储物造成损失的，应当承担赔偿责任。依据合同法第三百九十四条的规定，存储期间，因保管人保管不善造成仓储物毁损、灭失的，保管人应当承担损害赔偿责任；因仓储物的性质、包装不符合约定或者超过有效储存期间发生仓储变质、损坏的，保管人不承担损坏赔偿责任。依此规定，凡在储存期间发生仓储物灭失、短少、变质、污染的，只要保管人不能证明系因仓储物的性质、包装不符合约定或者超过有效储存期造成的，保管人就应承担保管不善的责任。

任务执行

请根据任务展示内容模拟签订仓储合同。

步骤1：商务洽谈

存货方代表：由教师或助教（由教师指定）扮演。
保管方代表：由各项目团队扮演。
要求：保管方主动与存货方联系，进行商务洽谈了解情况。

步骤2：研拟合同

保管方（各项目组扮演）根据存货方（教师或助教扮演）要求，拟订合同。以下是仓库租赁合同和仓储保管合同的样本。

仓库租赁合同

出租方（以下简称甲方）：____________________

承租方（以下简称乙方）：____________________

根据有关法律法规，甲、乙双方经友好协商达成如下厂房租赁合同条款，以供遵守。

第一条

租赁物位置、面积、功能及用途

1.1 甲方将位于 ________________ 的厂房或仓库（以下简称租赁物）租赁于乙方使用。租赁物面积为 ________ 平方米。

1.2 本租赁物采取包租的方式，由乙方自行管理。甲方负责乙方所租厂房的外围的安防防盗！

第二条

租赁期限

2.1 租赁期限为______年，即从______年____月____日起至______年____月____日止。

2.2 租赁期限届满前一个月提出，经甲方同意后，甲乙双方将对有关租赁事项重新签订租赁合同。在同等承租条件下，乙方有优先权。

第三条

仓库租赁费用及相关事项

3.1 租金

租金每年为人民币______________元整。

3.2 供电、供水、排污及其他

为使乙方能够正常使用，甲方必须保证以下几点：

（1）有实际照明电供乙方使用；

（2）有水井水供乙方使用；

（3）排污管道需接通到围墙外大排污管中；

（4）帮助乙方处理工商税务等部门关系及地方关系；

（5）由于厂房土地等产权问题引起的纠纷，由甲方负责处理，如导致乙方无法正常生产，甲方应双倍返还当年租金。

第四条

仓库费用的支付

支付方式：____

____

第五条

租赁物的转让

5.1 在租赁期限内，若遇甲方转让出租物的部分或全部产权，或进行其他改建，甲方应确保受让人继续履行本合同。在同等受让条件下，乙方对本出租物享有优先购买权。

5.2 若乙方无力购买，或甲方行为导致乙方无法正常生产的，甲方应退还乙方相应时间的租金。

第六条

场所的维修建设。

6.1 乙方在租赁期间享有租赁物所有设施的专用权。乙方应负责租赁物内相关设施的维护，并保证在本合同终止时归还甲方。

6.2 乙方在租赁期限内应爱护租赁物，因乙方使用不当造成租赁物损坏，乙方应负责维修，费用由乙方承担。

6.3 乙方因正常生产需要，在租赁物内进行的固定资产建设，由双方另行协商解决。

第七条

租赁物的转租

经甲方书面同意后，乙方可将租赁物的部分面积转租，但转租部分的管理工作由乙方负责，包括向转租户收取租金等。本合同规定的甲、乙双方的责任和权利不因乙方转租而改变。

如发生转租行为，乙方还必须遵守下列条款：

（1）转租期限不得超过乙方对甲方的承租期限；

（2）乙方应在转租租约中列明，若乙方提前终止本合同，乙方与转租户的转租租约应同时终止；

（3）无论乙方是否提前终止本合同，乙方因转租行为产生的一切纠纷概由乙方负责处理。

第八条

免责条款

凡因发生严重自然灾害、政府征地或其他不可抗力致使任何一方不能履行本合同时，遇有上述不可抗力的一方，应在三十日内，提供不可抗力的详情及合同不能履行、或不能部分履行、或需延期履行理由的公证机关证明文件或其他有力证明文件。遭受不可抗力的一方由此而免责。

第九条

合同的终止

本合同提前终止或有效期届满，甲、乙双方未达成续租协议的，乙方应于终止之日或租赁期限届满之日迁离租赁物，并将其返还甲方。

第十条

适用法律

本合同受中华人民共和国法律的管辖，本合同在履行中发生争议，应由双方协商解决，若协商不成，则通过仲裁程序解决，双方一致同意以杭州仲裁委员会作为争议的仲裁机构。

第十一条

其他条款

11.1 本合同未尽事宜，经双方协商一致后，可另行签订补充协议。

11.2 本合同一式四份，甲、乙双方各执两份。

第十二条

合同效力

本合同经双方签字盖章，并收到乙方支付的首期租赁款项后生效。

甲方（印章）:____________________

授权代表（签字）:____________________

地址:____________________电话:____________

签订时间:________年____月____日

乙方（印章）:____________________

授权代表（签字）:____________________

地址:____________________电话:____________

签订时间:________年____月____日

仓储保管合同

【时 效 性】有效

【法规名称】仓储保管合同

【法规分类】标准示范文本

【正　　文】

仓储保管合同

存货方（以下简称甲方）：________________

保管方（以下简称乙方）：________________

甲方使用乙方的仓库储存成品空调产品，双方本着互惠互利的原则，达成如下协议，以资共同遵守。

第一条：甲方租用仓库面积、启用仓库时间及租期。

1. 甲方租用乙方仓库面积为 42 000 平方米（按实际使用面积签订并附仓库面积图）。

2. 启用时间及租期：从 2021 年 1 月 1 日起至 2021 年 12 月 31 日止。

第二条：仓库租金按每月每平方米 8.00 元计算，入库搬运费每月由甲方按入库单结算，出库搬运费由提货人承担。搬运费具体结算标准附后，作为本合同附件。

第三条：付款方式按月付款，合同签订后，按月付清乙方上月租金和入库搬运费，如乙方造成甲方库存商品短少或损坏，乙方必须赔偿甲方的损失，否则甲方有权停止结算乙方所有费用，合同期满自行失效。

第四条：双方责任和义务

1. 甲方不得擅自将承租房转租、转让、转借，不得利用承租的房屋进行非法活动。

2. 乙方确保出租仓库防湿、防蚁、不漏雨、不内涝。

3. 乙方负责仓库物资的进出、保管、保卫、防火、防盗，如果发现仓库物资损失，均由乙方负责赔偿（不可抗力因素除外）。

4. 租赁期间，任何一方不得擅自解除合同，如需变更或解除合同，需经双方协调一致。合同期满后如不再续签合同，乙方应在合同期满前半个月通知甲方。双方本着互惠互利的原则长期合作，如在合同期间或合同期满，因乙方原因造成甲方不能继续租用仓库，由此而产生甲方货物转库的搬运费（包括运输、装卸及损坏费用）必须全部由乙方承担。

5. 甲方在租赁期内，乙方不得加租，甲方如果因货物的临时减少，需提前一个月通知乙方，乙方应首先考虑甲方的要求。合同期间，甲方对货物保管及收发的有关另行通知要求，乙方应配合执行。

6. 乙方负责组织人员收发甲方货物，甲方按合同地区装卸标准，将搬运费每月连同税金付给乙方。

7. 为方便客户在雨天提货，乙方库房门口必须增设雨棚，如因下雨无雨棚而延误货物装卸，一天扣违约金 500 元，并配备叉车作业，搬运工装卸按《装卸操作规范》执行。

第五条：商品出入库验收及保管

1. 乙方应派专人管库并建账（包括成品、样机、旧机、资料、配件、纸箱等），并根据甲方入库单做库存一览表，保证甲方库存先进先出。

2. 甲方货物到达后，乙方应及时组织人员卸车和验收入库，乙方在卸车或验收入库时，如发现有品种、数量、包装破损、淋湿、倒置、卧置、损坏等不符合入库要求时，要及时通知甲方有关人员，验收结果必须在收货凭证（回单）和调拨单上注明，双方人员（保管员和送货司机）要在凭证上签字、盖章，否则损失由乙方承接，按厂价赔偿，并加收运费每台 50 元，如到货车号与收货凭证上不符，需经甲方同意才能收货，乙方保管员必须把当天到货情况当天报甲方有关人员，逾期不报按每天 50 元扣除违约金。

3. 商品入库后必须按包装箱箭头堆放，成品静态时，堆放高度可按包装箱注明的层数，窗机多加一层，分体内机（2P 以下）多加两层，柜机按纸箱要求堆放，连接管放在成品机上，商品底层要加垫木板防潮，保持仓库清洁，做到货物轻拿轻放，摆放整齐，严禁倒置、卧置及野蛮装卸（如有投诉，一次罚 100~500 元），甲方每次到货，乙方要做好记录，做到账、物、卡相符（产品摆放必须设卡，并注明到库、出库时间），按先进先出的原则做出库一览表，否则损失由乙方负责，验收后至出库整个储存过程中，乙方负责甲方货物的安全，凡因管理不善或野蛮装卸所造成的货物丢失、损坏、缺少、错发、雨淋、受潮等问题，乙方须按出厂价（另加运费每台 50 元）给予甲方赔偿。乙方对库存商品要经常检查，发现变质或有其他损坏的应及时通知甲方。另外旧机入库要拆包核对，与入库单保持一致。

4. 货物堆码标准：按甲方要求堆放货物，乙方根据甲方库存空调的进出随时进行货物调整、倒库，确保库存商品合格摆放，淡季期间（8～9 月份），按甲方先进先出的原则，乙方应把库存产品归类集中堆放好（此费用包括在税金内），做好下一年度的收发准备工作。

5. 商品出库由甲方向乙方提供两种出库单的票样各一份（按样票号码后的单据执行提货）。乙方必须核对提货人所持有商品调拨单是否与甲方提供给乙方的样本一致，商品调拨单涂改无效，开出发货单 2 天内发货有效，如超出规定时间，需经甲方开票员确认签名后才能发货，“白条”及提货手续不全造成甲方货物出库，一经发现，乙方须按甲方出厂价赔偿损失（另加收违约金每台 50 元），所赔偿费用甲方有权从乙方仓储费用中扣除，商品出库按进库时间顺序发放（内、外、管配套完，如有多余的连接管，也要按先进先出配机发出），保证甲方货物先进先出（如违反，扣违约金 50 元）。根据客户提货单的品种、数量合理安排装车，避免前轻后重，严禁倒置、卧置及野蛮装车（如违反《装卸操作规范》任一条，扣违约金 100 元）。如乙方保管员因过失把产品型号发错，需经甲方人员鉴定方能退换或调账，如造成损失由乙方承担（另加运费每台 50 元），商品出库搬运费由提货人承担，按本合同执行，不得收取额外费用，旺季期间仓库必须加派人手，确保当天开出的提货单及时出库，因乙方原因造成甲方货物不能及时出库，甲方有权扣除乙方 500～1 000 元的违约金。

6. 为了加强仓库的货物出库管理，堵塞可能出现的漏洞，同时甲方为方便业务开展，直接使用“××新兴格力空调销售有限公司提货证明”“××格力中央空调工程设备有限公司提货证明”第二联提货，并加盖“××新兴格力空调销售有限公司财务专用单”及“××新兴格力空调销售有限公司发货章”，如未加盖此章，乙方一律不得发货，乙方保管员必须对甲方商品库存情况保密，严禁外来人员进入库房，入、出库装车搬运由仓库装卸队负责，并提供 24 小时收发货服务，节假日也照常收发货。

7. 由于甲方的产品销售有其地区性，要求配备扫描器（附操作手册和日常维护条例），出库产品必须扫描传给乙方，乙方必须派专人负责，甲方货物出库时乙方必须保证按提货单把每台空调的条形码都要扫进仪器里，确保甲方随时查询，由于扫描器属于贵重物品，乙方保管员应做到轻拿轻放，如因保管不善或人为损坏、丢失，乙方必须负责维护或赔偿甲方损失，如发现漏扫条形码的扣违约金每台 50 元，因漏扫条形码造成甲方无法查询导致客户遭受损失的由乙方负责赔偿。

8. 甲方在年终对当地销售的空调质量定时检查，如销售安装时，发现因野蛮装卸所造成的损坏（噪音、导风机构、外观破损、轴流风叶、贯流风叶、离心风叶），经当地安装维修点鉴定，乙方必须负责赔偿甲方所产生的维修、配件费的 50% 的补偿金。

9. 合作期间，甲方每月定期进行货物盘点，在进行盘点工作时乙方保管员应给予配合，并提供一份盖有公章的进出库存月报表。甲方合同经办人员不能违反本合同条例，甲方合同经办人每月底对库存货物进行实物清点，否则乙方有权拒绝在月底报表上签名盖章。

第六条：违约责任

1. 如乙方出租的仓库出现漏雨、内涝等现象，致使甲方库存产品遭受损失（不可抗力的自然灾害除外），乙方按财产损失数额予以赔偿。

2. 由于乙方的原因，造成甲方货物退仓或不能入库时，乙方应赔偿甲方因此而遭受的损失，并向甲方支付三个月租金，作为违约金。

3. 若乙方违反本合同任一条款及《装卸操作规范》或造成客户投诉，甲方有权扣除乙方相应的违约金 50～10 000 元，费用直接从仓储费中扣除。

第七条：争议解决办法

如在本合同履行过程中发生争议，乙方直接致电甲方协商解决，协商不成提起诉讼的，由甲、乙方所在地人民法院管辖。

第八条：本合同未尽事宜，双方可签订补充协议加以规定。补充协议与本合同具有同等的法律效力。

第九条：本合同一式两份，双方各执一份，双方签字盖章后生效。

保管方单位名称：　　　　　　　　　　存货方单位名称：

经办人：　　　　　　　　　　　　　　经办人：

电话（传真）：　　　　　　　　　　　电话（传真）：

签订时间：

任务评价

在完成上述任务后，教师组织进行三方评价。全班举手投票，选出本任务的“最佳团队”，并完成如表 2–2 所示“签订仓储合同”任务评价表的填写。

表 2–2　“签订仓储合同”任务评价表

项目组		成员				
评价标准	评价项目	分值（分）	自我评价（20%）	他组评价（30%）	教师评价（50%）	合计（100%）
	合同签订分工合理性	10				
	任务完成及时性	20				
	团队代表发言情况	10				
	合同内容符合法律规范	20				
	合同文本规范性	40				
合计		100				

任务二 规划仓库货位

任务展示

对于仓储管理而言，仓库货位规划是决定仓库生产率的重要设计考虑事项。用少量投资，重新规划、调整仓库货位，可以实现提高作业效率、提升用户服务水平的经营目标。在实际操作中，我们需要正确规划仓库货位，并从工程角度出发，分步论述、规划操作方法。丽宏物流根据烟台美达储存货物的类型，订制了10排托盘货架，每排货架有4层，每层10列。如果你是丽宏物流的仓储部经理，该如何对仓库货位进行规划呢？

任务准备

任务准备1：什么是货位规划与货位管理

货位规划：根据商品的形状、大小、体积、重量等，考虑堆垛的操作，结合仓库场地的具体情况，规划好各个货位的分布或货架的设置。货位规划的要领是便于收发货，便于检查及装卸车，便于稳固堆垛、安全储存，要尽量紧凑又留出宽度适当的通道，既利于提高仓容利用率，又利于搬运和行走。

货位管理：对仓库存放物资的货位进行的规划、分配、使用、调整等工作。货位管理是一种运作思想，以仓库自有的定义标准，统一不同货品的属性，可以摆脱对人员熟练性的过度依赖，提高出入库的及时性与准确性，提高盘点的效率，以此提高仓库工作的效率。

任务准备2：合理规划货位的好处有哪些

通过货位规划与调整，可以达到以下效果：

（1）按照合理的拣货顺序放置货品，可以减少拣货人员数量；

（2）对应货位规格，分配相应数量的单元化货品，可以减少补货人员数量；

（3）平衡操作者的工作量，可以缩减作业周期、改善工作流程；

（4）将容易混淆的货品分配到不同的拣货区，可以提高拣货准确率；

（5）以人机工程学理论规划货品最佳摆放位置，可以避免作业伤害；

（6）在拣货路径上，将重的货品规划在前端、怕磕碰的货品规划在后端，可以降低货品破损；

（7）按照货品高度分配货位，在拣货中实现货品分层紧密码放，可以提高托盘码放效率，提高货车车厢利用率；

（8）通过调整仓库布置、提高空间利用率，可以推迟或避免再建投资；

（9）将货品分类码放，可以减少物流中心用户端的二次分拣工作量，提高供应链整体效率。

任务准备 3：仓库货位的划分主要有哪几点原则

（1）遵循先进先出的管理原则，确保商品不过期；

（2）根据历史数据分析，按出货频率、出货量的规律进行商品分类，将出货频率高、出货量大的安排存放在临出货口区位，这样能减少取货的距离，提高效率；

（3）仓库需分别设进口及出口，遵循“不走回头路”原则，规划物流动线；

（4）做好标识；

（5）仓库商品进出做好账卡实时登记，可按区位进行人员分工，各区位每日对账卡与实物进行盘点，各区域负责人对盘点结果负责。

任务准备 4：仓库空间布局与库内非保管场所的布局

1. 仓库空间布局

仓库空间布局也称为仓库内部竖向布局，是指库存物品在仓库立体空间上的布局，其目的在于充分有效地利用仓库空间，具体如图 2–1 所示。

图 2–1　仓库空间布局

2. 库内非保管场所的布局

应尽量扩大保管面积，缩小非保管面积。非保管面积包括通道、墙间距、收发货区、库内办公地点等。

（1）通道：库房内的通道（见图 2–2），分为运输通道（主通道）、作业通道（副通道）和检查通道。

① 运输通道。供装卸搬运设备在库行走，其宽度主要取决于装卸搬运设备的外形尺寸和单元装卸的大小。运输通道的宽度一般为 1.5 ～ 3 m。

② 作业通道。供作业人员存取搬运物品的行走通道。其宽度取决于作业方式和货物的大小。一般情况下，作业通道的宽度为 1 m 左右。如果使用手推车进入作业通道作业，则通道宽度应视手推车的宽度而定。

③ 检查通道。供仓库管理人员检查库存物品的数量及质量行走的通道。其宽度只要能使检查人员自由通过即可，一般为 0.5 m 左右。

图 2-2　库房内通道

（2）墙间距：一方面是使货垛和货架与库墙保持一定的距离，避免物品受潮；同时也可作为检查通道或作业通道。

（3）收发货区：供收货、发货时临时存放物品的作业场地，可分为收货区和发货区，也可以划定一个收发货区，供收货、发货共用。

（4）库内办公地点：仓库管理人员需要一定的办公地点，可设在库内也可设在库外。最好设在库外另建办公室，使仓库能存放更多的物品。

任务准备 5：货垛的“五距”

货垛的“五距”是指商品在库房里除保持必要的通道外，还必须留出墙距、柱距、灯距、顶距和垛距。

（1）墙距：墙间距一般宽度为 0.5 m 左右，当兼作作业通道时，其宽度需增加一倍。墙间距兼作作业通道是比较有利的，它可以使库内通道形成网络，方便作业。

（2）柱距：货垛或货架与库房内支撑柱子之间应留有不小于 0.1 ～ 0.3 m 的距离。

（3）灯距：货垛与照明灯之间的必要距离称为灯距。灯距一般不小于 0.5 m。

（4）顶距：顶距一般为 0.5 ～ 0.9 m。

（5）垛距：货垛与货垛或货架与货架之间的必要距离。垛距一般为 0.3 ～ 0.5 m。

保持“五距”的主要作用是通风、防潮、散热，从而保证货物的安全储存。货垛的“五距”如图 2-3 所示。

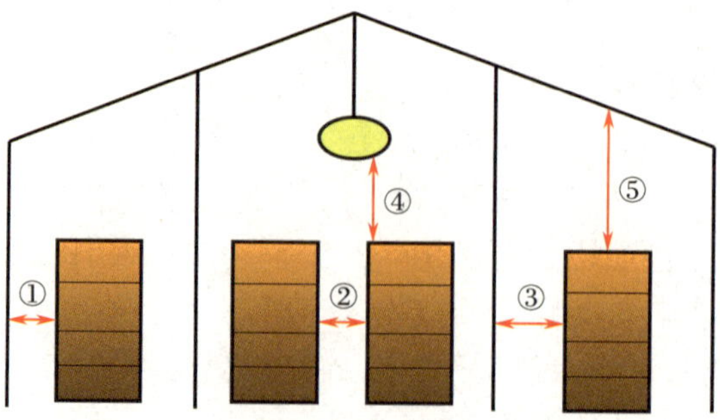

①墙距，②垛距，③柱距，④灯距，⑤顶距。

图 2-3　货垛的“五距”

任务执行

步骤 1：确定货位布局

货位布局既要提高仓库平面和空间利用率，又要提高物品保管质量，方便进出库作业，从而降低物品的仓储处置成本。

1. 平面布局

平面布局是指对货区内的货垛、通道、垛间（架间）距、收发货区等进行合理的规划，并正确处理它们的相对位置。主要依据库存各类物品在仓库中的作业成本，按成本高低分为 A、B、C 类，A 类物品作业量大约应占据作业最有利的货位，B 类次之，C 类再次之。

（1）垂直式布局

货垛或货架的排列与仓库的侧墙互相垂直或平行，具体包括横列式布局、纵列式布局和纵横式布局，三种布局的优点及图例如表 2–3 所示。

表 2–3　三种布局的优点及图例

横列式布局	纵列式布局	纵横式布局
横列式布局是指货垛或货架的长度方向与仓库的侧墙互相垂直。 主要优点有：主通道长且宽，副通道短，整齐美观，便于存取查点，如果用于库房布局，还有利于通风和采光。	纵列式布局是指货垛或货架的长度方向与仓库侧墙平行。 主要优点有：可以根据库存物品在库时间的不同和进出频繁程度安排货位；在库时间短、进出频繁的物品放置在主通道两侧；在库时间长、进出不频繁的物品放置在里侧。	纵横式布局是指在同一保管场所内，横列式布局和纵列式布局兼而有之，可以综合利用两种布局的优点。
	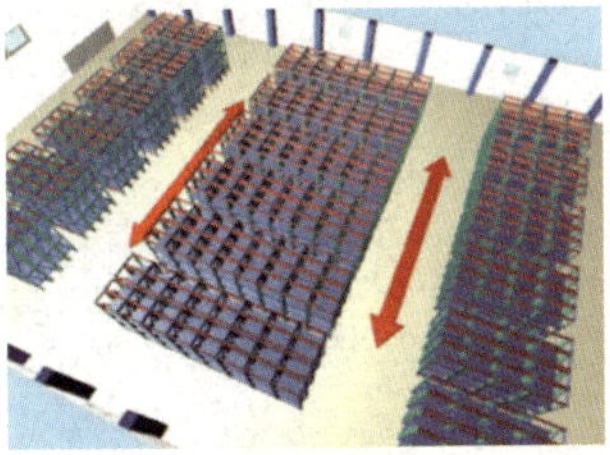	
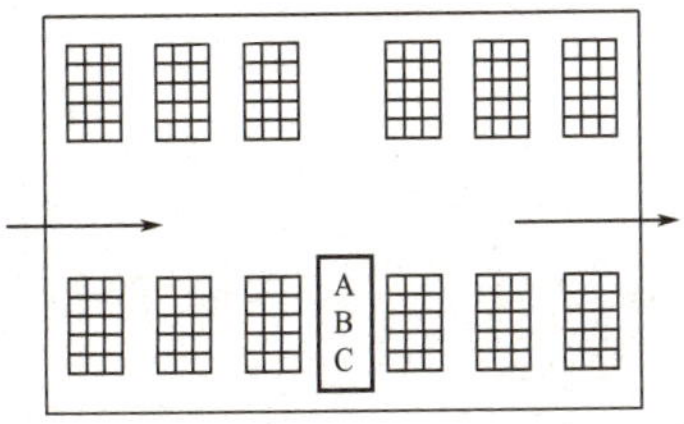	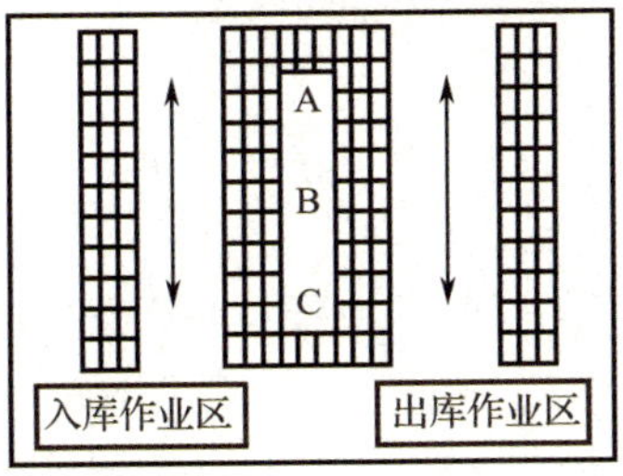	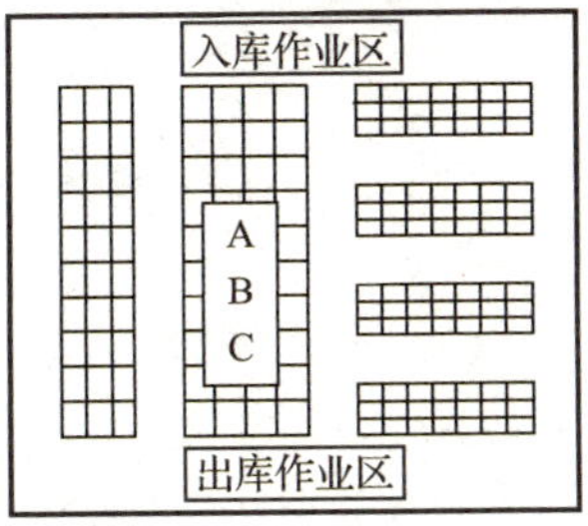
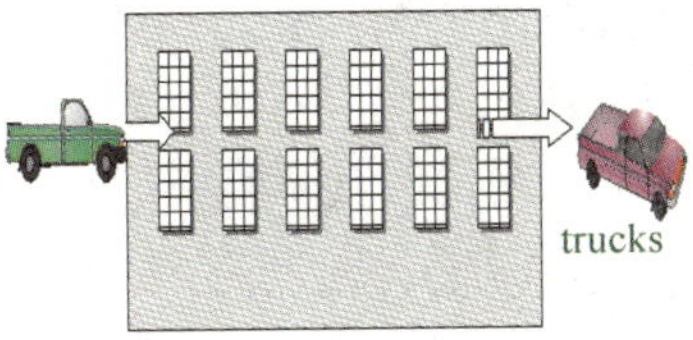	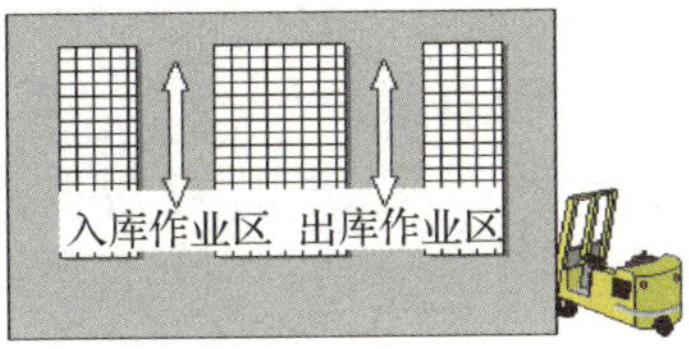	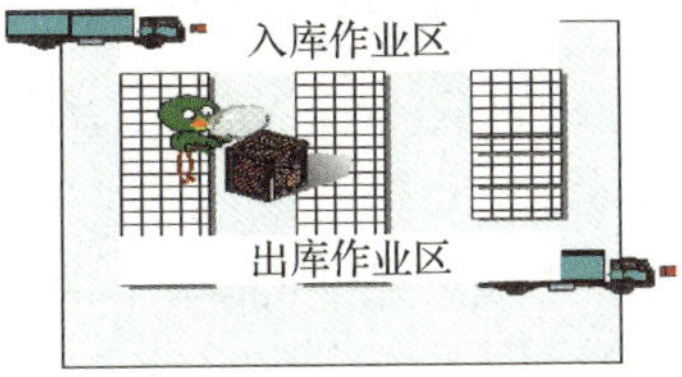

（2）倾斜式布局

倾斜式布局是指货垛或货架与仓库侧墙或主通道成 60°、45° 或 30° 夹角。具体包括货垛（架）倾斜式布局和通道倾斜式布局。

① 货垛（架）倾斜式布局：它是横列式布局的变形，为了便于叉车作业、缩小叉车的回转角度、提高作业效率而采用的布局方式，具体如图 2–4 所示。

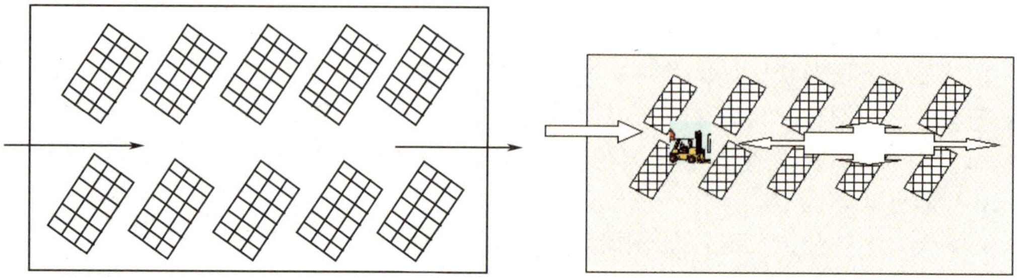

图 2–4　货垛（架）倾斜式布局

② 通道倾斜式布局：仓库的通道斜穿保管区，把仓库划分为具有不同作业特点的区域，如大量储存和少量储存的保管区等，以便进行综合利用，具体如图 2–5 所示。在这种布局形式下，仓库内形式复杂，货位和进出库路径较多。

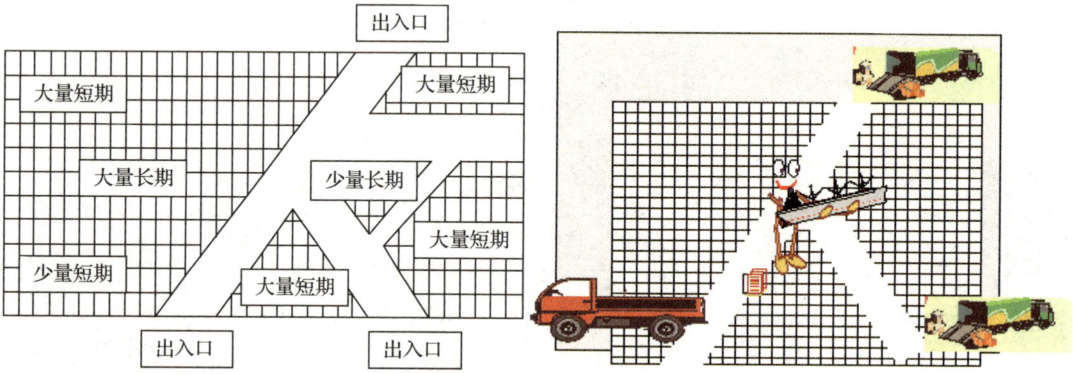

图 2–5　通道倾斜式布局

步骤 2：进行货位编码

货位编码的方法有很多种，可以根据不同的情况进行不同的编码。常见的货位编码的方法有下列四种。

（1）区段法：把保管区域分割几个区段，再对每个区段进行编码。

（2）品项群别法：把一些相关性货品经过集合以后，区分成好几个品项群，再对每个品项群进行编码。如服饰群、五金群、食品群等。

（3）坐标式法：是指利用 x、y、z 空间坐标对储位进行编码的方式。此种编排方式由于其对每个储位定位切割细小，管理较为复杂，对于流通率很小、需要长时间存放的货品比较适用。

（4）地址法：利用保管区域中的现成参考单位，例如建筑物栋、区段、排、行、层、格等，依照其相关顺序来进行编码，如同地址的几段、几巷、几弄、几号一样。常用的是地址法的四号定位法（库房号－货架号－货架层号－货架位号），如货位编码 02–08–03–05 表示存放在第 2 库房第 8 货架第 3 层第 5 位（见图 2–6）。

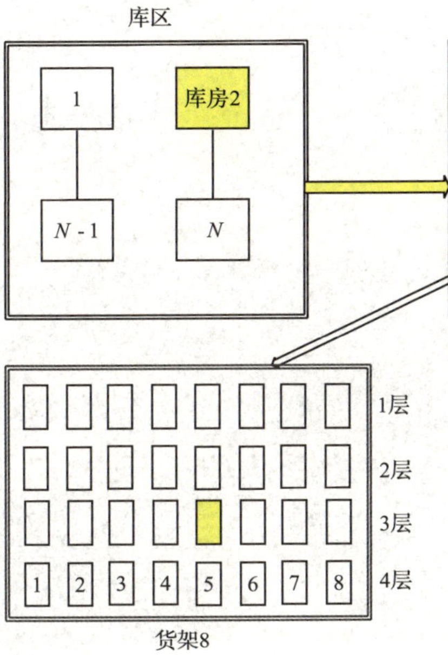

图 2–6　四号定位法

步骤 3：使用条码打印机打印货位条码

完成货位编码后，要使用条码打印机打印货位条码，在相应货位进行粘贴。条码打印机的外观和基本组成如图 2–7 所示。

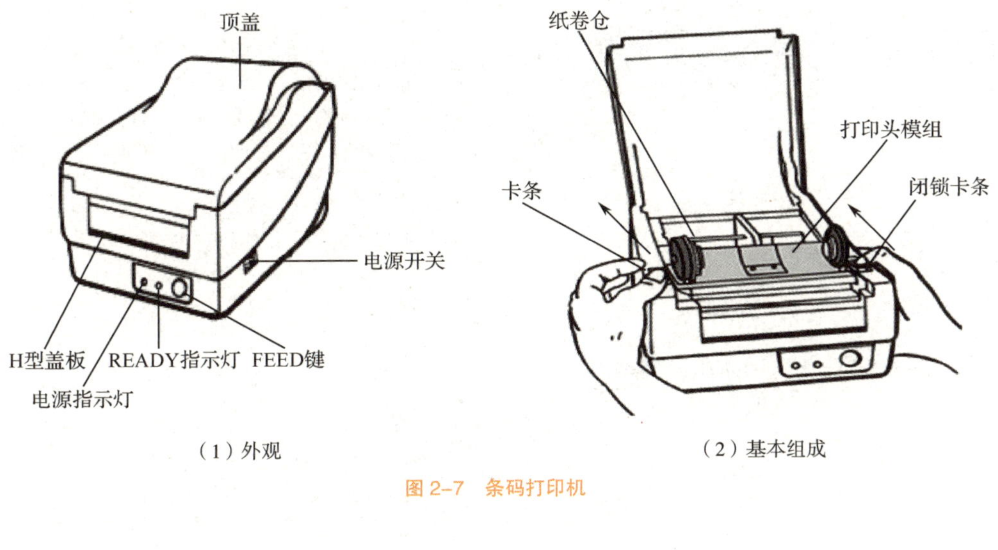

图 2–7　条码打印机

步骤 4：粘贴货位条码

粘贴货位条码如图 2-8 所示，将打印好的条码粘贴到货架上，要注意高度合理、条码平整，以利于利用扫描设备进行扫描。

图 2-8 粘贴货位条码

任务评价

在完成上述任务后，教师组织进行三方评价。全班举手投票，选出本任务的“最佳团队”，并完成如表 2-4 所示“规划仓库货位”任务评价表的填写。

表 2-4 “规划仓库货位”任务评价表

项目组		成员				
评价标准	评价项目	分值（分）	自我评价（20%）	他组评价（30%）	教师评价（50%）	合计（100%）
	任务完成及时性	10				
	货位布局形式合理性	30				
	能正确进行货位编码	30				
	能熟练使用条码打印机打印货位条码并粘贴货位条码	30				
合计		100				

任务三　进行货物编码

任务展示

丽宏物流根据烟台美达的货物情况，需要编制一套货物代码，具体货物明细表如表 2–5 所示，如果你是丽宏物流的仓储部经理，你打算如何编制货物编码呢？

表 2–5　货物明细表

序　号	货物名称	规格型号
1	格力空调	KFR–32GW/K(32556)D1–N1
2	格力空调	KFR–35GW/(35550)FNAa–3
3	格力空调	KFR–72LW/(72566)Aa–3
4	格力空调	KFR–50LW/(50561)FNAa–3
5	美的冰箱	BCD–555WKM
6	美的冰箱	BCD–210TSM
7	美的冰箱	BCD–216TSM
8	美的冰箱	BCD–196GMZ
9	SONY 液晶电视	KDL–46EX520
10	SONY 液晶电视	KDL–46CX520
11	联想机箱	T350
12	联想液晶显示屏	LXH–GJ17L3
13	联想键盘	LXH–SX9290
14	飞利浦剃须刀	HQ912
15	飞利浦剃须刀	HQ7310

任务准备

货物编码

任务准备 1：什么是货物编码?

货物编码也称为物料编码，是指将货物按分类内容，加以有次序的编排，用简明的文字、符号或数字，代替货物的“名称”“类别”及其他有关资料的一种方式。仓库在进货后，商品本身大部分都已有商品号码及条码，但有时为了物流管理及存货管理的方便，仓库会配合自己的物流作业信息系统，编写商品货物代号及物流条码，以方便货位管理系统运作，并掌握货物的动向。

任务准备 2：货物编码的功能

货物编码在管理上具有若干功能：

（1）增加货物资料的正确性；

（2）提高货物活动的工作效率；

（3）可以利用计算机进行整理分析；

（4）可以节省人力、减少开支、降低成本；

（5）便于拣选及送货；

（6）可提供储存或拣取货物的查对；

（7）削减存货：因为有了统一编码，可以防止重复订购相同的货物；

（8）可考虑作业的优先性，并达到货物先进先出的目的。

任务准备 3：货物编码的原则

合理的货物编码，必须具备下列几项基本原则：

（1）简单性：应将货物化繁为简，便于货物活动的处理；

（2）完整性：使每一种货物的编码能清楚完整地代表货物内容；

（3）单一性：使每一个编码代表一种货物；

（4）一贯性：号码位数要统一且有一贯性；

（5）伸缩性：为未来货物的扩展及产品规格的增加预留号码编列；

（6）组织性：应有组织，以便存档或使用账上资料；

（7）充足性：其所采用的文字、记号或数字，必须有足够的数量及栏位；

（8）易记性：应选择易于记忆的文字、符号或数字，或富于暗示及联想性；

（9）分类展开性：货物复杂，其物类编码大，分类后还要再加以细分；

（10）适应机械性：能适应事务性机器或计算机处理。

任务准备 4：货物编码的方法

货物编码大致可分为下列七种方法。

1. 按数字顺序编码法

这个方法从 1 开始一直往下编，常用于账号或发票编码，属于延展式的方法。须有编码索引，否则无法直接了解编码意义。

2. 数字分段法

数字分段法是前一方法的小小改变，即把数字分段，每一段代表一类货物的共同特性。

此方法要编交叉索引，但比前一方法易查询。

3. 按实际意义的编码法

在编码时，用部分或全部编码代表货物的重量、尺寸、距离、产能或其他特性。该方法根据编码就能了解货物的内容，比较好用。

4. 暗示编码法

用数字与文字的组合来编码，编码本身暗示货物的内容，这种方法的优点是容易记忆。

5. 分组编码法

这种编码法即把货物的特性分成四个数字组。

6. 后位数编码法

用编码最后的数字，对同类货物做进一步的细分。可采用杜威式十进位编码法。

7. 混合编码法

此方法是联合使用英文字母与阿拉伯数字来做货物编码，多以英文字母代表货物的类别和名称，其后再用十进位或其他方式编写阿拉伯数字号码。

任务执行

步骤 1：确定货物编码方法

货物编码的方法包括数字法、实际意义编码法、暗示编码法、流水编码法、分组编码法、后数编码法、部位结构编码法等。以下主要介绍数字法、实际意义编码法、暗示编码法三种编码方法的应用。

（1）数字法

编码范例：1– 毛巾，2– 肥皂，3– 洗涤剂

编码解读：1.1 为白毛巾，1.2 为蓝毛巾，1.3 为花毛巾

（2）实际意义编码法

编码范例：FO 5711 B3–20

编码解读：FO 代表食品类（food）；5711 表示尺寸是 5 × 7 × 11；B3 表示 B 区第 3 排货架；20 表示有效期为 20 天。

（3）暗示编码法

编码范例：BY 24 BM 07

编码解读：BY 表示自行车（bicycle），24 表示车轮半径为 24 cm，BM 表示蓝色（blue）、男式 (man)，07 表示供应商代号。

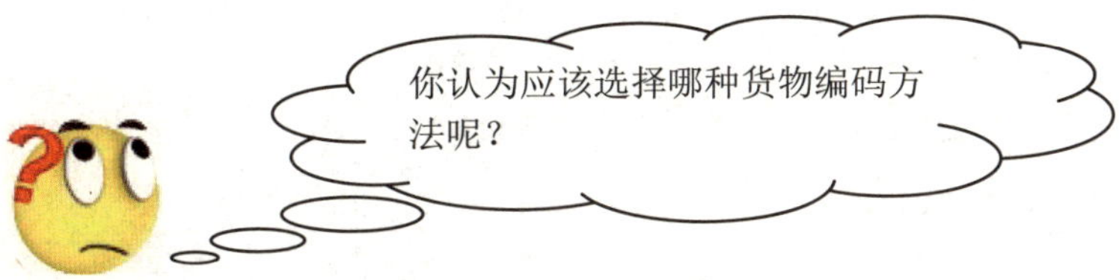

步骤 2：进行货物编码

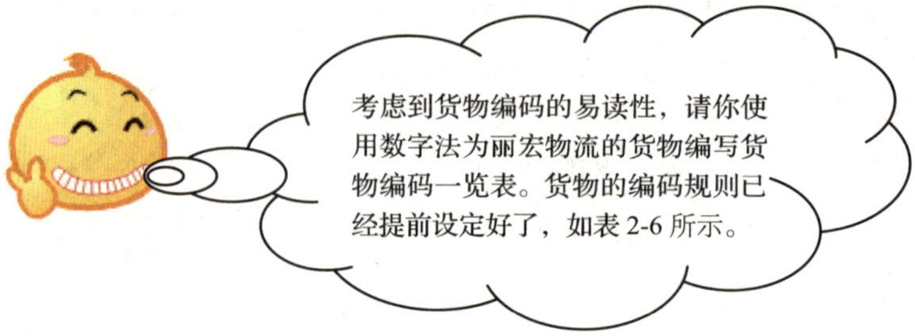

表 2-6　货物的编码规则

项　目	名　称	代　码	位置（左起）	位　数
客户	晋江市明鸿科技有限公司	1	第一位	1
次级类别	家电	01	第二、三位	2
次级类别	计算机产品	02	第二、三位	2
次级类别	小家电	03	第二、三位	2
次级类别	手机产品	04	第二、三位	2
明细	商品名称及型号	000	第四、五、六位	3

货物编码一览表如表 2-7 所示。

表 2-7　货物编码一览表

序　号	货物名称	规格型号	货物编码
1	格力空调	KFR-32GW/K(32556)D1-N1	
2	格力空调	KFR-35GW/(35550)FNAa-3	
3	格力空调	KFR-72LW/(72566)Aa-3	
4	格力空调	KFR-50LW/(50561)FNAa-3	
5	美的冰箱	BCD-555WKM	
6	美的冰箱	BCD-210TSM	
7	美的冰箱	BCD-216TSM	
8	美的冰箱	BCD-196GMZ	
9	SONY 液晶电视	KDL-46EX520	
10	SONY 液晶电视	KDL-46CX520	
11	联想机箱	T350	

（续表）

序　号	货物名称	规格型号	货物编码
12	联想液晶显示屏	LXH–GJ17L3	
13	联想键盘	LXH–SX9290	
14	飞利浦剃须刀	HQ912	
15	飞利浦剃须刀	HQ7310	

步骤 3：打印货物条码

对货物进行编码后利用条码打印机打印货物条码，如图 2–9 所示，将编好的条码进行打印。

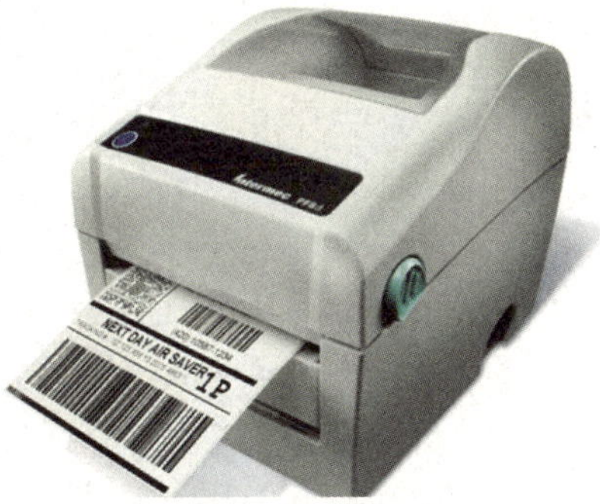

图 2–9　打印货物条码

步骤 4：粘贴货物条码

将打印好的条码粘贴到货物上，要注意高度合适、条码平整，以利于 RF 手持终端（也称 RFID 手持终端，一种将射频识别技术与数据终端一体化的无线数据采集器）扫描，粘贴货物条码如图 2–10 所示。

图 2–10　粘贴货物条码

任务评价

在完成上述任务后，教师组织进行三方评价。全班举手投票，选出本任务的“最佳团队”，并完成如表 2-8 所示“进行货物编码”任务评价表的填写。

表 2-8 “进行货物编码”任务评价表

项目组		成员				
评价标准	评价项目	分值（分）	自我评价（20%）	他组评价（30%）	教师评价（50%）	合计（100%）
	任务完成及时性	20				
	货物编码规范性	30				
	货物编码合理性	30				
	货物编码张贴规范性	20				
合计		100				

任务巩固

一、单项选择题

1. 仓储合同自成立时生效，不以仓储物是否交付为要件，这是区别于（　　）的显著特征。

A. 运输合同　　B. 保管合同　　C. 租赁合同　　D. 买卖合同

2. 关于仓储合同法律特征的说法，正确的是（　　）。

A. 因仓储物包装不符合约定造成仓储物变质、损坏的，不免除保管人的损害赔偿责任

B. 仓储合同自仓储物交付时成立

C. 第三人对仓储物主张权利的，保管人不得自行向存货人交付

D. 仓储合同自成立时生效

3. 仓储合同订立的原则是（　　）。

A. 平等原则、公平及等价有偿原则和自愿与协商一致原则

B. 平等原则、公开及等价有偿原则和自愿与协商一致原则

C. 平等原则、公平及等价有偿原则和互助与协商一致原则

D. 平等原则、公开及等价有偿原则和互助与协商一致原则

4. 由一方事先拟定，并在工商管理部门备案的单方确定合同称为（　　）。

A. 合同书　　B. 确认书　　C. 计划表　　D. 格式合同

5. 仓储保管人的权利不包括（　　）。

A. 拒收权　　B. 要求提货权　　C. 提存权　　D. 检查权

6. 下列哪项权利不属于存货人（　　）。

A. 提货权　　B. 转让权　　C. 提存权　　D. 索偿权

7. 在违约方给对方造成损失后，为了弥补对方遭受的损失，依照法律规定由违约方承担的违约责任方式称为（　　）。

A. 补救措施　　B. 继续履行　　C. 损害赔偿　　D. 支付违约金

8. 关于仓单的性质，下列说法不正确的是（　　）。

A. 仓单是提货凭证　　B. 仓单是有价证券

C. 仓单是所有权的法律文书　　D. 仓单是仓储合同

9. 对库房内各货位编号采用的方法是（　　）。

A. 根据所在地面位置按顺序编号，编码数字写在醒目处

B. 按库房内干支道的分布，划分若干货位，按顺序编号，并标于明显处

C. 将货场划分排号，再对各排按顺序编上货位号

D. 先按一个仓库内的货架进行编号，然后再对每一个货架的货位按层、位进行编号

10.（　　）是指利用 x、y、z 空间坐标对储位进行编码的方式。此种编排方式由于其对每个储位定位切割细小，管理较为复杂，对于流通率很小，需要长时间存放的货品比较适用。

A. 坐标式法　　B. 区段法　　C. 品项群别法　　D. 地址法

二、多项选择题

1. 甲公司与乙公司签订一份仓储合同，将一批钢材储存在乙公司的仓库里，乙公司给甲公司出具了仓单，甲公司将该仓单转让给丙公司，丙公司取得该仓单后即成为（　　）。

A. 存货人　　B. 仓单持有人

C. 仓储合同受让人　　D. 货物受领人

2. 仓储合同的法律特征有（　　）。

A. 仓储合同生效不以仓储物是否交付为要件

B. 仓储合同保管的对象必须是动产

C. 不动产能作为仓储合同的保管对象

D. 仓储合同是双务合同

3. 仓储合同当事人可以从下列哪些方面明确双方的责任（　　）。

A. 货物入库　　B. 货物验收　　C. 货物保管　　D. 货物包装

4. 库房内的通道分为（　　）。

A. 运输通道（主通道）　　B. 作业通道（副通道）

C. 检查通道　　D. 人行通道

5. 常见的货物编码方法有（　　）。

A. 坐标式法　　B. 区段法　　C. 品项群别法　　D. 地址法

6. 下列关于货物编码的方法，说法正确的有（　　）。

A. 区段法是把保管区域分割几个区段，再对每个区段进行编码。

B. 品项群别法是把一些相关性货品经过集合以后，区分成好几个品项群，再对每个品

项群进行编码。

C. 坐标式法是指利用 x、y、z 空间坐标对储位进行编码的方式。此种编排方式由于其对每个储位定位切割细小，管理较为复杂，对于流通率很小、需要长时间存放的货品比较适用。

D. 地址法是利用保管区域中的现成参考单位，例如建筑物栋、区段、排、行、层、格等，依照其相关顺序来进行编码。

7. 下列关于货物编码的说法正确的有（　　）。

A. 应将货物化繁为简，便于货物活动的处理

B. 使每一种货物的编码能清楚完整地代表货物内容

C. 使每一个编码代表一种货物

D. 号码位数要统一且有一贯性

8. 垂直式布局包括（　　）。

A. 横列式布局　　B. 纵列式布局　　C. 纵横式布局　　D. 倾斜式布局

9. 货垛的“五距”就是商品在库房里除保持必要的通道外，还必须留出（　　）。

A. 墙距　　B. 柱距　　C. 灯距

D. 顶距　　E. 垛距

10. 非保管面积包括（　　）。

A. 通道　　B. 墙间距　　C. 收发货区　　D. 库内办公地点

思政课堂

课后习题

项目三

入库作业

亲爱的同学们，习近平总书记在二十大报告中向广大青年提出了殷切的期望："广大青年要立志做有理想、敢担当、能吃苦、肯奋斗的新时代好青年，让青春在全面建设社会主义现代化国家的火热实践中绽放绚丽之花"。作为新时代的物流人，请大家认真学习本项目内容，并主动培养爱岗敬业、遵纪守法的职业道德，精益求精、严谨专注的工作态度，成本节约，保证质量的职业意识，脚踏实地、坚持不懈的奋斗精神。祝愿大家未来进入工作领域后，都能积极传承并认真践行"鲁班精神"，人生可以选择平凡，但绝不能碌碌无为、自甘平庸！

本项目我们将"入库作业"细分为 4 个任务，分别是任务一　入库准备；任务二　货物接运；任务三　入库验收；任务四　入库操作。

任务一 入库准备

入库准备作业

任务展示

2021年9月9日，方宇集团第三方物流公司仓储中心主管王辉收到乐都百货家电超市采购部卫经理发来的传真，称近期有一批家电需要入库，请方宇集团第三方物流公司做好入库准备，入库申请单如表3-1所示。

表3-1 入库申请单

方宇集团第三方物流公司：

我公司现有一批家电产品委托九州货运公司运送至贵公司储存，请安排接收，具体产品如下：

编 号	货 号	货品名称	单位	数量	包装	毛重(kg)	包装尺寸(mm)	备 注
1	3568022	海尔冰箱 BC-117FC	台	70	纸箱	56	550×500×865	
2	3568156	美的微波炉 G80F23CN2L-A9	台	100	纸箱	12.5	570×380×390	
3	3568512	惠威 Hivi 音响	台	1 200	纸箱	4.8	380×285×180	

请在2021年9月12日前完成入库。联系人：张小平，联系电话：010-78995501。

乐都百货家电超市

2021年9月9日

假如你是方宇集团第三方物流公司仓储中心主管王辉，请迅速组织自己的项目团队，一起模拟完成这批货物入库前的准备工作。

任务准备

任务准备1：如何处理入库申请

入库申请是存货人对仓储服务产生需求，并向仓储企业发出需求通知。仓储中心接到申请后，应根据货物情况、仓库情况及设备情况对此项业务进行审核和评估，权衡存货人的需求和企业仓库存储的可能性：若企业仓储能力明显不足，应理性拒绝该项业务，并做出合理解释，以求得客户的谅解；若企业仓储能力具备，决定接受此项业务，则应及时制订入库作业计划，并分别传递给存货人和仓库部门，做好各项准备工作。

任务准备2：如何编制入库作业计划

入库申请是生成入库作业计划的基础和依据。存货人在储存货物之前，一般会以仓储合同或库存申请单、库存通知单的形式将其存放货物的种类、规格、数量、性质、入库时间、保管时间、保管条件等信息明确告知仓储业务部门。这时，仓库计划人员就可以对其进行分析，编制具体的入库作业计划，说明作业程序与内容，并将任务下达到各相应的作业单位、管理部门。再由各部门做好入库的具体准备内容。入库作业计划是存货人发货和仓库部门进行入库前准备工作的依据。

通常，入库作业计划包括以下内容。

（1）货物入库的时间、数量、包装形式、规格；计划货物所需占用的仓容大小。

（2）预计到货时间及接运方式。

（3）为了方便装卸搬运，计划车辆的停放位置。

（4）计划货物的临时存放地点。

（5）确定入库作业的相关部门，合理组织人力和设备。

任务准备 3：怎样做好货物入库前准备工作

仓库各部门根据入库计划及时做好入库前的准备工作，是确保货物准确迅速入库的重要环节，也是避免差错、减少浪费的有效措施，这需要由仓库各业务部门、管理部门、设备部门分工协作，相互配合，做好以下工作。

1. 信息准备

在接到货物入库申请后，仓储主管应进一步查看货物详细信息，包括：发货时间、发货地点、运输方式、在途天数、预计到货时间、到货地点、联系电话、货物名称、规格、数量、包装、形状、单件体积、理化性质、保管要求、自提还是送货上门、是否需要与货站结算货款等内容，并判断是否完全；必要时要向存货人进行询问核实，确保准确无误，便于入库作业计划的科学合理编制和后续工作的顺利开展。

2. 场地准备

仓库管理部门对入库作业计划的内容要进行分析，根据货物的入库时间、数量、性质、单品体积、重量、包装物保管要求等信息，结合货物的堆码要求，计算货位面积，确定所需的存储空间和仓库条件，并对该仓库进行清查，整理剩余货物，腾出仓容，准备好存货场所。

3. 设备准备

根据入库作业计划，设备部门在货物到库之前，根据货物种类、包装、规格、数量等情况确定装卸搬运及检验方法，并准备相应的车辆，检验器材度量衡、秤、尺、移动照明、撬棍、锤子、堆码工具以及危险品需要的必要防护用品。

4. 人员准备

根据作业量的大小及专业化程度的高低，仓储主管应调度、安排好数量相符、技能娴熟的搬运、堆码、检验等相关作业人员，如遇特殊货物，还须对人员进行作业前培训及安全教育，保证货物到达后，人员及时到位，安全高效地完成工作任务。

5. 货位准备

仓库管理人员根据入库货物的性能、数量、类别，结合仓库分区分类保管的要求，核算货位大小，根据货位使用原则，妥善安排货位、验收场地，确定堆垛方法、苫垫方案等。并进行彻底清扫，清除残留物，必要时进行消毒除虫、铺地。检查照明、通风等设备，发现问题及时解决。

6. 作业工艺设定

综合考虑货物、货位、设备、人员、场地、时间等多方面因素，仓储主管应制订出科学合理的装卸搬运工艺方案，尤其是对于超长、超宽、超高、不能拆分的大型物件，在保证安全的前提下，尽可能地提高作业效率。

7. 单证准备

仓库管理人员需根据入库计划将作业时所需的入库记录单、验收单、货卡等各种单据、凭证、报表事先准备好，并预填妥善，以备使用。

8. 苫垫用品准备

在货物入库前，仓库管理人员应根据货物的性质、数量、保管要求、堆码形式、储存场所等因素，确定货垛的苫垫形式，并准确计算出所需苫垫材料的数量和种类，预先准备充足，做到堆码的同时就完成苫垫工作，以提高工作效率，降低成本。

任务执行

步骤 1：组织项目团队

进行岗位分工并设定角色如下：

仓储部主管：王辉（仓储管理部）

仓储计划员：杨汇（仓储管理部）

客服与联络：李佳（业务部）

装卸与搬运：王大海（仓储管理部）

货物验收：王平（仓储管理部）

堆码上架：高湛（仓储管理部）

信息采集：王晓萌（仓储管理部）

设备提供：何明礼（设备部）

每个项目团队由 8 人组成，分别扮演并模拟以上岗位角色的工作业务与操作流程。

步骤 2：接收入库申请

方宇集团第三方物流公司仓储中心主管王辉收到乐都百货家电超市采购部卫经理发来的传真后，仔细查看了货物信息，经判断货物信息完全。

随后，根据入库货物信息及对仓储的需求，经慎重分析与评估，确认企业仓储能力具备，便在入库申请单上加盖了“同意入库”印鉴，随即展开了入库准备相关工作。

步骤 3：编制、下发入库计划作业

根据入库货物关键信息和仓库库场情况，仓储中心主管王辉会同仓储计划员杨汇一起编制了公司内部入库计划作业单，并及时下发到各相关作业部门。

入库作业计划单应包括以下主要内容。

（1）入库货物信息表

入库货物信息表如表 3-2 所示。

表 3-2 入库货物信息表

编号	货 号	货 品 名 称	单位	数量	包装	毛重 (kg)	包装尺寸（mm）	备注
1	3568022	海尔冰箱 BC-117FC	台	70	纸箱	56	550 × 500 × 865	
2	3568156	美的微波炉 G80F23CN2L-A9	台	100	纸箱	12.5	570 × 380 × 390	
3	3568512	惠威 Hivi 音响	台	1 200	纸箱	4.8	380 × 285 × 180	
客户名称		乐都百货家电超市		预计到货时间		2021-9-11		
接运方式		到库接货		入库时间		2021-9-11，10:00AM		

（2）分配货位

根据三种货品的特性，海尔冰箱高、沉、重，应置于平堆区；微波炉属于中型电器，置于托盘货架区；音响包装较小且流通量比较大，置于高架立库区。

（3）选择存储方法

门式冰箱置于平堆区，但必须做好苫垫工作，确定以枕木垫存放冰箱；箱装的微波炉属于中型电器，置于托盘货架区，准备托盘即可；音响包装较小且流通量比较大，置于高架立库区，准备托盘。

（4）确定存储空间

根据将要入库的三种不同货品特有的性质和外包装形状规格，确定所需托盘尺寸为 1 200 mm × 1 000 mm。

结合三种货品的规格计算得：

冰箱：550 mm × 500 mm × 865 mm，70 台；冰箱入平堆区，共占用两个大的货区。

微波炉：570 mm × 380 mm × 390 mm，100 台；堆码时每层堆 5 个，限层 4 层，一共可码放在 5 个标准托盘上。

音响：380 mm × 285 mm × 180 mm，1 200 台；堆码时每层堆 10 个，限层 4 层，一共可码放在 30 个标准托盘上。

（5）确定货物装卸方式

采取库内接货，卸货方式为人工搬运卸货、所有入库货品全部检验、计量单位为最小单位——箱，需配备叉车、托盘以及必要的防护膜等用品来完成三种货品的入库作业物力准备。

（6）明确相关作业部门与责任人

入库作业分工表如表 3-3 所示。

表 3-3 入库作业分工表

编号	工作内容	相关业务部门	负责人	联系电话
1	客服与联络	业务部	李佳	132********
2	货物装卸与搬运	仓库管理部	王大海	180********
3	货物验收	仓库管理部	王平	159********
4	货物堆码上架	仓库管理部	高湛	155********
5	信息采集	仓库管理部	王晓萌	180********
6	设备提供	设备部	何明礼	189********

步骤 4：检查、落实仓库内准备工作

随后，王辉会同仓储管理部各相关操作人员一起，进一步落实、完成了入库前各项库内准备工作。

（1）熟悉入库货物。要求库管人员必须掌握入库货品的品种、规格、数量、包装状态、单件体积、到库确切时间、存期、理化特性、保管的要求等，以便入库后妥善保管。

（2）妥善安排货位。根据入库货品的性能、数量、类别，结合仓库分区分类保管的要求，所需货位大小、货位使用原则，检查、督促库管人员妥善安排好货位及验收场地。

（3）整理存放区域。确定货品的具体存放位置后，仓库保管员还要及时进行货位准备，彻底清理货位，清除残留物，详细检查照明、通风等设备，发现损坏及时报修。并做好现场清洁工作，提前备好作业工具，备足苫垫材料。

（4）根据预定验收方案，验收人员应提前备好验收所需的称量、点数、检测及开箱装箱、丈量、移动照明等工具。

（5）信息员应妥善准备好物资入库需要的报表、单证、记录簿、物资卡等文件单证，以备入库使用。

通过督促和检查，进一步检验、检查作业方案的科学合理性，以便及时修正，并确保货物入库前人力、物力组织到位。

知识拓展

根据货品计算方法的不同，其存储空间计算可以分别采用以下三种方法。

1. 计重货品堆码空间

计重货品堆码空间可以根据仓储定额计算，计算公式为：

堆码货品占用面积＝货品到货数量 / 该种货品的仓储定额

例如，已知袋装大米的仓储定额为 0.8 t/m^2，则订单号为 A09010101 的大米共 3.8 t，其堆码占用面积为 4.75 m^2（3.8 除以 0.8）。

2. 计件货品堆码空间

对于有外包装的计件货品，其堆码占用面积可用以下公式计算：

堆码货品占用面积＝入库总件数 / 允许堆码层数 × 单件货品底面积

例如，美的微波炉 200 台，允许堆码层数为 4 层，单件底面积为 0.3 m^2，则其占用面积为 15 m^2（200/4 × 0.3）。

3. 上架货品摆放空间

对于放置于货架上的货品，其存放时所需占用货位的计算方法为：

货品所占货位＝单个物品货品所占货位 × 货品数量

例如，OPPO R17 每盒占货位数为 1/3，即每个货位可放 3 盒 OPPO R17，则 30 盒 OPPO R17 所占货位数为 10 个（1/3 × 30）。

同理，小米 6X 每盒占货位数是 1/4，则 20 盒小米 6X 所占货位数为 5 个（1/4 × 20）。

任务评价

在完成上述任务后，教师组织进行三方评价。全班举手投票，选出本任务的“最佳团队”，并完成如表 3–4 所示“入库准备”任务评价表的填写。

表 3–4 “入库准备”任务评价表

项目组		成员				
评价标准	评价项目	分值（分）	自我评价（20%）	他组评价（30%）	教师评价（50%）	合计（100%）
	团队分工、协作情况	20				
	编制的入库作业计划科学、合理	30				
	入库准备各工作环节操作规范、有序	30				
	团队代表发言情况	20				
合计		100				

任务二 货物接运

任务展示

2021 年 9 月 15 日，中远集团第三方物流公司仓储中心主管韩继明收到广州火车站发来的一份到货通知，得知公司 VIP 客户美乐高有限公司有一批货物将到站，到站货物有：200 台长虹彩色电视机、200 台 242 L 海尔冰箱、100 箱饼干、100 箱方便面、200 箱可口可乐饮料、400 箱矿泉水、500 袋洗衣粉。要求 9 月 18 日 10 点准时办理到站接运、提货手续。

假如你是中远集团第三方物流公司仓储中心主管韩继明，请迅速组织自己的项目团队，一起模拟完成这批货物到站接运工作。

任务准备

任务准备 1：了解货物接运

由于货物到达仓库的形式不同，除了小部分由供货单位直接运到仓库交货外，大部分要经过铁路、公路、航运、空运和短途运输等运输工具转运。凡经过交通运输部门转运的货物，均需经过仓库接运后，才能进行入库验收。

货物的接运是入库业务流程的第一道作业环节，也是仓库直接与外部发生的经济联系。它的主要任务是及时而准确地向交通运输部门提取入库货物，要求手续清楚、责任分明，为仓库验收工作创造有利条件。因为接运工作是仓库业务活动的开始，如果接收了损坏的或错误的货物，那将直接导致货物出库装运时出现差错。接运工作完成的质量直接影响货物的验收和入库后的保管保养。因此，在接运由交通运输部门转运的货物时，必须认真检查，分清责任，取得必要的证件，避免将一些在运输过程中或运输前就已经损坏的货物带入仓库，造成验收中责任难分和在保管工作中的困难或损失。

任务准备 2：货物接运的主要方式及注意事项

货物接运可以在车站、码头、专用线或仓库进行，因此可以分为到货和提货两种。接运方式大致有 4 种，货物接运方式与注意事项如表 3-5 所示。

表 3-5 货物接运方式与注意事项

接运类型	方　式	含义与特点	注 意 事 项
到货	库内接货 适用于：托运单位与仓库在同一城市或附近地区，不需要长途运输时采用	仓储企业在仓库内接到存货委托人送来的货品	◆保管员或验收人员应直接与送货人员办理交接手续，当场办理接货验收手续，检查外包装，清点数量，做好验收记录。如果在以上工序中无异常情况出现，收货人员在送货回单上盖章表示货物收讫 ◆若发现有异常情况，必须在送货回单上详细注明并由送货人员签字证明，据此向有关部门提出索赔
	专用线接车 适用于：整车大批量货物	铁路部门将转运的货品直接运送到仓库内部专运线（专门为某企业修建或使用的铁路专用线，一般为支线），仓储企业在本企业的专用线上接货	◆接到专用线到货通知后，应立即确定卸货货位，做好卸车准备 ◆卸车前进行检查：主要内容包括核对车号；检查车皮封闭情况是否良好（货封是否脱落、破损或印纹不清、不符）；根据运单核对到货品名、规格、标志和件数；检查包装是否有损坏或有无散包；检查是否有进水、受潮或其他损坏现象 ◆卸车时要注意为货物验收和入库保管提供便利条件，分清车号、品名、规格，不混不乱；保证包装完好，不碰坏，不压伤，更不得自行打开包装。应根据货物的性质合理堆放，以免混淆。卸车后在货物上应标明车号和卸车日期 ◆编制卸车记录，记明卸车货位规格、数量，连同有关证件和资料，尽快向保管员交代清楚，办好内部交接手续
提货	仓库自行提货	仓储企业受货主委托，直接到供货单位提货	◆提货人员根据提货通知，了解货物品名、型号、特性、数量以及装卸搬运注意事项等，准备好提货所需机械、工具和人员 ◆提货人员要按照验收注意事项提货，必要时可由验收人员参与提货当场进行验收：检验货品质量、清点数量，并做好验收记录；将提货与验收工作合并一次完成
	车站、码头提货 适用于：零担托运和小批量货物	仓储企业受存货人委托或合同约束，凭提货单到车站、码头接运货物到库房	◆提货人员对所提取的商品应了解其品名、型号、特性和一般保管知识以及装卸搬运注意事项等，在提货前应做好接运货物的准备工作 ◆提货时应根据提货凭证详细核对货物品名、规格、数量、收货单位等，并要注意商品外观，查看包装、封印是否完好，有无玷污、受潮、水渍、油渍等异状 ◆在短途运输中，要做到不混不乱，避免碰坏损失；危险品应按照危险品搬运规定办理 ◆货物到库后，提货员应将运单连同提取的货物向仓管员当面点清，然后办好内部交接手续

任务准备 3：到站提货的工作流程

到站提货的工作流程具体如表 3-6 所示。

表 3-6 到站提货的工作流程

流 程 图	主要操作内容	注 意 事 项
货物接运	到车站、码头、机场或者是供货单位接运	提货人员在到货前，应主动了解到货时间和交货情况，根据到货多少，做好接运货物的准备工作：运输装卸工具准备、库房场地准备、组织装卸人员，按时前往提货
核对凭证	货物接到后，首先要核对入库凭证，然后要核查供货单位提供的发票、产品说明书、质量合格证书、装箱单、磅码单、发货明细等，最后还要核查承运部门提供的运单	入库通知单应与供货单位提供的所有凭证相符；在核对证件时，要注意检查它们的真实性、合法性、有效性以及是否与实物相符；避免错到错收问题
检查包装	检查货物的外包装是否出现破损、浸湿、油污、渗漏、变形等异常情况。再打开货物的外包装，检查货物是否发生破损	通过现场货物初检，提前发现破损、变质等问题
大数点收	清点货物大包装的数量是否与单证相符，一般采用逐件清点或是堆码点数的方法	这时的数量检验属于大数验收，提前发现货物短缺问题
接运记录	如果在对货物进行初步验收的过程中发现货损货差问题时，必须做出普通或商务记录	在检查中发现异常情况，应当场要求运输部门复查，凡属运输方面责任的，应做出商务记录；属于其他方面责任需要运输部门证明的，应做出普通记录，由运输人员签字证明。记录内容应与实际情况相符，以便日后交涉
交接手续	收货人员以送货单为依据，接收数量相符、质量合格的货物，同时接收送货人送交的货物资料、运输的货运记录、普通记录等以及随货同行的相应证明文件。最后由双方在送货单、交接单上签署和批注，并留存相应凭证	如果在以上工序中无异常情况出现，收货人员在送货回单上盖章表示货物收讫。 发现货损货差等问题，必须在送货回单上详细注明并由送货人员签字证明，据此向有关部门提出索赔

任务准备 4：如何处理接运中的异常问题

1. 接收工作中的异常问题

（1）破损

① 物资本身的破损，影响其价值或使用价值，甚至导致物资报废；

② 包装的破损，影响物资的储存保管。

（2）短少

① 接运前短少；

② 接运中的装载不牢而导致物资丢失或被窃。

（3）变质

① 生产或保管不善、存期过长等原因导致物资变质；

② 承运中因受污染、水渍等原因导致物资变质；

③ 提运中，因物资混放、雨淋等原因造成变质。

（4）错到

① 因发运方的责任，由错发、错装等导致错到；

② 因提运、接运中的责任，由错卸、错装等导致错到；

③ 因承运方责任，由错运、错送等导致错到；

④ 因无合同、无计划的到货等导致错到。

2. 货物交接责任划分及处理

运输是由发货单位、收货单位（或中转单位）、承运单位共同协作来完成的，要完成货物从发货单位到收货单位的运输，就需要三方的密切配合，三方都有各自的职责范围和责任范围，都存在各自独立的经济利益，只有划清三方的责任界限，才能确保各方分工的工作质量。

货运交接责任划分的一般原则如下。

（1）供货方责任

在交给运输部门承运前发生的货损或者由发货单位过失、处理不当发生的货损，由发货单位负责。

（2）中转方责任

从接收中转货物起到交给运输部门转运之前发生的损失，或者因中转方工作责任引起的损失，由中转单位负责。

（3）承运方责任

从交通运输部门向发货单位（中转方）接收货物起到将商品运达目的地交付货物给收货人之前发生的货损，或者因承运方工作责任引起的损失，由运输部门负责。

（4）收货方责任

收货单位与交通运输部门办好货物交接手续后，从提货后所发生的损失或由于收货方工作责任引起的损失，由收货单位负责。

任务执行

步骤 1：组织项目团队

进行岗位分工并设定角色如下：

仓储部主管：韩继明（仓储管理部）

仓储业务员：林平（仓储管理部）

仓储质检员：高峰（仓储管理部）

装卸与搬运：李敏、安庆、王大贵（仓储管理部）

卡车司机：张鹏（仓储管理部）

铁路运输员：赵小刚（铁路运输部）

每个项目团队由 8 人组成，分别扮演并模拟以上岗位角色的业务操作与工作流程。

步骤 2：准时到站提货

2021 年 9 月 18 日清晨，张鹏驾驶公司大型卡车，会同仓储业务员林平，仓储质检员高峰，装卸工李敏、安庆、王大贵一起，于 10 点前准时到达火车站提货点。

步骤 3：核对单证

铁路运输员赵小刚向仓储业务员林平出示了送货通知单及供货单位提供的发票、产品说明书、质量合格证书、装箱单、磅码单、发货明细等货物相关资料。仓储业务员林平首先仔细核对了送货通知单和入库通知单，确保货品信息和收货单位等信息相符，同时仔细检查了其他货物相关资料完整无缺，最后核查了铁路部门的运单，确保到货、收货无误，进入货物初检环节。

步骤 4：检查包装

仓储质检员高峰认真检查货物的外包装，重点检查了外包装是否存在破损、浸湿、油污、渗漏、变形等异常情况。然后打开货物的外包装，检查内部货物是否发生破损。通过初检，发现该批到货途中无污损、破损。

步骤 5：大数点收、接运记录

随后，仓储业务员林平和仓储质检员高峰一起采用堆码点数的方法清点了货物的数量，发现矿泉水实际到货数量 385 箱，与送货单和入库通知单载明数量 400 箱不符，于是仓储业务员林平要求铁路运输员赵小刚做了现场复查，证明确实存在到货短缺情况。经过初步调查与判断，为供货单位发货错误，于是仓储业务员林平做了翔实的货物异常普通记录，并要求铁路运输员赵小刚签字证明。

步骤 6：交接运回

完成货物初检后，由仓储业务员林平在送货单上的“备注”栏填写了实收数量，并在相应的“收货人签字”栏里签名确认，并由铁路运输员赵小刚签字确认后，完成了货物交接手续。随后，装卸工李敏、安庆、王大贵一起根据货物的性质、装卸、堆放要求完成了货物装车工作，保证了货物在短途运输中，不混不乱，避免碰坏损失。

步骤 7：内部交接

货物接运到库后，仓储业务员林平将入库通知单连同提取的货物向仓储管理员当面点清，办理了内部交接手续。随后把到货短缺问题向仓储部主管韩继明做了详细汇报，仓储部主管韩继明为此向美乐高有限公司做了进一步查证与交涉。

小贴士：

货运记录是指由承运部门负责装、运、施封、卸载，发生问题由承运部门负责赔偿的货物运输事故记录。它是作为分析责任和请求赔偿的一种基本文件。凡在运输过程中发生以下事故时，运输部门应及时查明原因，按批编制货运记录：（1）货物的实际品名、件数、质量与货物运单记录不符；（2）货物被盗、丢失或损坏；（3）有货无票或有票无货；（4）发货件数缺少、玷污、进水、变质、霉变、货损货差。记录必须反映事故隐患的真实情况，书写清楚、字体清晰，如有涂改事项必须由记录编制人在改正处盖章。

普通记录是指已由托运方自装施封，承运部门承运，图中车船施封完好，到港站卸货时发现异状，需收货人向发货人办理交涉而承运部门出具的货状记录。它是一般的证明文件，不作为赔偿依据。在遇到下列问题时运输部门于当日编制普通记录：（1）铅封破损、失效、不符、印文不清或没按规定施封；（2）施封的货车门窗关闭不严、发现货物损坏；（3）苫盖货物的篷布顶部有异味或苫盖不良，有漏水；（4）货物在运输途中发现包装损坏，但货物未发生损失；（5）事故的责任判明由供方负责。普通记录应按照规定的各栏逐一填记清楚，特别要注意详细记载发生问题的时间、地点和情况。

任务评价

在完成上述任务后，教师组织进行三方评价。全班举手投票，选出本任务的“最佳团队”，并完成如表 3-7 所示“货物接运”任务评价表的填写。

表 3-7 “货物接运”任务评价表

<table>
<tr><td>项目组</td><td></td><td>成 员</td><td colspan="4"></td></tr>
<tr><td rowspan="5">评价标准</td><td>评价项目</td><td>分值（分）</td><td>自我评价（20%）</td><td>他组评价（30%）</td><td>教师评价（50%）</td><td>合计（100%）</td></tr>
<tr><td>团队分工、合作情况</td><td>20</td><td></td><td></td><td></td><td></td></tr>
<tr><td>到站提货各工作环节操作规范、有序</td><td>30</td><td></td><td></td><td></td><td></td></tr>
<tr><td>能妥善处理货物接运过程中的异常问题</td><td>30</td><td></td><td></td><td></td><td></td></tr>
<tr><td>团队代表发言情况</td><td>20</td><td></td><td></td><td></td><td></td></tr>
<tr><td colspan="2">合 计</td><td>100</td><td></td><td></td><td></td><td></td></tr>
</table>

任务三 入库验收

任务展示

苏州"便宜购"百货超市于2021年9月20日向上海晨光文具股份有限公司采购了一批文具商品，合同约定由对方送货到库。今天上午10点，仓储理货员李林接到仓储部主管王辉下达的入库通知，称一批晨光文具将于下午2点到库，要求李林做好接单、验收工作。

现在请你作为苏州"便宜购"百货超市仓储部主管王辉，组建自己的项目团队模拟办理这批货物的入库验收手续。

任务准备

任务准备1：了解货物入库验收

货物接运环节的初步验收确定的只是大件货物的数量和包装状况，要想确认货物的具体数量、质量是否合乎标准，还须对货物进行详细的验收才能办理入库手续。

在入库作业流程中，货物验收不仅是严格控制入库商品质量的关键，还是决定入库作业效率的重要环节。验收工作要求及时、准确，在规定的验收期限内完成，并且采用科学的验收方法、合理的验收工具，认真仔细地完成。如果在验收时发现数量缺少、质量异常等问题，要及时填写验收报告，划分清楚责任归属，妥善处理。

任务准备2：熟悉货物入库验收的主要作业程序

验收工作是一项技术要求高、组织严密的工作，关系整个仓储业务能否顺利进行。所以，必须做到准确、及时、严格、经济。

验收作业的程序为：验收准备、核对证件、实物验收。

1. 验收准备

当仓库接到到货通知以后，验收人员应根据物品的性质和批量提前做好验收前的准备工作，大致包括以下内容。

（1）人员准备：安排好负责质量验收的技术人员或用料单位的专业技术人员，以及配合数量验收的装卸与搬运人员。

（2）资料准备：收集并熟悉待验物品的有关文件，如技术标准、订货合同等。

（3）器具准备：准备好验收用的检验工具，如衡器、量具等，并校验准确。

（4）货位准备：针对到库物品的性质、特点和数量，确定物品的存放地点、垛形和保管方法，其中要为可能出现的不合格物品预留存放地点。

（5）设备准备：大批量物品的数量验收，必须有装卸与搬运机械的配合，应提前做好设备的申请调用，并准备好堆码苫垫所需材料，若是危险品则需要准备防护设施。

此外，对进口物品或存货单位指定需要进行质量检验的，应通知有关检验部门会同验收。

2. 核对证件

当商品抵达仓库以后，仓库管理人员首先应核对商品的各种凭证，以确认商品是否送对，入库物品必须具备下列凭证。

（1）业务主管部门或货主提供的入库通知单和订货合同副本，必须是仓库接收物品的凭证。

（2）供货单位提供的质量证明书或合格证、装箱单或磅码单、检验单及发货明细表等。

（3）物品承运单位提供的运单。若物品在入库前发现有残损情况，还要有承运部门提供的普通或商务记录，作为向责任方交涉的依据。

在核对凭证时，仓库管理人员要按照货物运送的过程，对相关证件进行分类整理，然后根据证件之间的相关性，核对各种证件的真实性及准确性，之后再根据这些证件上所示的内容对货物进行逐项核对。

3. 实物验收

（1）货物验收的方式

由于受仓库条件和人力的限制，对某些大批量的货物在短时间内难以全部验收；或全部打开包装后不便储存和销售，甚至影响货物的质量；或对于连续大批量流水线上生产的产品，抽验一定数量就可以代表整批货物的质量状况，无须全部验收等情况，可以用抽验的方法。抽验的比例应首先以合同规定为准；合同没有规定的，在入库验收时可以结合需求选用全检或抽检的方式。一般情况下，货物数量验收和质量验收的抽检比例分别如表 3–8、表 3–9 所示。

表 3–8 货物数量验收的抽检比例

验收对象	抽检比例
1. 散装货物	检斤率为 100%，不清点件数
2. 有包装的货物	毛检斤率为 100%，回皮率为 5% ～ 10%，清点件数为 100%
3. 定尺钢材	检尺率为 10% ～ 20%
4. 非定尺钢材	检尺率为 100%
5. 贵重金属材料	检斤率为 100%
6. 有标量或标准定量的化工产品	按标量计算，核定总重量
7. 同一包装、大批量、规格整齐的货物，或包装符合国家标准且有合格证的货物	抽检率为 10% ～ 20%

表 3-9 货物质量验收的抽检比例

验收对象	抽检比例
1. 带包装的金属材料	抽检 5% ～ 10%
2. 无包装的金属材料	全部目测查验
3. 10 台以内的机电设备	验收率为 100%
4. 100 台以内的机电设备	验收率不少于 10%
5. 运输、起重设备	验收率为 100%
6. 仪器仪表外观缺陷	查验率为 100%
7. 易于发霉、变质、受潮、变色、污染、虫蛀、机械性损伤的货物	抽检率为 5% ～ 10%
8. 外包装有质量缺陷的货物	检验率为 100%
9. 进口货物	检验率为 100%

（2）货物验收的内容与方法

① 包装检验

商品包装的完整程度及干湿状况与内装商品的质量有着直接的关系。对商品的外包装进行检验，通常是在初验时进行的，主要查看包装有无被撬、开缝、污染、破损、水渍等不良情况；其次还要检查包装是否符合有关标准要求，包括选用的材料、规格、制作工艺、标志、打包方式等；另外对包装材料的干湿度也要检查，以免由于过干或过潮对货物造成影响。当需要开箱拆包检验时，应由两人以上在场同时操作，以明确责任。

常见包装物安全含水量如表 3-10 所示。

表 3-10 常见包装物安全含水量

包装材料	含水量（%）	说明
木箱（外包装）	18 ～ 20	内装易霉、易锈货物
	18 ～ 23	内装一般货物
纸箱	12 ～ 14	五层瓦楞纸的外包装及纸板衬垫
	10 ～ 12	三层瓦楞纸的外包装及纸板衬垫
胶合板箱	15 ～ 16	
布包	9 ～ 10	

② 数量验收

数量验收是保证货物数量准确不可缺少的重要步骤，是在初验的基础上、质量验收之前，做进一步的货物数量验收，即所谓的细数验收。按货物性质和包装情况，数量验收可以分为三种形式：计件法、检斤验收法、检尺求积法。

A. 计件法

计件法适用于按件数供货或以件数为计量单位的商品。一般情况下，计件商品应全部逐一点清。固定包装物的小件商品，如果外包装完好，打开包装不利于以后保管，在通常情况下，国内货物可采用抽验法，按一定比例开箱点件验收，可抽验内包装 5% ～ 15%，贵重商品应酌情提高检验比例或全部检验。进口商品则按合同或惯例办理。

仓库管理人员对计件商品进行数量清点时，可以采用逐件点数法、集中堆码点数法、抽检法及重量换算法等，计件验收常用方法如表 3-11 所示。

表 3-11 计件验收常用方法

方法名称	具体内容	适用商品
逐件点数法	采用人工或简易计算器，逐一计数，累计以得出总数	一般适合散装或非定量包装的商品
集中堆码点数法	将商品按照每行、每层件数一致的原则，堆成固定的垛形，然后通过计算得出总数	花色品种单一、包装大小一致、数量大或体积较小的商品
抽检法	按一定比例对商品进行开箱点数	批量大、采用定量包装的商品
重量换算法	通过过磅，称得商品重量，然后换算该商品的数量	包装标准、商品标准、重量一致的商品

B. 检斤验收法

检斤验收法是针对以重量为计量单位的货品进行检验的一种方法，是指对商品进行打捆、编号、过磅，并填制码单的验收方法，适合非定量包装的、无码单的商品。金属材料、某些化工产品多半是检斤验收。按理论换算重量供应的商品，先要通过检尺，如金属材料中的板材、型材等，然后按规定的换算方法换算成重量验收。对于进口商品，原则上应全部检斤，但如果订货合同规定按理论换算重量交货，则按合同规定办理。

C. 检尺求积法

检尺求积法是针对以体积为计量单位的商品，例如，木材、竹材、沙石等采取先测量尺寸、后求体积的验收方法。

凡是经过数量检验的商品，都要有相应的验收记录，如磅码单、丈量单、点验单等。

③ 货物质量验收

货物质量验收检验商品质量指标是否符合规定。仓储部门按照有关质量标准，检查入库商品的质量是否符合要求。仓库管理人员对到库商品进行质量验收是根据仓储合同约定来实施的。合同没有约定的，按照商品的特性和惯例确定。质量检验包括外观检验、尺寸精度检验、机械物理性能检验和化学成分检验四种形式。仓库一般只做外观检验和尺寸精度检验，后两种检验如果有必要，则由仓库技术管理职能机构取样，委托专门的检验机构检验。

A. 货物外观质量检验

货物外观质量检验的内容包括检验外观质量缺陷、外观质量受损情况及受潮、霉变和锈蚀情况等。外观质量检验常用的方法如下。

a. 视觉检验

在充足的光线下，利用视力观察货物的状态、颜色、结构等表面状况，检查有无变形、破损、脱落、变色、结块等损害情况以判定质量；同时检查商品标签和标志是否具备、完整、清晰等，标签、标志与商品是否一致。

b. 听觉检验

通过摇动、搬运操作、轻度敲击、细听发声，鉴别其质量有无缺陷。

c. 触觉检验

利用手感鉴定货物的细度、光滑度、黏度、柔软程度等，再判断商品有无结块、干涸、融化、受潮、变质等异常情况。

d. 嗅觉、味觉检验

通过货物特有的气味、滋味，用鼻嗅商品是否已失去应有的气味，有无串味及漏臭异味的现象，以测定、判定货物的质量。

e. 测试仪器检验

利用各种专用测试仪器进行货物性质测定，如含水量、密度、黏度、成分、光谱等测试。

f. 运行检验

对货物进行运行检验，如电器、车辆等，检查操作功能是否正常。

B. 货物尺寸检验

进行尺寸检验的货物，主要是金属材料中的型材、部分机电产品和少数建筑材料。不同型材的尺寸检验各有特点：椭圆形材料主要检验直径和圆度；管材主要检验厚度和内径；板材主要检验厚度和均匀度等。对部分机电产品精度的检验，一般由专门的质检部门或厂方负责质量检验。尺度精度的检验是一项技术性强、费时费力的工作，全部检验工作量大，并且有些产品质量的特征只有通过破坏性的检验才能测到，所以一般采用抽验的方式进行。

商品质量的验收应该与商品数量的验收同时进行。对于不需要进一步检验质量的商品，仓库管理人员在完成上述检验并判断商品合格后，就可以为商品办理入库手续了。而对于那些需要进一步对内在质量进行检验的商品，仓库管理人员应该通知质量检验部门，对产品进行质量检验。待检验合格后才能办理商品的入库手续。

任务准备 3：入库验收结果的处理

1. 合格货物的处理

验收合格的货物，应在外包装上贴“合格”标签，以示区别，仓库业务人员可根据货物标识办理合格品入库定位手续，并在每日工作结束时，对处理的货物数量进行汇总记录。

2. 验收异常的处理

凡验收中发现问题等待处理的商品，均应单独存放，妥善保管，防止混杂、丢失、损坏。

（1）如发生到货与订单、入库通知单或采购合同不相符的，尽管运输单据上已标明本库为收货仓库的货物，仓库原则上也应拒收，或者同有关业务部门沟通后，将货物置于待处理区域，并做相应的标记。

（2）凡必要证件不齐全的，应将货物置于待处理区域，并做相应的标记，待证件到齐后再进行验收。

（3）供货单位提供的质保书与存货单位的进库单、合同不符的，做待处理货物等待处理，不得随意动用，并要通知存货单位，按存货单位提出的办法处理。

（4）凡数量差异在允许的磅差以内的，仓库可按应收数入账；若超过磅差范围，应查对核实，做好验收记录，并提出意见，送存货单位再行处理。该批货物在做出结案前，不准随意动用，待结案后，才能办理入库手续。

（5）当规格、品质、包装不符合要求时，应先将合格品验收，再将不合格品置于不合格品隔离区域，做相应的标记，并进行查对，核实后将不合格情况向供货人说明，并在入库单上分别签收，以划清责任。

对于错发货物，应将货物放置在待处理区域，做相应的标记，并及时通知相关业务部门或货主，以便尽快处理。

（6）凡有关证件已到库，但在规定时间内货物尚未到库的，不存在检验入库问题，应及时向存货单位反映，以便查询处理。

任务执行

步骤 1：组织项目团队

进行岗位分工并设定角色如下：

仓储部主管：王辉（仓储管理部）

仓储业务员：田明辉（仓储管理部）

仓储理货员：李林（仓储管理部）

送货员：张鹏（货运公司）

每个项目团队由 4 人组成，分别扮演并模拟以上岗位角色的业务操作与工作流程。

步骤 2：制作、下发入库通知单

2021 年 9 月 27 日上午，仓储部主管王辉接到上海晨光文具股份有限公司电话通知：一批晨光文具商品今天下午两点送货到库，请做好接运工作。于是，王辉立即安排仓储业务员田明辉制作商品《入库通知单》，“便宜购”入库通知单如表 3-12 所示。

表 3-12 “便宜购”入库通知单

NO:1809236

送货单位：上海晨光文具股份有限公司　　　　2021 年 9 月 27 日

单位	名称	规格	型号	单位	应收数量	实收数量	单价（元）	金额									备注
								百	十	万	千	百	十	元	角	分	
1	晨光墨黑中性笔	0.5 mm	ADMN4007	支	500 000		0.95	¥	4	7	5	0	0	0	0	0	
2	N7666 晨光北极熊直尺	18 cm	ARN74052	支	100 000		1.90	¥	1	9	0	0	0	0	0	0	
3	N7631 晨光圆规	5 件套	ACSN9807	套	50 000		9.20	¥	4	6	0	0	0	0	0	0	
4	N7652 晨光米菲套尺	2 件套	FRDM9601	套	100 000		3.90	¥	3	9	0	0	0	0	0	0	
5	晨光高级碳素墨水	60 mL	AWC34007	瓶	20 000		4.80		¥	9	6	0	0	0	0	0	
6	N6513 晨光优品系列美工刀	140 mm	EN-4007	把	30 000		2.50		¥	7	5	0	0	0	0	0	
7	N6516 晨光优品系列彩色票尾夹	15 mm	SP28P-CP	桶	10 000		8.00		¥	8	0	0	0	0	0	0	
8	N6521 晨光优品系列长尾夹	18 mm	SP26P-SP	桶	10 000		7.00		¥	7	0	0	0	0	0	0	

第一联：仓库留存

会计：　　仓库主管：　　仓管：　　经手：　　采购：

田明辉将制作完成的商品《入库通知单》，报请王辉签字后，于上午 10 点准时送达仓库理货员李林手中。

步骤 3：入库验收准备

李林接到仓储部主管王辉下达的入库通知，为了做好接单工作，找出了之前这一批商品的《采购申请单》存根联（由仓储业务员田明辉制作），如表 3–13 所示，并做好了其他入库验收准备工作。

表 3–13 “便宜购”采购申请单

2021 年 9 月 20 日

编号	名 称	规 格	单 位	库存数量	申请数量	准购数量
1	晨光墨黑中性笔	0.5 mm	支	5 000	500 000	500 000
2	N7666 晨光北极熊直尺	18 cm	支	1 000	100 000	100 000
3	N7631 晨光圆规	5 件套	套	500	50 000	50 000
4	N7652 晨光米菲套尺	2 件套	套	1 000	100 000	100 000
5	晨光高级碳素墨水	60 mL	瓶	100	10 000	10 000
6	N6513 晨光优品系列美工刀	140 mm	把	300	30 000	30 000
7	N6516 晨光优品系列彩色票尾夹	15 mm	桶	1 000	10 000	10 000
8	N6521 晨光优品系列长尾夹	25 mm	桶	1 000	10 000	10 000

第一联：仓库留存

采购主管：　　　　申请人：

步骤 4：提交送货单

货运公司送货员张鹏将货送达企业仓库之后，将《送货单》（由送货员张鹏制作）交给仓储理货员李林查验。上海晨光文具股份有限公司送货单如表 3–14 所示。

表 3–14 上海晨光文具股份有限公司送货单

收货单位：苏州“便宜购”百货超市　　　　送货时间：2021 年 9 月 27 日

编号	名 称	规 格	型 号	单 位	数 量	单 价（元）	金额									备注
							百	十	万	千	百	十	元	角	分	
1	晨光墨黑中性笔	0.5 mm	ADMN4007	支	500 000	0.95	¥	4	7	5	0	0	0	0	0	
2	N7666 晨光北极熊直尺	18 cm	ARN74052	支	100 000	1.90	¥	1	9	0	0	0	0	0	0	
3	N7631 晨光圆规	5 件套	ACSN9807	套	50 000	9.20	¥	4	6	0	0	0	0	0	0	
4	N7652 晨光米菲套尺	2 件套	FRDM9601	套	100 000	3.90	¥	3	9	0	0	0	0	0	0	
5	晨光高级碳素墨水	60 mL	AWC34007	瓶	20 000	4.80		¥	9	6	0	0	0	0	0	
6	N6513 晨光优品系列美工刀	180 mm	EN–4006	把	30 000	2.80		¥	8	4	0	0	0	0	0	
7	N6516 晨光优品系列彩色票尾夹	15 mm	SP28P–CP	桶	10 000	8.00		¥	8	0	0	0	0	0	0	
8	N6521 晨光优品系列长尾夹	18 mm	SP26P–SP	桶	10 000	7.00		¥	7	0	0	0	0	0	0	
合计	壹佰捌拾肆万伍仟元整　　¥1 845 000 元															

送货人：张鹏　　　　提货单位及接货人

步骤 5：送货单审验

在接单中，李林首先对入库凭证做了仔细核对：

（1）核对《入库通知单》与《采购申请单》，以确认采购商品与入库商品是否一致以及申请采购的商品是否全部采购到位；

（2）核对《送货单》与《入库通知单》，以确认所送商品与入库通知有无出入；

（3）核对《送货单》与《采购申请单》，以确认所送商品是否就是采购申请商品。

然后，将《入库通知单》《采购申请单》与《送货单》中有出入的信息反馈给仓储部主管王辉，具体如下。

晨光高级碳素墨水的采购数量与《送货单》《入库通知单》一致（20 000 瓶），但与《采购申请单》不一致（10 000 瓶）。

N6521 晨光优品系列长尾夹采购规格与《送货单》《入库通知单》一致（18 mm），但与《采购申请单》不一致（25 mm）。

N6513 晨光优品系列美工刀规格、型号与《入库通知单》《采购申请单》一致（140 mm，EN-4007），但与《送货单》不一致（180 mm，EN-4006）。

步骤 6：核单异常处理

经王辉核实，晨光高级碳素墨水的采购数量、N6521 晨光优品系列长尾夹采购规格与《采购申请单》有出入系采购计划更改，而实际采购合同与《入库通知单》一致；而 N6513 晨光优品系列美工刀规格、型号错误系对方送货出错，要求供应商重新发货。所以，除 N6513 晨光优品系列美工刀外，要求李林对其他货物按《入库通知单》的规格、型号、数量等信息进行严格审单。

步骤 7：数量验收

在卸货的过程中，李林对货物进行了仔细的数量清点与审核，经确认无误后将清点的数量填入表 3-12“便宜购”入库通知单的“实收数量”一栏中。

步骤 8：质量验收异常处理

随后，在对货物包装和质量检验的过程中，李林发现晨光高级碳素墨水有一小箱内的 50 瓶发生破损，于是要求货运公司送货员张鹏和他一起进行了复核，确认了货损情况，拍下照片留取了证据。随后上报仓储部主管王辉，以便联系供货方。

步骤 9：完成货物验收记录

李林将破损商品放置于不合格品隔离区域，并做了相应的标记，等候处理办法。

最后，李林在《收货单》备注栏详细记录了晨光高级碳素墨水货损情况，并要求货运公司送货员张鹏确认签字后，将其中一联交给张鹏，将仓库留存联连同照片上报给仓储部主管王辉，并填写了《货物入库验收记录单》，如表 3-15 所示。

表 3-15　货物入库验收记录单

订单编号：2021092003　　　　验收单编号：2021092701

填写日期：9 月 27 日

货物编号	品　名	订单数量	规格符合		单 位	实收数量	单价（元）	总金额（万元）	检验情况
			是	否					
WJ180912	晨光墨黑中性笔	500 000	是		支	500 000	0.95	47	合格
WJ180913	N7666 晨光北极熊直尺	100 000	是		支	100 000	1.90	19	合格
WJ180914	N7631 晨光圆规	50 000	是		套	50 000	9.20	46	合格
WJ180915	N7652 晨光米菲套尺	100 000	是		套	100 000	3.90	39	合格
WJ180916	晨光高级碳素墨水	20 000	是		瓶	19 950	4.80	9.6	50 瓶破损
WJ180917	N6513 晨光优品系列美工刀	30 000		否	把	0	2.50	7.5	错发
WJ180918	N6516 晨光优品系列彩色票尾夹	10 000	是		桶	10 000	8.00	8	合格
WJ180919	N6521 晨光优品系列长尾夹	10 000	是		桶	10 000	7.00	7	合格

<table>
<tr><td rowspan="2">是否分批交货</td><td rowspan="2">否</td><td rowspan="2">检验方式</td><td>抽样
____% 不良</td><td rowspan="2">验收结论</td><td rowspan="2" colspan="3">1. N6513 晨光优品系列美工刀规格、型号错误，系对方送货出错，全部退回。
2. 晨光高级碳素墨水有一小箱内的 50 瓶发生破损，已拍照取证，暂存置于不合格品隔离区域，待处理</td></tr>
<tr><td>全数
50 个不良</td></tr>
<tr><td colspan="5">仓储部</td><td colspan="2">财务部</td><td rowspan="2">总经理</td></tr>
<tr><td colspan="2">主管</td><td colspan="3">收货员</td><td>主管</td><td>核算员</td></tr>
<tr><td colspan="2">王辉</td><td colspan="3">李林</td><td></td><td></td><td></td></tr>
</table>

小贴士

商品验收的基本要求

（1）及时。到库商品必须在规定的期限内完成验收入库工作。这是因为商品虽然到库，但未经过验收的商品没有入账，不算入库，不能供应给用料单位。只有及时验收，尽快提出检验报告才能保证商品尽快入库入账，满足用料单位的需求，加快商品和资金的周转。同时商品的托收、承付和索赔都有一定的期限，如果验收时发现商品不合规定要求，要提出退货、换货或赔偿等请求，均应在规定的期限内提出。否则，供方或责任方不再承担责任，银行也将办理拒付手续。

（2）准确。验收应以商品入库凭证为依据，准确地查验入库货物的实际数量和质量状况，并通过书面材料准确地反映出来。做到货、账、卡相符，提高账货相符率，降低收货差错率，提高企业的经济效益。

（3）严格。仓库的各方都要严肃、认真地对待商品验收工作。验收工作的好坏直接关系国家和企业的利益，也关系以后各项仓储业务的顺利开展。因此，仓库领导应高度重视验收工作，直接参与验收的人员要以高度负责的精神来对待这项工作，明确每批商品验收的要求和方法，并严格按照仓库验收入库的业务操作程序办事。

（4）经济。商品在验收时，多数情况下，不但需要检验设备和验收人员，而且需要装卸搬运机具和设备及相应工种工人的配合。这就要求各工种密切协作，合理组织调配人员与设备，以节省作业费用。此外，在验收工作中，验收人员应尽可能保护原包装，减少或避免破坏性试验，这也是提高作业经济性的有效手段。

任务评价

在完成上述任务后，教师组织进行三方评价。全班举手投票，选出本任务的“最佳团队”，并完成如表 3–16 所示“入库验收”任务评价表的填写。

表 3–16 “入库验收”任务评价表

项目组		成　员				
评价标准	评价项目	分值（分）	自我评价（20%）	他组评价（30%）	教师评价（50%）	合计（100%）
	团队分工合作情况	15				
	入库验收各工作环节操作规范有序	30				
	熟练掌握货物验收方法	20				
	能妥善处理入库验收过程中的异常问题	20				
	团队代表发言情况	15				
合　计		100				

任务四 入库操作

任务展示

2021 年 9 月 30 日，上海沪成仓储有限公司收到了惠美电子贸易公司的一批计算机零部件，经过入库检验合格后，接受了该批商品的储存，完成了交接工作。该批商品的名称 / 型号、数量等情况详见《送货单》，如表 3–17 所示。

表 3–17 送货单

送货单号：202109301001

客户名称：惠美电子贸易公司　　送货日期：2021 年 9 月 30 日

编　号	货　号	名称 / 型号	包　装	单　位	数　量	备　注
1	3568022	DELL 机箱 /220S	纸箱	箱	100	
2	3568156	DELL 液晶显示屏 /E2209W	纸箱	箱	100	
3	3568712	DELL 键盘 /M22	10 盒 / 箱	箱	12	
4	3568791	DELL 鼠标 /XU996	20 盒 / 箱	箱	20	
合　计					232	

送货人签字：王京　　收货人签字：张旭东

现在请你作为上海沪成仓储有限公司仓储部主管钟庆，组建自己的项目团队模拟完成这批货物的入库操作。

任务准备

任务准备 1：认识入库作业

入库作业是指将验收完毕、存放在进货暂存区的货物进行储位分配以及根据相对应的储位将货物存放到货架上的作业过程。货物验收完毕，就需要对入库货物进行入库信息处理并打印相关单据，然后进行搬运、堆码、理货、上架作业并办理入库手续等。

入库作业主要包括以下工作过程。

1. 信息录入

将入库货物的相关数据通过手工或条码扫描的形式录入仓储管理系统中，以便查询、管理。

2. 安排货位、搬运、堆码

货位安排应适应储存货物的特性；要尽可能缩短收、发货时间；以最少的仓容，储存最大限量的货物，以提高仓容使用效能。

在搬运过程中，尽量做到“一次连续搬运到位”，力求避免入库货物在搬运途中的停顿和重复劳动。

堆码是将物品整齐、规则地摆放成货垛的作业。堆码的操作工人必须严格遵守安全操作规程，堆垛时应注意节省空间位置，适当、合理地安排货位的使用，提高仓容利用率。

3. 立卡

物品入库或上架后，将物品名称、规格、数量或出入状态等内容填在物料卡上，称为立卡。

4. 登账

物品入库，仓库应建立详细地反映物品仓储的明细账，登记物品入库、出库、结存的详细情况，用以记录库存物品动态和出入库过程。

5. 建档

建档是将物资入库业务全过程的有关资料进行整理、核对，建立资料档案，以便进行货物管理和保持客户联系，为将来发生争议时提供依据。同时也有助于总结和积累仓库管理经验，为物资的保管、出库业务创造良好的条件。

6. 签单

货物入库后，应及时按照仓库验收记录的要求签发入库单。一般有四联：送货回单（签给送货单位）、储存凭证（通过业务会计给存货单位）、仓库账页（留在仓库）和货卡（挂在货垛上）。

任务准备 2：了解货位分配

货位分配是指在储存空间、储存设备、储存策略、储位编码等一系列前期工作准备就绪之后，用什么方法把货品分配到最佳的货位上。

1. 货位分配的方式有人工分配、计算机辅助分配和计算机全自动分配三种

（1）人工分配。人工分配货位需要依靠管理者的知识和经验，效率因人而异。人工分配货位方法的优点是比计算机等设备投入费用少；缺点是分配效率低、出错率高、需要大量人力。

（2）计算机辅助分配。这种货位分配方法是利用图形监控系统，收集货位信息并显示货位的使用情况，提供给货位分配者实时查询，为货位分配提供参考，最终还是由人工下达货位分配指示。

（3）计算机全自动分配。这种货位分配方法是利用图形监控储位管理系统和各种现代化信息技术（条形码扫描器、无线通信设备、网络技术、计算机系统等），收集货位有关信息，通过计算机分析后直接完成货位分配工作，整个作业过程不需要人工分配作业。

2. 货位分配的原则

货位分配考虑的原则很多。专门用于仓储的立体仓库，其货位分配原则如下。

（1）货架受力均匀，上轻下重。重的物品存放在下面的货位，较轻的物品存放在高处的货位，使货架受力稳定。若是人工搬运作业，从人类工效学的角度考虑，人的腰部以下的高度用于保管重物或大型物品，而腰部以上的高度则用来保管重量轻的物品或小型物品。

在搬动过程中，此原则有利于保证货架的安全性及人工搬运作业的安全性，避免对货架的损坏和对操作人员的伤害。

（2）加快周转，先入先出。同种物料出库时，先入库者，先提取出库，以加快物料周转，避免因物料长期积压产生锈蚀、变形、变质及其他损坏造成损失。

（3）提高可靠性，分巷道存放。仓库有多个巷道时，同种物品分散在不同的巷道进行存放，以防止因某巷道堵塞影响某种物料的出库，造成生产中断。

（4）提高效率，就近进出库。为保证快速响应出库请求，一般将物料就近放置在出库台附近。

任务准备 3：堆码设计

货物的堆码方式直接影响着货物的保管。合理的堆码，能使货物不变形、不变质，保证货物质量的完好及储存安全，同时还能提高仓容的利用率，并利于货物的保管、保养和收发。

1. 货物堆码的原则

（1）尽量利用库位空间，较多采取立体储存的方式。

（2）仓库通道与堆垛之间保持适当的宽度和距离，提高物品装卸的效率。

（3）根据物品的不同收发批量、包装外形、性质和盘点方法的要求，利用不同的堆码工具，采取不同的堆码形式。其中，危险品和非危险品的堆码、性质相互抵触的物品应该区分开来，不得混淆。

（4）不要轻易地改变物品存储的位置，大多应按照先进先出的原则存放。

（5）在库位不紧张的情况下，应尽量避免物品堆码的覆盖和拥挤。

2. 货物堆放操作的规范

（1）安全。堆码的操作工人必须严格遵守安全操作规程；使用各种装卸搬运设备，严禁超载，同时还须防止建筑物超过安全负荷量。码垛必须不偏不斜、不歪不倒、牢固坚实，以免倒塌伤人、摔坏商品。

（2）合理。不同商品的性质、规格、尺寸不同，应采用各种不同的垛形。不同品种、产地、等级、单价的商品，须分别堆码，以便收发、保管。货垛的高度要适度，不能压坏底层的商品和地坪，与屋顶、照明灯保持一定距离；货垛的间距，走道的宽度，货垛与墙面、梁柱的距离等，都要合理、适度。垛距一般为 50 ～ 80 cm，主要通道为 2.5 ～ 3 m。

（3）方便。货垛行数、层数，力求为整数，便于清点、收发作业。当过秤商品不为整数时，应分层称明重量。

（4）整齐。货垛应按一定的规格、尺寸叠放，排列整齐、规范。商品包装标志应一律朝外，便于查找。

（5）节约。堆垛时应注意节省空间位置，适当、合理安排货位的使用，提高仓容利用率。

3. 货物堆码的五距

货物堆码要做到货堆之间，货垛与墙、柱之间保持一定距离，留有适宜的通道，以便商品的搬运、检查和养护。货物堆码的五距是指顶距、灯距、墙距、柱距和堆距。

① 顶距：堆货的顶面与仓库屋顶平面之间的距离。一般的平顶楼房，顶距为 50 cm 以上；人字形屋顶，堆货顶面以不超过横梁为准。

② 灯距：仓库内固定的照明灯与商品之间的距离。灯距不应小于 50 cm，以防止照明灯过于接近商品而发生火灾。

③ 墙距：墙壁与货堆之间的距离。墙距又分外墙距与内墙距。一般外墙距在 50 cm 以上、内墙距在 30 cm 以上，以便通风散潮和防火，一旦发生火灾，可供消防人员出入。

④ 柱距：货堆与屋柱的距离。一般为 10 ～ 30 cm。柱距的作用是防止屋柱散发的潮气使商品受潮，并保护柱脚，以免损坏建筑物。

⑤ 堆距：货堆与货堆之间的距离。通常为 100 cm。堆距的作用是使货堆与货堆之间间隔清楚、防止混淆，也便于通风检查，一旦发生火灾，还便于抢救、疏散物资。

4. 货物堆码的方法

（1）散堆法

散堆法是一种将无包装的散货直接堆成货港的货物存放方式，特别适合露天存放的没有包装的大宗货物，如煤炭、矿石、散粮等。这种堆码方式简便，便于采用现代化的大型机械设备，节约包装成本，提高仓容利用率。散堆法如图 3–1 所示。

（2）垛堆法

对于有包装的货物和裸装的计件货物一般采取垛堆法，具体方式有重叠式、压缝式、纵横交错式、通风式、栽柱式、俯仰相间式等。货物堆垛方式的选择主要取决于货物本身的性质、形状、体积、包装等。垛堆法如图 3–2 所示。

（3）货架法

货架法即直接使用通用或专用的货架进行货物堆码。这种方法适用于存放不宜堆高、需要特殊保管的小件，高值、包装脆弱或易损的货物，如小百货、小五金、医药品等。货架法如图 3–3 所示。

（4）成组堆码法

成组堆码法即采取货板、托盘、网格等成组工具使货物的堆存单元扩大，一般以密集、稳固、多装为原则，同类货物组合单元应高低一致。这种方法可以提高仓容利用率，实现货物的安全搬运和堆存，适合半机械化和机械化作业，提高劳动效率，减少货损货差。成组堆码法如图 3–4 所示。

图 3–1　散堆法

图 3–2　垛堆法

图 3–3　货架法

图 3–4　成组堆码法

5. 常用的堆垛方式

常用的堆垛方式如表 3–18 所示。

表 3–18　常用的堆垛方式

序号	垛　形	堆码方式及特点	适用货物	示例图片
1	重叠式	逐件逐层向上重叠码高而成货垛，此垛形是机械化作业的主要垛形之一。在堆码板材时，可逢十略行交错，以便记数。 这种方式的缺点是稳定性较差，易倒垛	适用中厚钢板、箱装物资等质地坚硬、占地面积较大的货物	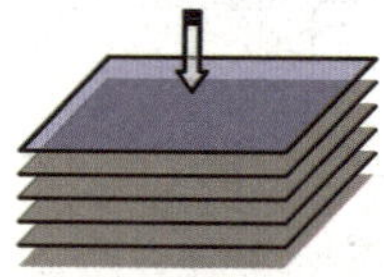
2	压缝式	将垛底的底层排列成正方形或长方形，从上层起压缝堆码，每件物品压住下层的两件货物。其纵横断面呈层脊形。 特点：稳固，不容易倒塌，能较大限度地节省空间，方便操作，但是不容易计数	这种方式适用于卷板、钢带、卷筒纸、卧放的桶装物资等	
3	纵横交错式	将长短一致、宽度排列能够与长度相等的商品，一层横放，一层竖放，纵横交错堆码，形成方形垛。 采用这种方式码货稳定性较好，但操作不便，适合自动装盘操作	适用于长短一致的锭材、管材、棒材，狭长的箱装材料均可用这种垛形	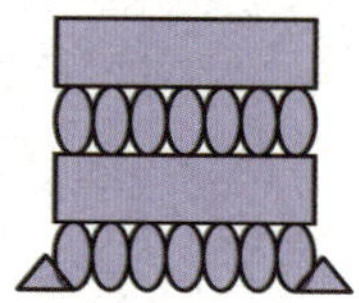
4	通风式	物品在堆码时，任意两件相邻的物品之间都留有空隙，以便通风防潮、散湿散热。该种堆码方式的层与层之间采用压缝式或者纵横交错式的码法	适用于所有箱装、桶装以及裸装物品的堆码	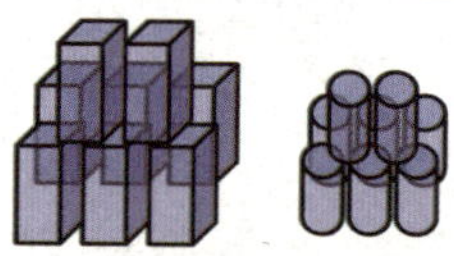
5	栽柱式	码放物品前先在堆垛两侧栽上木桩或者铁棒，然后将货物平码在桩柱之间，码放几层后用铁丝将相对两边的桩柱拴连，再往上摆放货物，以防倒塌。这种方式也适于机械堆码	适用于棒材、管材等长条形货物	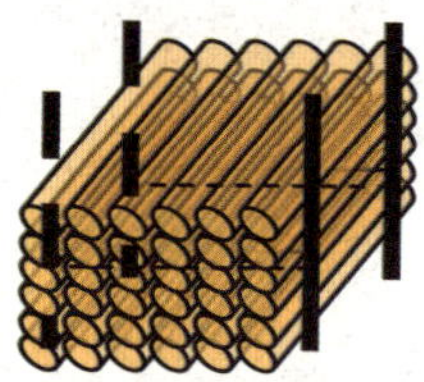
6	仰俯相间式	对上下两面有大小差别或凹凸的货物，如槽钢、钢轨、箩筐等，可以将货物仰放一层，再反一面俯放一层，采用仰俯相间相扣的方式堆垛。该垛形极为稳定，但操作不便	适用于钢轨、工字钢、槽钢、角钢等物资的堆码	
7	衬垫式	在码垛时，每层或每间隔几层商品之间夹进衬垫物，利用衬垫物使货垛的横断面平整，商品互相牵制，以加强货垛的稳固性	适用于形状不规则且较重的物品，如无包装电机、水泵等	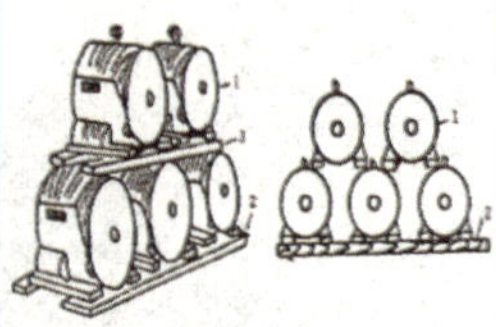
8	“五五化”堆垛	“五五化”堆垛就是根据物资的不同形状，以五为基本计算单位，堆码成各种总数为五的倍数的货垛，使货物“五五成行、五五成方、五五成包、五五成堆、五五成层”。这种堆垛方式堆放整齐，过目知数。便于货物的数量控制、清点盘存，提高了收发货效率	适用于按件计量的商品	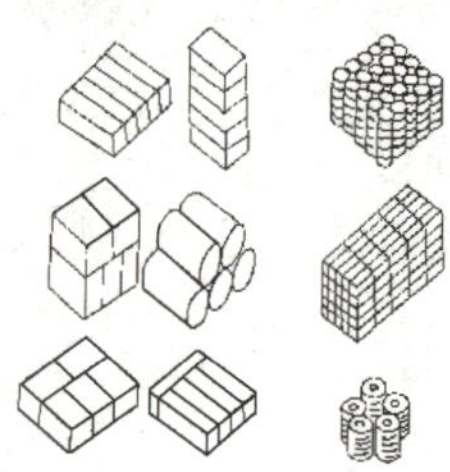

任务准备 4：建立货物明细卡

货物明细卡又称为货卡、货牌，要根据《入库通知单》所列的内容逐项填写，能详细反映该垛货物的品名、型号、规格、数量、单位及进出动态和积存数。货物入库堆码完毕，应立即建立货卡，一垛一卡，然后在仓库实务保管明细账上登记货物的入库、出库、结存等详细情况，并要经常核对，保证账、卡、货相符。

对于货卡的管理通常有两种方式：一种是由专人负责，集中保存管理；另一种是将货卡直接挂在货物下方的货架支架上或是货垛正面的明显位置，便于随时与实物核对，能够准确地掌握货物的结存数。

任务准备 5：登账

物品入库，仓库应建立实物保管明细账，用来登记货物入库、出库、结存的详细情况。

1. 登账的方式

（1）按照物资的品名、型号、规格、单价和货主等分别建立账户。

（2）账目采用活页式，按照物资的种类和编号顺序排列，账页上注明货物的货位号和档案号，便于查对。

（3）实物账必须严格按照货物的出入库凭证及时登记，填写清楚、准确。

（4）账页记完后，应将结存数结转新账页，旧账页应保存备查。

（5）记账发生错误时，按“划红线更正法”进行更正。

（6）仓库管理人员要经常进行核对，保证账、卡、货相符。

（7）登账凭证要妥善保管，装订成册，不得遗失。

2. 登账应遵循的原则

（1）登账必须以正式合法的凭证为依据，如商品入库单和出库单、领料单等。

（2）一律使用蓝、黑色墨水笔登账，用红墨水笔冲账或改错划线。

（3）记账应连续、完整，依日期顺序不能隔行、跳页，账号应依次编号，年末结存后转入新账，旧账页入档妥为保管。

（4）记账时，数字书写应占空格的 2/3 空间，便于改错。

任务准备 6：建立仓库工作档案

仓库建档工作是将货物入库作业全过程的有关资料证件进行整理、核对，建成资料档案，便于查阅和管理。

1. 存货档案的内容主要包括以下几个方面

（1）货物出厂时的各种凭证、技术资料：装箱单、质量标准、送货单、发货清单等。

（2）货物到达仓库前的各种凭证、运输资料：货物运输单据、普通记录、货运记录、残损记录、装载图等。

（3）货物入库验收时的各种凭证、资料：入库通知单、验收记录、磅码单、技术检验报告。

（4）货物保管期间的各种业务技术资料：保管期间的检查、保养作业、通风除湿、翻仓、事故等直接操作记录，存货期间的温度、湿度、特殊天气的记录等。

（5）货物出库和托运时的各种业务凭证、资料：出库凭证、交接签单、送出货单、检查报告等。

（6）回收的仓单、货垛牌、仓储合同、存货计划和收费存根等。

（7）其他有关该货物仓储保管的特别文件和报告记录。

2. 建档工作的具体要求

（1）应一物一档：建立商品档案应该一物一档。

（2）应统一编号：商品档案应进行统一编号，并在档案上注明货位号；在“实物保管明细账”上注明档案号，以便查阅。

（3）应妥善保管：商品档案应存放在专用的柜子里，由专人负责保管。

任务执行

步骤 1：组织项目团队

进行岗位分工并设定角色如下：

仓储部主管：钟庆（仓储管理部）

仓储信息员：何美（仓储管理部）

仓储理货员：闫丽华（仓储管理部）

装卸搬运员：张飞（仓储管理部）

仓储统计员：范文（仓储管理部）

每个项目团队由 5 人组成，分别扮演并模拟以上岗位角色的业务操作与工作流程。

步骤 2：入库信息处理

仓储部主管钟庆将验收员张旭东验收签字后的送货单交给仓储信息员何美，确定这批货物将要入库上架，请她完成这批货物的入库信息处理，并通过公司的仓储管理系统（Warehouse Management System，WMS）为该批货位安排合理的货位。

何美登录公司 WMS，首先对这批货物进行了订单录入操作，生成入库作业计划，然后通过系统调度为这批货物分配储位：二号仓库托盘货架区的二、三层储位。最后何美打印了入库单和储位分配单，分别如表 3-19、表 3-20 所示。

表 3-19　入库单

作业计划单号

0000000000022675

上海沪成仓储有限公司　二号仓库　☐正常商品　☐暂存商品　☐退换货

客户名称：惠美电子贸易公司　客户编号：G016108　入库通知单号：　发运日期：

发货单位编号：　随货同行单号：　应收总数：232　实收总数：

联系人：　联系电话：

货品编码	货品名称	规格	单位	应收数量	实收数量	货位号	批号	备注
6901010481045	DELL 机箱		箱	100				
6901010481015	DELL 液晶显示屏		箱	100				
6901010481022	DELL 键盘		箱	12				
6901010481039	DELL 鼠标		箱	20				

承运单位：

制单人：　体积（重量）：　司机签字：

保管员：　集装箱号：　证件号码：

入库日期：　铅封号：　车　号：

盖　章：　运单号：　联系电话：

表 3-20　储位分配单

操作编码：0000000000045348

作业单号	0000000000022369	库房	二号仓库					
货品明细								
货位	货品编码	货品名称	型号	批次	应放	实放	单位	备注
C00387-D00000	6901010481045	DELL 机箱	220S	20210930001	100		箱	
C00387-A00000	6901010481015	DELL 液晶显示屏	E2209W	20210930001	100		箱	
C00387-B00000	6901010481022	DELL 键盘	M22	20210930001	12		箱	
C00387-C00000	6901010481039	DELL 鼠标	XU996	20210930001	20		箱	

步骤 3：理货作业

根据货物的性质和仓库的货位情况，仓储理货员闫丽华准备用托盘码放货物，为此她首先根据货物包装箱的尺寸，准备好了适量空托盘，根据货物性质及包装特点，采用了纵横交错的堆码方式完成了该批货物的堆码，并对堆码质量进行了认真复查和审核。

然后，闫丽华利用无线手持设备登录公司 WMS，进入“入库理货”界面，利用手持终端扫描货品条码，录入了货物实收数量，完成了这批货品的理货作业。

步骤 4：搬运上架

装卸搬运员张飞根据该批货物特点，选择用手动液压搬运车（见图 3–5）将货物从理货区搬运到托盘货架区，然后根据储位分配单确定的货品上架位置，用全电动堆高车（见图 3–6）完成了货物上架操作。

上架作业完成后，张飞通知何美请她在 WMS 中对入库作业进行反馈。何美在 WMS 中确认该批货物上架操作完成。

图 3–5　手动液压搬运车

图 3–6　全电动堆高车

步骤 5：办理入库手续

货物上架完成后，仓储部主管钟庆通知仓储统计员范文办理货物入库手续。

（1）范文根据入库单，对该批货物分别登记了入库明细账。以 DELL 机箱为例，其货物入库明细账如表 3–21 所示。

表 3–21　货物入库明细账

<table>
<tr><td colspan="8" rowspan="3">货物入库明细账卡</td><td>卡号</td><td></td></tr>
<tr><td>货主名称</td><td>惠美电子贸易公司</td></tr>
<tr><td>货位</td><td>C00387–D00000</td></tr>
<tr><td>品名</td><td>DELL 机箱</td><td>规格</td><td colspan="6">220S</td><td rowspan="8">备注</td></tr>
<tr><td>计量单位</td><td>箱</td><td>供应商单位</td><td colspan="6"></td></tr>
<tr><td>应收数量</td><td>100</td><td>送货单位</td><td colspan="6">惠美电子贸易公司</td></tr>
<tr><td>实收数量</td><td>100</td><td>包装情况</td><td colspan="6">纸箱、完好</td></tr>
<tr><td colspan="3">2021 年</td><td colspan="2">入库数量</td><td colspan="2">出库数量</td><td colspan="2">结存数量</td></tr>
<tr><td>月 日</td><td>收发凭证号</td><td>摘要</td><td>件数</td><td></td><td>件数</td><td></td><td>件数</td><td></td></tr>
<tr><td>9 月 30 日</td><td>202109301001</td><td>送货入库</td><td>100</td><td></td><td></td><td></td><td>100</td><td></td></tr>
<tr><td></td><td></td><td></td><td></td><td></td><td></td><td></td><td></td><td></td></tr>
<tr><td></td><td></td><td></td><td></td><td></td><td></td><td></td><td></td><td></td><td></td></tr>
</table>

（2）登账后，范文为该批货物分别建立了货卡，将货物名称、规格、数量等信息准确、完整地填入货卡。以 DELL 机箱为例，其货卡如表 3-22 所示。

表 3-22 货卡

货品编号：6901010481045　　货物名称：DELL 机箱　　规格型号：220S

计量单位：箱　　货位号：C00387-D00000

2021 年		摘　要	收入数量	发出数量	结存数量
月	日				
9	30	惠美电子贸易公司送货入库	100	0	100

随后，范文将填写好的货卡交给仓储理货员闫丽华挂在货物下方的货架支架上。

（3）搜集范文并整理该批货物的送货单、验收单、入库单等相关单证，以及各种技术资料和保管期间的操作记录、发货单等原件、复印件，将其存入档案，确保一物一档，并妥善保管。

步骤 6：签单

仓储部主管钟庆签署了入库单（见表 3-19），并将送货回单交惠美电子贸易公司留存。

知识拓展

基于条码技术和电子商务环境下的入库业务流程

1. 货主发货后，将发货信息通过网络以标准电子数据格式传送到仓储企业的 WMS（仓储管理系统），同时生成带有条码（包括货物信息）的运单，交给运货司机。

2. 仓储企业 WMS 收到发货通知后，向货主企业反馈确认信息，并做好收货准备。

3. 当货物到达仓库时，运货司机首先将运单交给收货人员，收货人员用条码数据采集器扫描运单上的条码，对运单进行核对。

4. 当运单核对无误后，再进行实物验收，其过程是一一扫描货物上的条码，当全部货物上的条码扫描完毕后，WMS 会自动给出实物核对处理结果。

5. 当实物验收无误后，与运货司机办理交接手续。

6. 将收货信息以标准的电子数据格式反馈给货主。

7. WMS 生成入库单，为货物指定货位。

8. WMS 向叉车司机发出搬运指令（叉车上装有车载数据终端，能够与 WMS 实时通信）。

9. 叉车司机按指令将货物搬运到指定的位置，并向 WMS 报告作业完成情况，WMS 实时更新入库信息。

基于条码技术的入库作业模式示意图如图 3-7 所示。

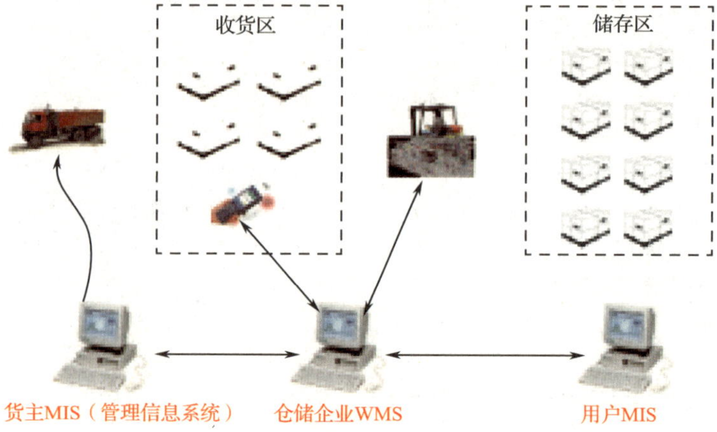

图 3-7　基于条码技术的入库作业模式示意图

任务评价

在完成上述任务后，教师组织进行三方评价。全班举手投票，选出本任务的“最佳团队”，并完成如表 3-23 所示“入库操作”任务评价表的填写。

表 3-23　“入库操作”任务评价表

项目组		成　员				
评价标准	评价项目	分值（分）	自我评价（20%）	他组评价（30%）	教师评价（50%）	合计（100%）
	团队分工、合作情况	20				
	入库操作各工作环节操作规范、有序	30				
	货物堆码设计科学、合理	30				
	团队代表发言情况	20				
合　计		100				

任务巩固

一、单项选择题

1. 下列各项货物中入库检验时适宜采用计件方式的是（　　）。

A. 矿石　　B. 粉煤灰　　C. 电冰箱　　D. 小麦

2. 仓库和供货单位在同城的情况下，适合的接货方式是（　　）。

A. 专用线接车　　B. 车站、码头接货

C. 仓库自行接货　　D. 库内接货

3. 下列物品入库质量检验适合抽验的是（　　）。
A. 珠宝等贵重物品　B. 机械设备　C. 袋装牛奶　D. 都不是
4. 下列物品入库检验适合全验的是（　　）。
A. 袋装牛奶质量检验　B. 电冰箱的数量检验
C. 羊毛的含水量检验　D. 煤的燃烧值检验
5. 一般由专门的技术检验部门进行的检验是（　　）。
A. 数量检验　B. 质量检验　C. 理化检验　D. 都不是
6. 下列各项货物中入库检验时适宜采用检斤方式的是（　　）。
A. 矿石　B. 粉煤灰　C. 电冰箱　D. 小麦
7. 下列适合专用线接车接货方式的是（　　）。
A. 零担货物　B. 小批量货物　C. 整车大批量货物　D. 单元货物
8. 下列各项货物中入库检验时适宜采用检尺求积方式的是（　　）。
A. 汽车　B. 粉煤灰　C. 电冰箱　D. 小麦
9.（　　）是仓储作业管理的第一步，也是仓储作业管理的关键环节，直接关系后面的在库、出库作业管理能否顺畅与方便。
A. 物品入库作业　B. 物品在库作业　C. 物品出库作业　D. 库存控制
10. 下列各项中应由专门的技术检验部门进行检验的是（　　）。
A. 椭圆材直径和圆度检验　B. 管材壁厚和内径检验
C. 物品的外观检验　D. 花生含黄曲霉素的检测
11. 下列适合仓库接货接货方式的是（　　）。
A. 零担货物　B. 小批量货物
C. 整车大批量货物　D. 仓库与接货单位同城
12. 下列属于仓库接受物品凭证的是（　　）。
A. 入库申请　B. 入库计划　C. 入库通知单　D. 运单
13.（　　）是存货人对仓储服务产生需求，并向仓储企业发出需求通知。
A. 入库申请　B. 入库计划　C. 入库准备　D. 货物装卸
14. 适用大批整车货物接运方式的为（　　）。
A. 专用线接车　B. 车站、码头接货
C. 仓库自行接货　D. 库内接货
15. 适用零担托运和小批量货物接运方式的是（　　）。
A. 专用线接车　B. 车站、码头接货
C. 仓库自行接货　D. 库内接货

二、多项选择题

1. 以下货物在数量检验时适合采用检尺求积的是（　　）。
A. 木材　B. 砂石　C. 竹木
D. 机械设备　E. 粮食
2. 下列各项中应由专门的技术检验部门进行检验的是（　　）。
A. 椭圆材直径和圆度检验　B. 管材壁厚和内径检验
C. 物品的外观检验　D. 花生含黄曲霉素的检测

E. 药粉含药量的检测

3. 入库商品质量检验包括（　　）。

A. 外观检验　　B. 尺寸检验　　C. 机械物理性能检验

D. 化学成分检验　　E. 数量检验

4. 下列各项中可由本部门的技术检验人员进行检验的是（　　）。

A. 椭圆材直径和圆度检验　　B. 管材壁厚和内径检验

C. 物品的外观检验　　D. 花生含黄曲霉素的检测

E. 药粉含药量的检测

5. 以下属于影响入库作业主要因素的是（　　）。

A. 供应商的送货方式　　B. 物品的种类、特性与数量

C. 仓库设备及存储方式　　D. 仓库的温度及湿度

E. 库存水平

6. 经仓库部门对入库计划分析评估之后，即可开始进行物品入库前的准备工作，其中主要内容包括（　　）。

A. 货位准备　　B. 苫垫材料准备　　C. 验收及装卸搬运器械准备

D. 人员准备　　E. 单证准备

7. 下列一般由仓库技术管理职能机构取样，委托专门检验机构检验的是（　　）。

A. 外观检验　　B. 尺寸检验　　C. 机械物理性能检验

D. 化学成分检验　　E. 数量检验

8. 下列适合车站、码头接货方式的是（　　）。

A. 零担货物　　B. 小批量货物　　C. 整车大批量货物

D. 托盘货物　　E. 集装箱货物

9. 确定平置库物品存储的位置，应考虑的关键因素有（　　）。

A. 平置库平面布局　　B. 物品在库时间　　C. 物品物动量高低　　D. 仓库地面载荷

10. 下列属于供货商单证的是（　　）。

A. 送货单　　B. 运单　　C. 原产地证明　　D. 入库通知单

思政课堂

课后习题

项目四
在库管理

本项目我们将“在库管理”细分为 4 个任务，分别是任务一　盘点作业；任务二　库存管理；任务三　商品养护；任务四　仓库安全与防护。

任务一 盘点作业

任务展示

学生以项目团队为单位，在一天所有出入库作业完成后，对现代物流中心电子拣选区进行盘点并打印和提交盘点清单。

任务准备

任务准备 1：什么是盘点

盘点是指在规定的时间内，仓库保管员对其所保管的货物及账目进行的相关查验工作，即对其所保管的货物进行实物清点，并核对货、账的一系列作业过程。

任务准备 2：盘点的作用有哪些

盘点是仓储货物管理的重要内容。盘点绝不仅仅是点点数而已，它实际上是另一种形式的检查确认。通过盘点，既可以发现仓储作业中的失误，又可以确认工作的效果和效率，并为下一步保管、保养工作的决策提供依据。其具体的作用概述如下。

（1）督促作用：通过盘点工作的展开，督促工作人员认真完成各项仓储保管作业任务。

（2）检查作用：及时检查货物和搬运过程中所产生的错误，并加以纠正，避免引发更大的失误。

（3）确认作用：确认账、物的一致性和准确性，做到账账、账物两相符。

（4）订货依据：作为仓储客户服务的重要项目，盘点可以为货主及时提供准确的盘点数据，使其成为订货的依据。

（5）衡量效率：利用盘点的结果评价货物管理作业的有效性，为以后的新决策提供相关数据依据。

任务准备 3：盘点的种类有哪些

在实际操作中，常见的盘点方式有日常盘点、月度盘点和年度盘点三类。

（1）日常盘点：当每日工作结束时，库房保管员进行账、物的自我确认工作。其目的是确认一天工作的结束（收发账目的平衡），并以此关注每日的重要工作事项。

（2）月度盘点：当每月工作结束时，库房保管员所进行的账、物检查和确认。其目的是对当月的工作结果进行一次全面检查，对发现的问题及时纠正。与月度盘点类似的还有周盘点、旬盘点、季度盘点等，它们的区别只不过是盘点周期有差异而已，其性质则基本相同。

（3）年度盘点：当每年工作结束时，库房保管员所进行的账、物全面检查和确认。其目的是对当年度的工作结果进行一次全面检查，以便及时发现问题，实施预防和纠正措施，并为决策提供依据。

任务执行

系统操作部分

步骤 1：录入盘点信息

在登录 WMS 系统后，如图 4–1 所示，单击“盘点单”按钮进入盘点单页面，如图 4–2 所示。

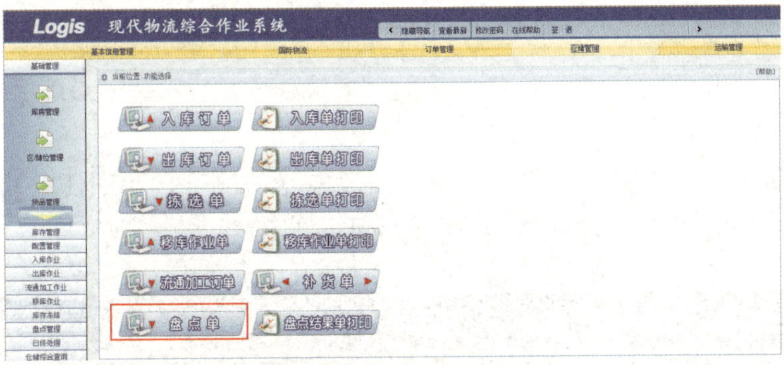

图 4–1　WMS 系统

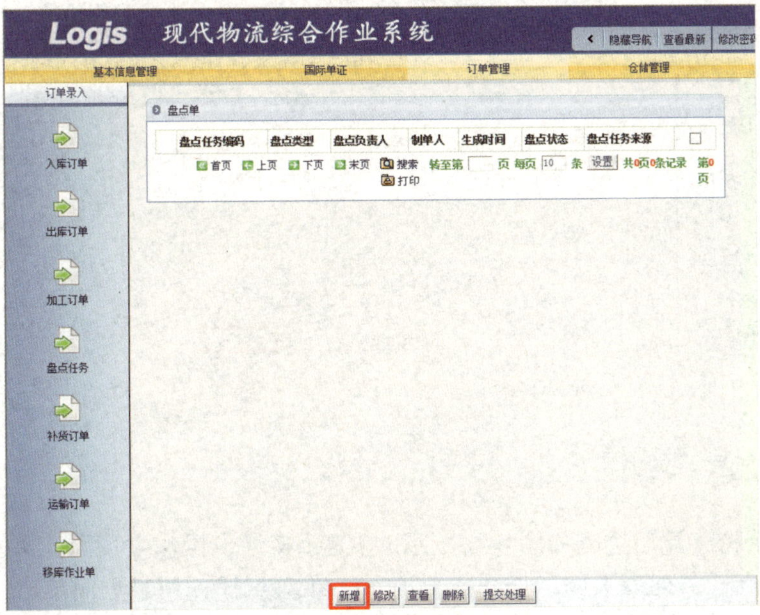

图 4–2　盘点单页面

单击“新增”按钮进入盘点单录入页面，如图 4–3 所示。在系统中选择盘点区域时，一定要选择指定的盘点区域。

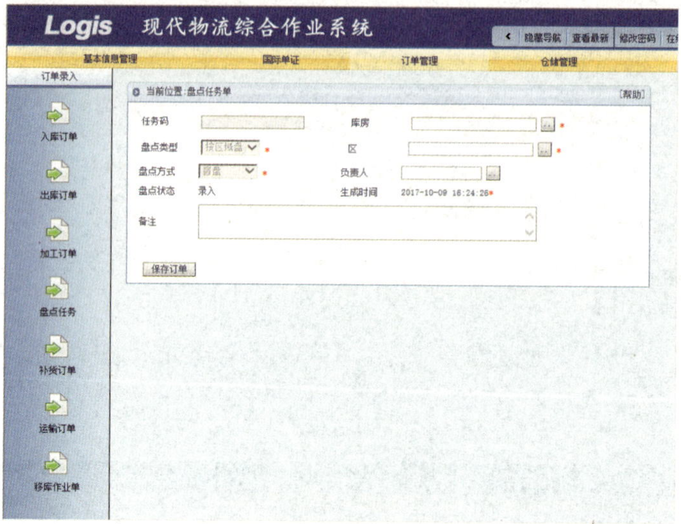

图 4–3　盘点单录入页面

录入完毕后，单击“保存订单”按钮。盘点单录入完毕，回到任务列表页面，单击“提交处理”按钮，下达盘点任务至现场作业人员，页面如图 4–4 所示。

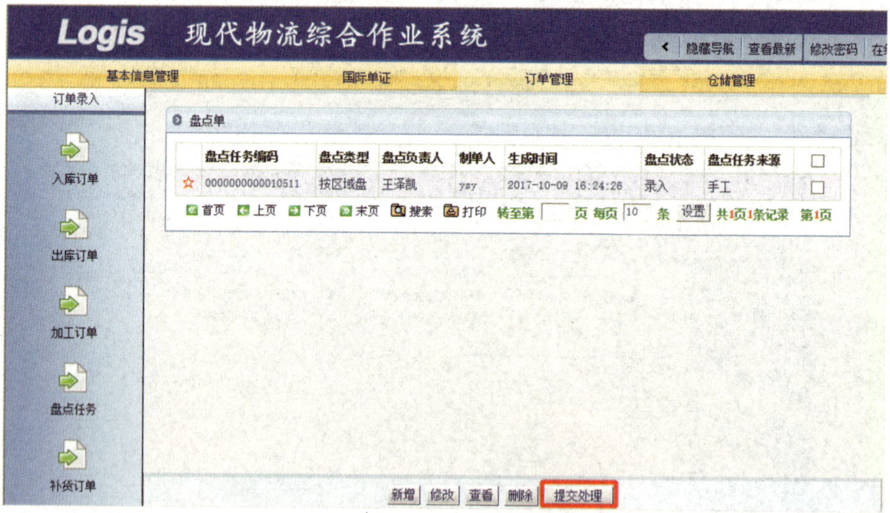

图 4–4　单击“提交处理”页面

步骤 2：RF 手持终端操作

登录 RF 手持终端后进入如图 4–5 所示的 RF 手持终端操作主页面。单击“盘点作业”按钮，进入盘点任务列表页面，如图 4–6 所示。在盘点任务列表页面单击“盘点”按钮，进入盘点作业页面，如图 4–7 所示。填写货品信息后的盘点作业页面如图 4–8 所示。

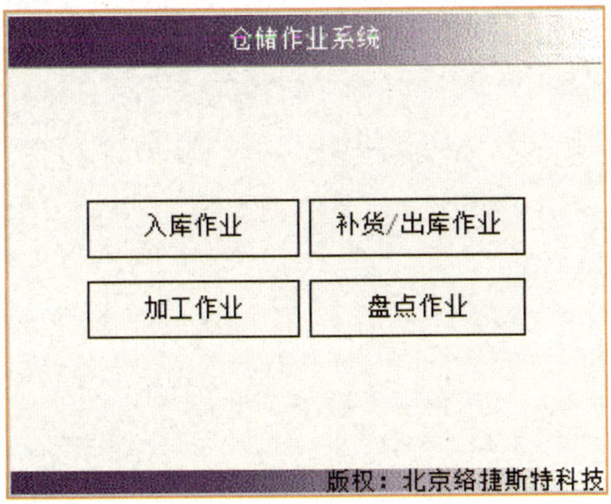

图 4-5　RF 手持终端操作主页面

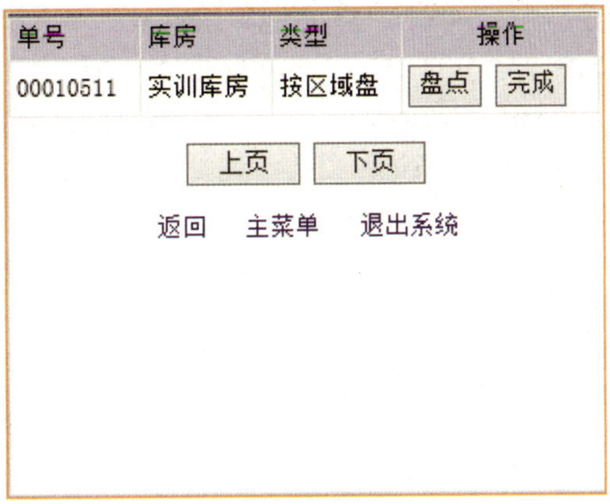

图 4-6　盘点任务列表页面

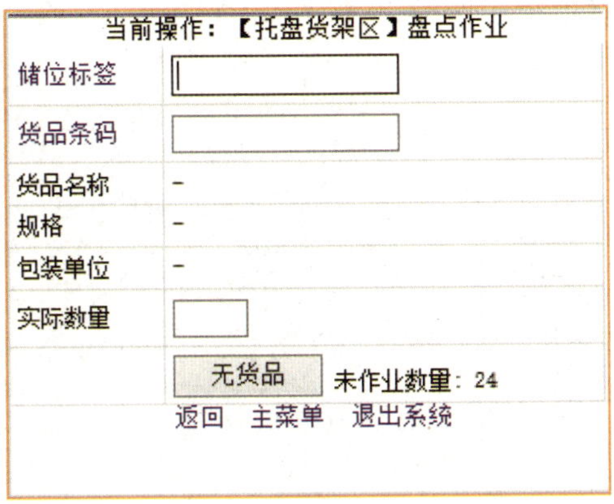

图 4-7　盘点作业页面

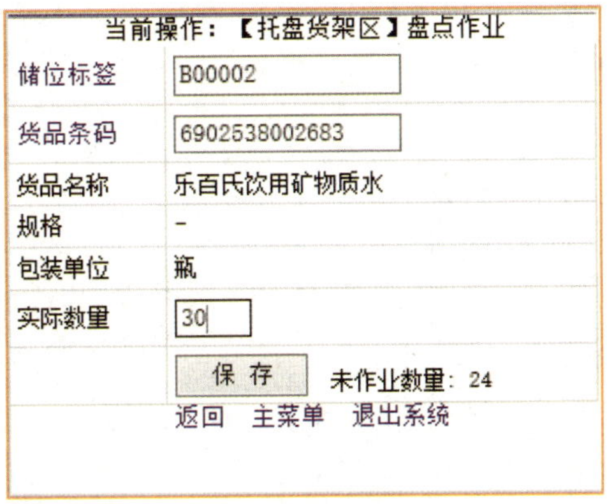

图 4-8　填写货品信息后的盘点作业页面

盘点作业页面（见图 4-7、图 4-8）操作说明如下。

（1）作业页面的上方，提示需要对“托盘货架区”进行盘点作业。

（2）下方显示需要盘点的任务量，也就是需要盘点的货位。

（3）如果需要盘点的货位没有任何货品，扫描完储位标签后，直接单击“无货品”按钮。根据上面的任务找到对应的区域（在这里是小件存放区），然后按照货位进行盘点。扫描储位，如果无货品，直接单击“无货品”按钮；如果有货品，则扫描货品条形码，并输入实际数量。输入完毕后，单击“保存”按钮，则一个货位的任务盘点完毕。

重复此操作，完成剩余任务的盘点工作。待所有任务完成后，会进入如图 4-9 所示无待盘点的货品页面。返回主菜单，进入盘点任务列表，单击“完成”按钮，盘点任务完毕，页面如图 4-10 所示。

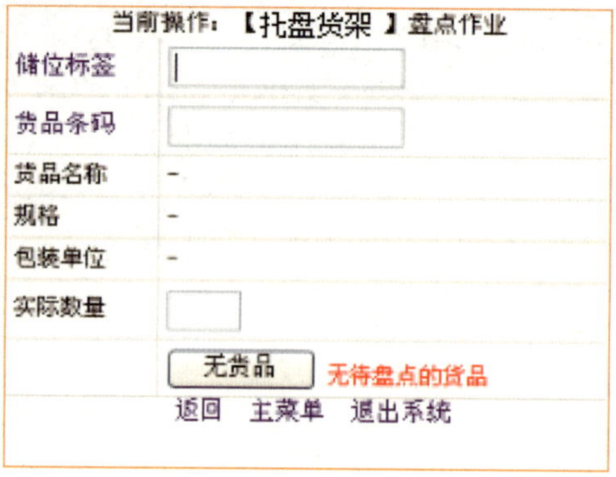

图 4-9　无待盘点的货品页面

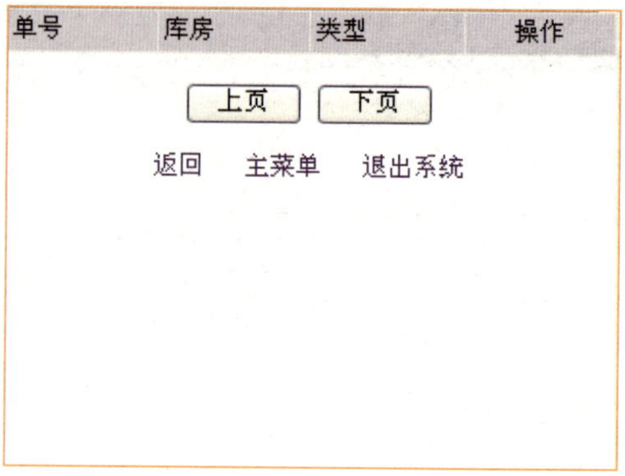

图 4-10　盘点任务完毕页面

步骤 3：盘点结果打印

在计算机上登录 WMS 系统，进入菜单页面单击“打印”按钮，打印盘点结果，如图 4-11 所示。

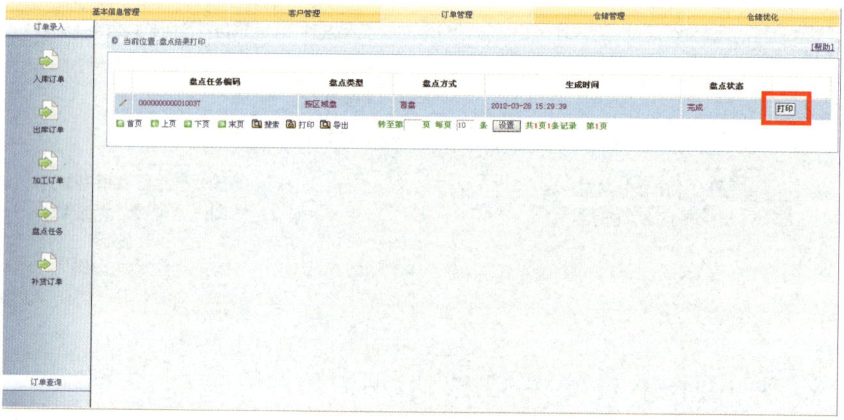

图 4-11　打印盘点结果

任务评价

在完成上述任务后，教师组织进行三方评价。全班举手投票，选出本任务的“最佳团队”，并完成如表 4-1 所示“盘点作业”任务评价表的填写。

表 4-1　“盘点作业”任务评价表

项 目 组		成　员				
评价标准	评 价 项 目	分值（分）	自我评价（20%）	他组评价（30%）	教师评价（50%）	合计（100%）
	盘点准备工作	20				
	盘点实施工作	30				
	团队代表发言情况	30				
	团队分工、合作情况	20				
合　计		100				

任务二 库存管理

任务展示

学生以项目团队为单位，对现代物流中心仓库托盘货架区进行 ABC 分类管理。

任务准备

任务准备 1：什么是库存

库存是指处于储存状态的货物，它是储存的表现形态。储存状态的货物既包括储存在仓库中的货物，也包括未储存在仓库中的货物。例如，商店货架上的在销品、在途货物、在制品、原材料、半成品等都可以称为库存。

任务准备 2：库存是如何分类的

库存的分类有许多种，可根据库存货物的用途、存放地点、来源、所处状态或从生产角度和经营角度等来分类。这里仅介绍按库存的作用和功能的分类。

（1）安全库存

安全库存是为了预防随机因素造成的缺货而设置的保障性库存量。

（2）最低库存

最低库存是订货周期内的需求量与安全库存量之和。最低库存量是为了满足日常生产的消耗而设置的。

（3）有效库存

有效库存是为了满足生产的有效调整而设置的库存指标，一般是最低库存量与估算的机动性库存量之和。有效库存量是为了满足顾客需求的临时改变而做出的对应。实践证明确定有效库存量是很有必要的。

以上三种库存类型的关系可以通过以下的数学方程式表现。

最低库存 = 订货周期内的生产需求用量 + 安全库存量

有效库存 = 最低库存 + 机动库存用量 = 订货周期内的生产需求用量 + 安全库存量 + 机动库存用量。

任务准备 3：什么是库存 ABC 分类管理法

库存 ABC 分类管理法

库存 ABC 分类管理法，又称为 ABC 重点管理法或 ABC 分析法，是指将库存货品按照品种和占用资金的多少分三级进行管理的方法（见表 4–2）。A 类指特别重要的库存，B 类指一般重要的库存，C 类指不太重要的库存。

表 4–2　库存 ABC 分类管理法

类　别	物资品种占全部物料品种的比重（%）	资金占库存资金比重（%）
A	5 ～ 10	70 ～ 80
B	15 ～ 20	20 ～ 25
C	70 ～ 80	5 ～ 10

任务准备 4：在使用库存 ABC 分类管理法管理库存时，可以采取哪些策略

1. A 类商品

（1）每件商品皆做编号；
（2）尽可能慎重、正确地预测需求量；
（3）少量采购，尽可能在不影响需求下减少库存量；
（4）请供货单位配合，力求出货量平稳化，以降低需求变动，减少库存量；
（5）与供应商协调，尽可能缩短前置时间；
（6）采用定期订货的方式，对其存货必须做定期检查；
（7）必须严格执行盘点，每天或每周盘点一次，以提高库存精确度；
（8）对交货期限必须加强控制，在制品及发货也必须从严控制；
（9）货品放在易于出入库的位置；
（10）实施货品包装外形标准化，增加出入库单位；
（11）A 类商品的采购需经高层主管审核。

2. B 类商品

（1）采用定量订货方式，但对前置时间较长或需求量有季节性变动趋势的货品宜采用定期订货方式；
（2）每 2 ～ 3 周盘点一次；
（3）中量采购；
（4）采购需经中级主管核准。

3. C 类商品

（1）采用定量订货方式以节省手续；
（2）大量采购，便于在价格上获得优惠；
（3）简化库存管理手段；
（4）安全库存量可以大些，以免发生库存不足；
（5）可交现场保管使用；
（6）每月盘点一次；
（7）采购仅需基层主管核准。

任务执行

步骤 1：收集并处理数据，制作出入库汇总表

根据初始库存及货品价格信息（见表 4-3）和出入库月报表（见表 4-4 ～表 4-15），制作出入库汇总表。

表 4-3　初始库存及货品价格信息（截至 2018 年 10 月 31 日 18:00）

序　号	货 品 名 称	库存结余（箱）	单　价
1	恒大冰泉矿泉水（2.5 L）	12	33（元 / 瓶）
2	维他柠檬茶（2.5 L）	10	10（元 / 瓶）
3	中华成语词典	46	15（元 / 本）
4	英汉双解词典	7	20（元 / 本）
5	依云矿泉水（1.25 L）	6	12（元 / 瓶）
6	英汉大词典	26	39（元 / 本）
7	英汉汉英词典	43	34.3（元 / 本）
8	新华字典	11	34.5（元 / 本）
9	百岁山矿泉水（5 L）	20	24.84（元 / 瓶）
10	维他灌装柠檬茶（310 mL）	9	3.5（元 / 瓶）
11	成语大字典	36	15（元 / 本）
12	古代汉语词典	32	40（元 / 本）
13	新华成语词典	15	35（元 / 本）
14	依云矿泉水（5 L）	8	29（元 / 瓶）
15	农夫山泉茶 π 柠檬红茶（500 mL）	3	5（元 / 瓶）
16	维他柠檬茶（250 mL）	8	4（元 / 瓶）
17	成语大词典（彩色本）	27	35（元 / 本）
18	依云矿泉水（2.5 L）	14	17（元 / 瓶）
19	依能蓝莓黑水果味饮料（500 mL）	16	5（元 / 瓶）

表 4-4　出入库月报表（2018 年 11 月）

序　号	商 品 名 称	出库量（箱）	入库量（箱）
1	恒大冰泉矿泉水（2.5 L）	101	80
2	维他柠檬茶（2.5 L）	180	188
3	中华成语词典	220	230
4	英汉双解词典	109	121
5	依云矿泉水（1.25 L）	90	102
6	英汉大词典	100	110
7	英汉汉英词典	150	160
8	新华字典	130	129
9	百岁山矿泉水（5 L）	120	150
10	维他灌装柠檬茶（310 mL）	100	100
11	成语大字典	89	90
12	古代汉语词典	50	74
13	新华成语词典	259	260
14	依云矿泉水（5 L）	185	182

表 4–5　出入库月报表（2018 年 12 月）

序　号	商品名称	出库量（箱）	入库量（箱）
1	恒大冰泉矿泉水（2.5 L）	190	184
2	英汉双解词典	211	207
3	依云矿泉水（1.25 L）	99	89
4	英汉大词典	121	145
5	新华字典	130	129
6	百岁山矿泉水（5 L）	174	183
7	古代汉语词典	79	88
8	新华成语词典	367	351
9	依云矿泉水（5 L）	243	238
10	农夫山泉茶 π 柠檬红茶（500 mL）	201	200
11	维他柠檬茶（250 mL）	145	165
12	成语大词典（彩色本）	56	46
13	依云矿泉水（2.5 L）	29	30
14	依能蓝莓黑水果味饮料（500 mL）	39	44

表 4–6　出入库月报表（2021 年 1 月）

序　号	商品名称	出库量（箱）	入库量（箱）
1	恒大冰泉矿泉水（2.5 L）	200	200
2	维他柠檬茶（2.5 L）	124	111
3	中华成语词典	37	40
4	英汉双解词典	154	160
5	依云矿泉水（1.25 L）	100	106
6	英汉大词典	221	208
7	英汉汉英词典	156	147
8	百岁山矿泉水（5 L）	216	201
9	维他灌装柠檬茶（310 mL）	23	26
10	成语大字典	54	59
11	古代汉语词典	40	41
12	新华成语词典	108	134
13	依云矿泉水（5 L）	159	151
14	维他柠檬茶（250 mL）	114	121
15	成语大词典（彩色本）	68	60
16	依云矿泉水（2.5 L）	59	61
17	依能蓝莓黑水果味饮料（500 mL）	49	53

表 4-7 出入库月报表（2021 年 2 月）

序号	商品名称	出库量（箱）	入库量（箱）
1	恒大冰泉矿泉水（2.5 L）	88	93
2	维他柠檬茶（2.5 L）	137	120
3	中华成语词典	82	49
4	英汉双解词典	211	209
5	依云矿泉水（1.25 L）	88	102
6	英汉大词典	138	211
7	英汉汉英词典	132	106
8	新华字典	33	47
9	百岁山矿泉水（5 L）	111	121
10	成语大字典	35	59
11	古代汉语词典	40	11
12	新华成语词典	108	83
13	依云矿泉水（5 L）	159	169
14	维他柠檬茶（250 mL）	110	108
15	成语大词典（彩色本）	231	301
16	依云矿泉水（2.5 L）	44	51
17	依能蓝莓黑水果味饮料（500 mL）	50	53

表 4-8 出入库月报表（2021 年 3 月）

序号	商品名称	出库量（箱）	入库量（箱）
1	恒大冰泉矿泉水（2.5 L）	236	237
2	维他柠檬茶（2.5 L）	56	65
3	中华成语词典	94	89
4	英汉双解词典	157	160
5	依云矿泉水（1.25 L）	93	89
6	英汉大词典	59	68
7	英汉汉英词典	236	250
8	百岁山矿泉水（5 L）	69	47
9	维他灌装柠檬茶（310 mL）	79	78
10	成语大字典	90	59
11	古代汉语词典	69	58
12	新华成语词典	116	143
13	依云矿泉水（5 L）	135	146
14	农夫山泉茶 π 柠檬红茶（500 mL）	200	200
15	维他柠檬茶（250 mL）	158	163
16	成语大词典（彩色本）	141	158
17	依能蓝莓黑水果味饮料（500 mL）	71	79

表 4-9　出入库月报表（2021 年 4 月）

序　号	商 品 名 称	出库量（箱）	入库量（箱）
1	恒大冰泉矿泉水（2.5 L）	139	132
2	维他柠檬茶（2.5 L）	69	69
3	中华成语词典	164	158
4	英汉双解词典	299	300
5	依云矿泉水（1.25 L）	68	65
6	英汉大词典	165	120
7	英汉汉英词典	140	137
8	百岁山矿泉水（5 L）	43	49
9	维他灌装柠檬茶（310 mL）	81	79
10	成语大字典	54	51
11	古代汉语词典	210	258
12	新华成语词典	49	51
13	依云矿泉水（5 L）	230	223
14	维他柠檬茶（250 mL）	94	92
15	成语大词典（彩色本）	162	126
16	依能蓝莓黑水果味饮料（500 mL）	89	81

表 4-10　出入库月报表（2021 年 5 月）

序　号	商 品 名 称	出库量（箱）	入库量（箱）
1	维他柠檬茶（2.5 L）	181	176
2	中华成语词典	87	89
3	英汉双解词典	337	340
4	依云矿泉水（1.25 L）	89	93
5	英汉大词典	137	139
6	英汉汉英词典	175	170
7	新华字典	43	49
8	维他灌装柠檬茶（310 mL）	55	80
9	成语大字典	107	102
10	古代汉语词典	310	300
11	新华成语词典	145	130
12	依云矿泉水（5 L）	250	264
13	农夫山泉茶 π 柠檬红茶（500 mL）	220	233
14	维他柠檬茶（250 mL）	23	0
15	成语大词典（彩色本）	202	210
16	依能蓝莓黑水果味饮料（500 mL）	98	91

表 4-11　出入库月报表（2021 年 6 月）

序　号	商 品 名 称	出库量（箱）	入库量（箱）
1	维他柠檬茶（2.5 L）	73	69
2	中华成语词典	104	99
3	英汉双解词典	310	321
4	英汉大词典	171	139
5	英汉汉英词典	98	88
6	新华字典	211	199
7	百岁山矿泉水（5 L）	32	12
8	维他灌装柠檬茶（310 mL）	73	81
9	成语大字典	93	102
10	古代汉语词典	219	205
11	新华成语词典	111	101
12	依云矿泉水（5 L）	97	121
13	农夫山泉茶 π 柠檬红茶（500 mL）	161	151
14	维他柠檬茶（250 mL）	69	67
15	成语大词典（彩色本）	167	153
16	依云矿泉水（2.5 L）	59	48
17	依能蓝莓黑水果味饮料（500 mL）	86	83

表 4-12　出入库月报表（2021 年 7 月）

序　号	商 品 名 称	出库量（箱）	入库量（箱）
1	恒大冰泉矿泉水（2.5 L）	219	234
2	维他柠檬茶（2.5 L）	90	100
3	中华成语词典	38	45
4	英汉双解词典	107	102
5	依云矿泉水（1.25 L）	45	72
6	英汉大词典	34	0
7	英汉汉英词典	108	99
8	新华字典	145	167
9	百岁山矿泉水（5 L）	63	59
10	维他灌装柠檬茶（310 mL）	19	22
11	成语大字典	78	81
12	古代汉语词典	200	199
13	新华成语词典	85	81
14	依云矿泉水（5 L）	60	71
15	农夫山泉茶 π 柠檬红茶（500 mL）	92	89
16	维他柠檬茶（250 mL）	70	72
17	成语大词典（彩色本）	192	165
18	依云矿泉水（2.5 L）	91	89

表 4-13 出入库月报表（2021 年 8 月）

序　号	商品名称	出库量（箱）	入库量（箱）
1	恒大冰泉矿泉水（2.5 L）	200	200
2	维他柠檬茶（2.5 L）	146	154
3	中华成语词典	68	62
4	英汉双解词典	96	91
5	依云矿泉水（1.25 L）	211	199
6	英汉大词典	69	63
7	英汉汉英词典	111	102
8	新华字典	132	138
9	维他灌装柠檬茶（310 mL）	34	31
10	成语大字典	88	81
11	古代汉语词典	105	99
12	新华成语词典	65	72
13	依云矿泉水（5 L）	71	63
14	农夫山泉茶 π 柠檬红茶（500 mL）	230	230
15	维他柠檬茶（250 mL）	82	81
16	成语大词典（彩色本）	102	100
17	依能蓝莓黑水果味饮料（500 mL）	42	49

表 4-14 出入库月报表（2021 年 9 月）

序　号	商品名称	出库量（箱）	入库量（箱）
1	恒大冰泉矿泉水（2.5 L）	126	122
2	中华成语词典	82	86
3	英汉双解词典	156	159
4	依云矿泉水（1.25 L）	50	33
5	英汉大词典	75	69
6	英汉汉英词典	54	67
7	新华字典	84	69
8	百岁山矿泉水（5 L）	55	61
9	维他灌装柠檬茶（310 mL）	69	54
10	成语大字典	63	59
11	古代汉语词典	100	63
12	新华成语词典	80	78
13	依云矿泉水（5 L）	101	93
14	农夫山泉茶 π 柠檬红茶（500 mL）	76	73
15	维他柠檬茶（250 mL）	145	150
16	依云矿泉水（2.5 L）	67	67
17	依能蓝莓黑水果味饮料（500 mL）	62	65

表 4-15　出入库月报表（2021 年 10 月）

序　号	商 品 名 称	出库量（箱）	入库量（箱）
1	恒大冰泉矿泉水（2.5 L）	89	119
2	维他柠檬茶（2.5 L）	63	81
3	中华成语词典	101	106
4	英汉双解词典	92	91
5	依云矿泉水（1.25 L）	49	52
6	英汉大词典	132	129
7	英汉汉英词典	79	73
8	新华字典	111	98
9	百岁山矿泉水（5 L）	20	25
10	维他灌装柠檬茶（310 mL）	79	72
11	成语大字典	93	88
12	古代汉语词典	103	116
13	新华成语词典	56	67
14	依云矿泉水（5 L）	73	61
15	农夫山泉茶 π 柠檬红茶（500 mL）	70	71
16	维他柠檬茶（250 mL）	96	89
17	成语大词典（彩色本）	51	49
18	依云矿泉水（2.5 L）	146	150
19	依能蓝莓黑水果味饮料（500 mL）	86	68

（1）将 12 个月的出入库报表放在 Excel 文档中，如图 4-12 所示。

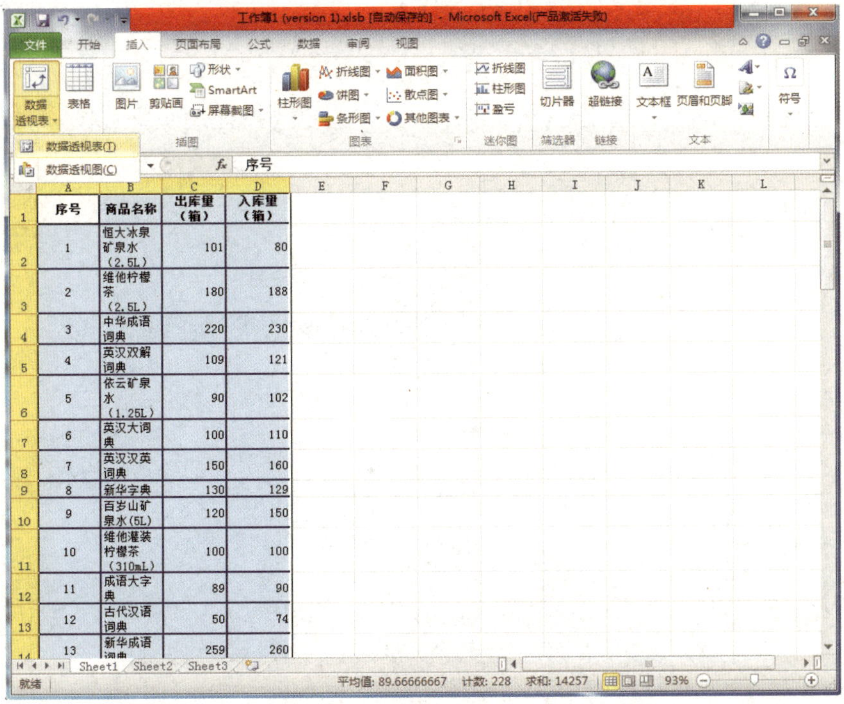

图 4-12　12 个月的出入库报表

（2）选中所有的数据，在“插入”中找到“数据透视表”，单击“数据透视表”，弹出“创建数据透视表”页面，如图 4–13 所示。

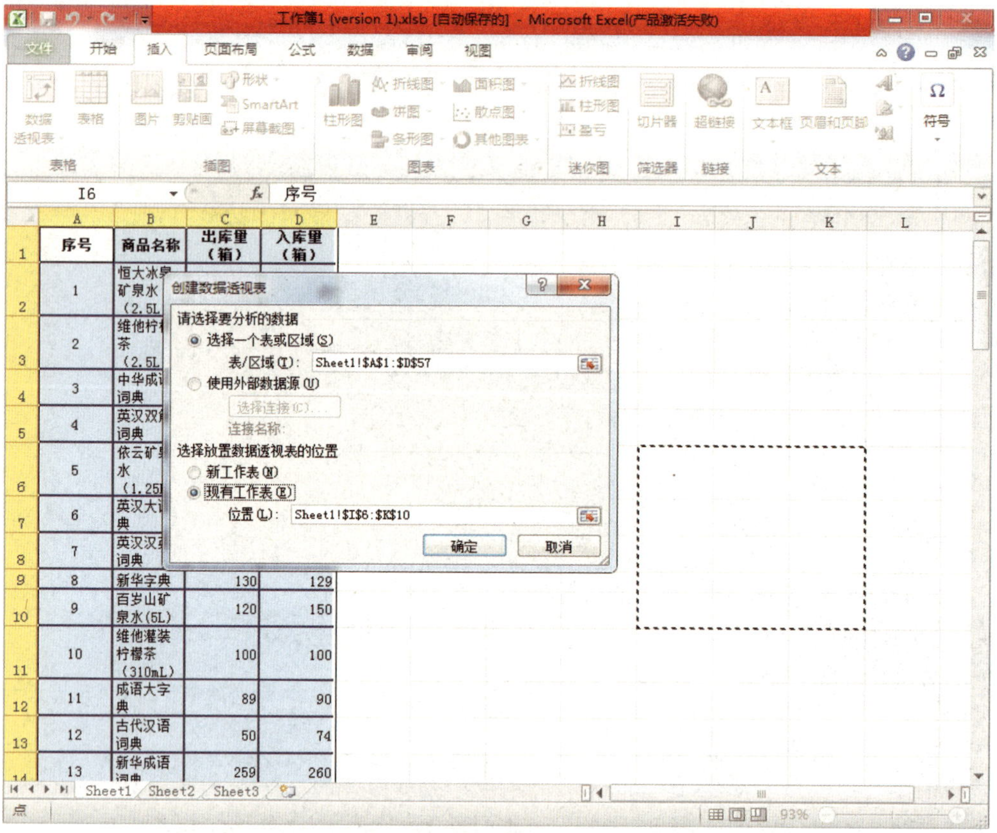

图 4–13 “创建数据透视表”页面

（3）选择现有工作表，选定一个区域，单击“确定”按钮后页面如图 4–14 所示。

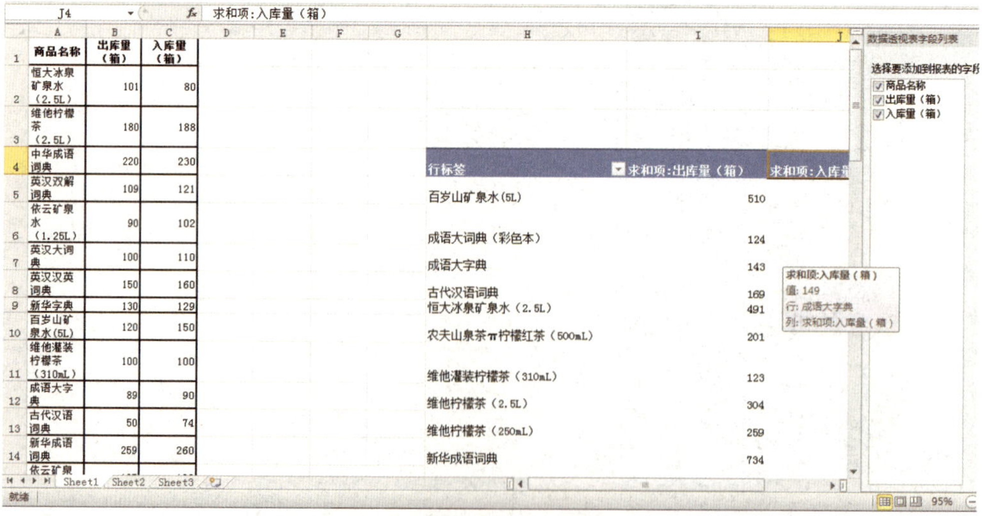

图 4–14 单击“确定”按钮后页面

（4）选中商品名称、出库量、入库量，出入库报表完成。

步骤 2：进行 ABC 分类

（1）出库量合计：货品全年的出库量之和。

（2）出库量累计：第一种货品的出库量累计为第一种货品的出库量合计，第二种货品出货后的出库量累计等于第一种货品的出库量累计加第二种货品的出库量合计，以此类推，算出其他货品出货后的出库量累计。

（3）出库量累计百分比：第一种货品的出库量累计百分比等于第一种货品的出库量累计除以最后一种货品的出库量累计（最后一种货品的出库量累计为固定值），以此类推算出其他货品的出库量累计百分比。

（4）根据 ABC 分类标准分为 A、B、C 三类商品，如图 4–15 所示。

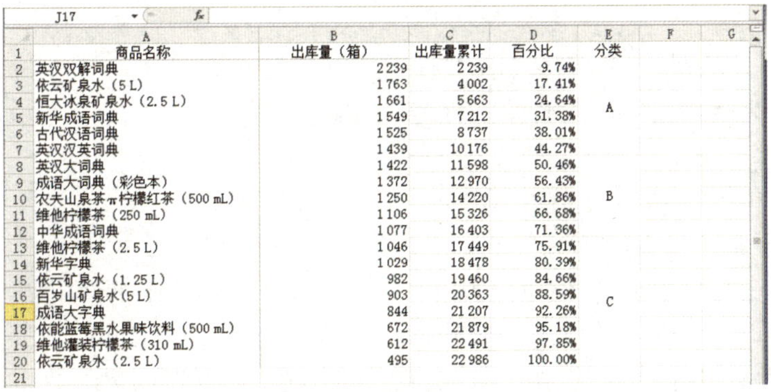

商品名称	出库量（箱）	出库量累计	百分比	分类
英汉双解词典	2 239	2 239	9.74%	
依云矿泉水（5 L）	1 763	4 002	17.41%	
恒大冰泉矿泉水（2.5 L）	1 661	5 663	24.64%	A
新华成语词典	1 549	7 212	31.38%	
古代汉语词典	1 525	8 737	38.01%	
英汉汉英词典	1 439	10 176	44.27%	
英汉大词典	1 422	11 598	50.46%	
成语大词典（彩色本）	1 372	12 970	56.43%	
农夫山泉茶π柠檬红茶（500 mL）	1 250	14 220	61.86%	B
维他柠檬茶（250 mL）	1 106	15 326	66.68%	
中华成语词典	1 077	16 403	71.36%	
维他柠檬茶（2.5 L）	1 046	17 449	75.91%	
新华字典	1 029	18 478	80.39%	
依云矿泉水（1.25 L）	982	19 460	84.66%	
百岁山矿泉水(5 L)	903	20 363	88.59%	C
成语大字典	844	21 207	92.26%	
依能蓝莓黑水果味饮料（500 mL）	672	21 879	95.18%	
维他灌装柠檬茶（310 mL）	612	22 491	97.85%	
依云矿泉水（2.5 L）	495	22 986	100.00%	

图 4–15 根据 ABC 分类标准分为 A、B、C 三类商品

任务评价

在完成上述任务后，教师组织进行三方评价。全班举手投票，选出本任务的“最佳团队”，并完成如表 4–16 所示“库存管理”任务评价表的填写。

表 4–16 “库存管理”任务评价表

项目组		成员				
评价标准	评价项目	分值（分）	自我评价（20%）	他组评价（30%）	教师评价（50%）	合计（100%）
	搜集数据	25				
	处理数据	25				
	根据 ABC 分析表确定分类	30				
	绘制 ABC 分析图	20				
合计		100				

任务三 商品养护

任务展示

学生以项目团队为单位，对现代物流中心仓库进行商品养护；并分析讨论在商品养护过程中遇到的问题，提出相应的对策或建议。

任务准备

任务准备 1：什么是商品养护

商品养护是指商品在存储过程中所进行的保养和维护。从广义上说，商品从离开生产领域至进入消费领域之前这段时间的保养与维护工作，都称为商品养护。

任务准备 2：商品养护的目的是什么

商品养护的目的是通过科学的研究和实践，认识商品在储存期间发生质量劣化的内外因的变化规律。研究采取对外因的控制技术，以维护其使用价值不变，避免受到损伤，保障企业经济效益的实现。同时还要研究制订商品的安全储存期限和合理的损耗率，以提高整个行业的管理水平。

任务准备 3：商品养护的任务有哪些

商品养护的基本任务就是对库存商品根据库存量多少、发生质量变化速度、危害程度、季节变化，按轻重缓急分别研究制订相应的技术措施，使货物质量不变，以求最大限度地避免和减少商品损失，降低保管损耗。

任务执行

学生以项目团队为单位，对现代物流中心仓库进行商品养护。

步骤 1：把好商品入库验收关

商品入库前可能会有些受潮、玷污、锈蚀、生霉、损坏，还有可能因入库前在其他地方保管时间过长，原防护措施接近失效或已经失效。所以只有验收时严格把关，及时发现问题，进行维护保养，才能避免造成不必要的损失。

步骤 2：安排适当的保管场所

由于各种商品的性能有别，对所需的存储场所和条件有不同的要求，安排不适当就会使商品受损、变质，甚至报废。所以必须根据商品本身的性能特点选择存放场所。

步骤 3：妥善地码垛、苫垫、密封

码垛要根究商品的形状、重量及数量，选择不同的方法和垛型，以防损坏。商品码垛前要垫垛，以保证通风和防潮。露天存放的货物，还要进行苫盖。有些货物吸潮性强、精密度高，存放时还要采取逐件、逐垛、逐架或整库密封，从而保证货物不受潮、不变形、不变质。

步骤 4：加强日常检查

要贯彻“以防为主，防治结合”的原则，加强储存商品的经常性检查，真正做到防患于未然。检查中要及时发现问题，掌握商品变化情况，及时采取有效措施。

步骤 5：加强商品的维护保养

各种商品要根据其性能、特点进行日常的维护保养（比如除尘、防锈等），防止和消除各种自然因素对商品的侵害。

步骤 6：做好季节性的预防工作

汛期到来之前要采取切实的防汛措施；梅雨季节要做好防潮防霉工作，注意通风散潮；高温季节对怕热商品要注意降温；寒冬季节对怕冻商品要做好防冻保暖工作。

步骤 7：做好仓库的清洁卫生工作

因为灰尘、杂物和虫害对商品都有一定的腐蚀损坏作用，因此，库房及周围环境必须保持清洁。具体应做到无积水，无杂物，库房内无虫、无鼠、无白蚁，发现虫害应立即用药物或其他方法杀虫。勤打扫，保持货架、货垛、包装物、苫垫材料及地面清洁。

步骤 8：温湿度的控制与调节

商品在储存保管过程中的各种变质现象，几乎都与空气温湿度有密切关系，所以仓库商品维护保养的重要工作就是要控制好库房的温湿度。由于商品的性能不同，所适应的温湿度也不同。仓库温湿度的变化对储存商品的质量安全影响很大，而仓库温湿度往往又受气候变化影响，这就需要仓库管理人员正确地控制和调节仓库温湿度，以确保储存商品的质量安全。实践证明，采取通风、密封与吸潮相结合的办法，是当前控制与调节库内温湿

度行之有效的办法之一。

任务评价

在完成上述任务后，教师组织进行三方评价。全班举手投票，选出本任务的“最佳团队”，并完成如表 4–17 所示“商品养护”任务评价表的填写。

表 4–17 “商品养护”任务评价表

<table>
<tr><th>项目组</th><th></th><th>成员</th><th colspan="4"></th></tr>
<tr><td rowspan="5">评价标准</td><td>评价项目</td><td>分值（分）</td><td>自我评价（20%）</td><td>他组评价（30%）</td><td>教师评价（50%）</td><td>合计（100%）</td></tr>
<tr><td>商品养护</td><td>20</td><td></td><td></td><td></td><td></td></tr>
<tr><td>团队讨论分析情况</td><td>30</td><td></td><td></td><td></td><td></td></tr>
<tr><td>团队代表发言情况</td><td>30</td><td></td><td></td><td></td><td></td></tr>
<tr><td>团队分工、合作情况</td><td>20</td><td></td><td></td><td></td><td></td></tr>
<tr><td colspan="2">合计</td><td>100</td><td></td><td></td><td></td><td></td></tr>
</table>

任务四 仓库安全与防护

任务展示

学生以项目团队为单位，对现代物流中心仓库进行安全的人力作业与机械作业，并分析讨论在仓库安全作业过程中遇到的问题，提出相应的对策或建议。

任务准备

任务准备 1：仓库作业特性的主要表现是什么

仓库作业包括运输工具装卸货品、出入库搬运、堆垛上架、拆垛取货等操作过程。仓库作业是构成仓库生产的重要环节，且随着仓库功能的扩展，仓库作业的项目会更多，作业量会更大。

仓库作业特性的主要表现如下。

（1）作业对象的多样性。为了降低物流成本，货物的包装都在向着大型化、成组化、托盘化、集装化方向发展。但由于我国包装的标准化普及程度较低，各种货物的包装尺寸、重量差别较大，除了少数专业仓库只从事单一的货物作业外，绝大多数仓库仓储的货物都是种类繁多、规格多样的，仓库需面对多种多样的货物作业。

（2）作业场地的多变性。除了部分配送中心、危险品仓库要在确定的收发区进行装卸作业外，其他大多数仓库都是直接在仓库门口、仓库内及货位前进行装卸作业，而搬运作业则延伸至整个仓库的每一个位置，因而仓库作业的环节极不确定。

（3）机械作业与人力作业并重。我国现代仓库主要是普及机械化作业，采用通用机械设备，需要一定的人力协助，通用机械作业的稳定性较差，而人力作业容易造成人身伤害。

（4）突发性与不均衡性。仓库作业因货物出入库而定。货物到库时，仓库组织人员进行卸车搬运、堆垛作业；客户提货时，仓库则要组织人员进行拆垛、搬运、装车作业。由于货物出入库的不均衡性，致使仓库作业具有阶段性和突发性的特征。

（5）任务的紧迫性。为了缩短运输工具在仓库内的停留时间，需要迅速将货物归类储藏，因而仓库作业不能间断，每次作业都要完成阶段性工作，方可停止。

（6）货物的不规范性。随着仓库提供增值服务的热潮兴起后，更多货物以未包装、内包装、散件、混件的形式入库，极易发生货物损坏。

任务准备 2：什么是仓库安全作业管理

仓库安全作业管理是指在货物进出仓库装卸、搬运、储存、保管等过程中，为了防止和避免伤亡事故，保障职工安全和减轻繁重的体力劳动而采取的措施。它直接关系货物的安全、作业人员人身安全、作业设备和仓库设备安全。这些安全事项都是仓库的责任范围，所造成的损失都是由仓库来承担，因而说仓库安全作业管理是经济效益管理的组成部分。

仓库安全作业管理要从设备场所和作业人员两方面进行管理：一方面要消除安全隐患、减小不安全的系统风险；另一方面要提高作业人员的安全责任心和安全防范意识。

1. 安全作业管理制度化

仓库安全作业管理制度化应成为仓库日常管理的重要项目，仓库应制订各种科学、合理的安全作业制度、操作规程和安全责任制度，并通过严格地监督，确保管理制度得到有效和充分的执行。

2. 加强劳动安全保护

劳动安全保护包括直接和间接施行于作业人员的保护措施。仓库要遵守《劳动法》中对劳动时间和休息的规定，保证员工每日 8 小时、每周不超过 40 小时的工时制，依法安排加班，保证员工有足够的休息时间，包括合适的工间休息。提供合适和足够的劳动防护用品，如高强度工作鞋、安全帽、手套、工作服等，并督促作业人员使用和穿戴。

采用具有较高安全系数的作业设备、作业机械，作业工具应适合作业要求，作业场地应具有通风、照明、防滑、保暖等适合作业的条件。不进行冒险的仓库作业和不安全环境的作业，在大风、雨雪等气候条件影响作业时暂缓作业。避免作业人员带伤、带病作业。

3. 重视作业人员的资质管理和业务培训、安全教育

新参加仓库工作和转岗的员工，应先进行仓库作业安全教育，对所从事的作业进行安全和操作培训，确保熟练掌握岗位的安全作业技能和规范。从事特种作业的员工须经过专门培训并取得特种作业资格证书，方可进行作业，且仅能从事其资格证书限定的作业项目操作，不能混岗作业。

安全作业宣传和教育是仓库的长期性工作，作业安全检查是仓库安全管理的日常工作。通过不断地宣传，严格地检查，对违章和无视安全的行为给予严厉的惩罚，强化作业人员的安全责任意识。

4. 仓库安全监控电子化

计算机技术和电子技术的发展促进了仓库安全管理的科学化和现代化，仓库安全管理必将突破传统的经验管理模式，增加安全管理的科技含量，依靠科技手段，推广应用仓库安全监控技术，提高仓库安全水平。

任务准备 3：仓库安全作业的基本要求包括哪两方面

从作业人员、作业机械设备和储存货物免受损害的角度分析，仓库安全作业的基本要求就是按照规范操作，注意安全防护。具体来说，对仓库安全作业的要求因操作方式的不同而有所不同，一般是按照人力作业和机械作业这两种常规的仓库作业方式，对仓库安全作业的相关要求进行细化。

仓库安全作业的基本要求包括人力作业和机械作业两方面内容。

任务执行

步骤 1：学生以项目团队为单位，对现代物流中心仓库进行安全的人力作业

由于人力作业方式受到作业人员的身体素质、精神状况和感知能力、应急能力等多种因素的影响，因此须做好作业人员的安全作业管理工作，具体要求如下。

（1）人力作业仅限制在轻负荷的作业：男性员工搬举货物每件不超过 80 kg，距离不大于 60 cm；集体搬运时每个人负荷不超过 40 kg；女性员工搬运负荷不超过 25 kg。

（2）尽可能采用人力机械作业：人力机械承重也应在限定的范围，如人力绞车、滑车、拖车、手推车等负荷不超过 500 kg。

（3）只在适合作业的安全环境内进行作业：作业前应使作业人员清楚作业要求，让作业人员了解作业环境，并指明危险因素和危险位置。

（4）做好作业人员的安全防护作业：作业人员要根据作业环境和接触的货物性质，穿戴相应的安全防护用具，携带相应的作业工具，按照规定的作业方法进行作业。不得进行自然滑动、滚动、推倒垛、挖角、挖井、超高等不安全作业。人员应在滚动货物的侧面作业；在机械移动作业时，人员需避开。

（5）合理安排作息时间：为保证作业人员的体力和精力，每作业一段时间应做适当的休息，例如，每作业 2 小时至少有 10 分钟休息时间；每 4 小时有 1 小时休息时间；还要合理安排吃饭、喝水等生理活动的时间。

（6）有专人在现场指挥和安全指导：严格按照安全规范进行现场指挥，指导作业人员避开不稳定货垛的正面，可能塌陷、散落的位置，正在运作设备的下方等不安全位置作业。在作业设备调试时应暂停作业，适当避让；发现存在安全隐患时，应及时停止作业，消除隐患后方可恢复作业。

步骤 2：学生以项目团队为单位，对现代物流中心仓库进行安全的机械作业

要注意机械本身状况及可能对货物造成的损害，机械作业的具体安全要求如下。

（1）使用合适的机械、设备进行作业：尽可能采用专用设备或使用专用工具工作。使用设备时，必须满足作业需要，并进行必要的防护，如货物绑扎、限位等。

（2）所使用的设备具有良好的状况：设备不得带“病”作业，特别是设备的承重机件，不得有损坏，应符合使用的要求。应在设备的许可负荷范围内作业，绝不超负荷运行。危险品作业时还需降低 25% 的负荷作业。

（3）设备作业要有专业人员进行指挥：操作人员应采用规定的指挥信号，按作业规范进行作业指挥。

（4）汽车装卸时，注意保持安全间距：汽车与堆物距离不得小于 2 m，与滚动货物距离不得小于 3 m。多辆汽车同时进行装卸时，直线停放的前后车距不得小于 2 m，并排停放的两车侧板距离不得小于 1.5 m。汽车装载应固定妥当、绑扎牢固。

（5）移动吊车在停车稳定后方可作业：叉车不得直接叉运压力容器和未包装货物。移动设备在载货时需控制行驶速度，不可高速行驶。货物不能超出车辆两侧 0.2 m，禁止两

车共载一物。

（6）载货移动设备上不得载人运行：除了连续运转设备（如自动输送线）外，其他设备需停放稳定后方可作业，不得在运行中作业。

任务评价

在完成上述任务后，教师组织进行三方评价。全班举手投票，选出本任务的“最佳团队”，并完成如表4–18所示“仓库安全与防护”任务评价表的填写。

表4–18 “仓库安全与防护”任务评价表

项目组		成员				
评价标准	评价项目	分值（分）	自我评价（20%）	他组评价（30%）	教师评价（50%）	合计（100%）
	仓库进行安全的人力作业情况	25				
	仓库进行安全的机械作业情况	25				
	团队讨论分析、发言情况	30				
	团队分工、合作情况	20				
合计		100				

任务巩固

一、单项选择题

1.（　　）库存是为了预防随机因素造成的缺货而设置的保障性库存量。

A. 最高库存　　B. 最低库存　　C. 安全库存　　D. 有效库存

2. 商品养护的基本任务就是对库存商品根据库存量多少、发生质量变化速度、危害程度、季节变化，按轻重缓急分别研究制订相应的技术措施，使货物（　　）不变，以求最大限度地避免和减少商品损失，降低保管损耗。

A. 数量　　B. 质量　　C. 重量　　D. 总量

3. 由于各种商品的（　　）有别，对其所需的存储场所和条件就有不同的要求，安排不适当就会使商品受损、变质，甚至报废。

A. 形状　　B. 数量　　C. 性能　　D. 重量

4. 设备作业要有专业人员进行指挥，操作人员应采用规定的（　　），按作业规范进行现场指挥。

A. 指挥信号　　B. 指挥动作　　C. 指挥口令　　D. 指挥旗帜

二、多项选择题

1. 盘点是指在规定的时间内，仓库保管员对其所保管（　　）进行的相关查验工作。

A. 货物　　B. 现金　　C. 设备　　D. 账目

2. 在实际操作中，常见的盘点方式有（　　）。

A. 日常盘点　　B. 月度盘点　　C. 季度盘点　　D. 年度盘点

3. 库存 ABC 分类管理法就是将库存物品按照（　　）的多少分为特别重要的库存（A 类）、一般重要的库存（B 类）、不重要的库存（C 类）三个等级，然后针对不同等级分别进行管理和控制。

A. 数量　　B. 品种　　C. 占用资金　　D. 重量

4. 商品养护是指商品在存储过程中所进行的（　　）。

A. 包装　　B. 保护　　C. 保养　　D. 维护

5. 仓库作业包括运输工具（　　）等操作过程。

A. 装卸货品　　B. 出入库搬运　　C. 堆垛上架　　D. 拆垛取货

6. 仓库安全作业管理要从（　　）方面进行管理，一方面要消除安全隐患、减小不安全的系统风险，另一方面要提高作业人员的安全责任心和安全防范意识。

A. 设备场所　　B. 设备种类　　C. 作业任务　　D. 作业人员

思政课堂

课后习题

项目五

出库作业

本项目我们将“出库作业”细分为 3 个任务，分别是任务一　出库操作；任务二　退货处理；任务三　转库调拨处理。

任务一　出库操作

任务展示

学生以项目团队为单位，对现代物流中心仓库进行出库作业，并分析讨论在出库作业过程中遇到的问题，提出相应的对策或建议。

任务准备

任务准备 1：出库作业的规则是什么

（1）托盘货架区出库时，相同名称的货品应根据出库要求确定出库顺序，电子拣选区出库货品无须按此规则出库。

（2）电子拣选区出库时，应根据要求确定是否进行补货作业。

（3）所有货品在完成出库后，其库存量需要满足补货点的要求。

任务准备 2：熟悉出库作业的一般流程

（1）处理出库订单。

（2）托盘货架区出库作业：整托、散托。

（3）电子拣选区出库作业。

（4）出库交接。

货物出库流程

任务执行

分任务一　整托出库作业

1. 计算机操作部分

步骤 1：订单录入

信息员登录系统成功后，进入现代物流综合作业系统页面，如图 5-1 所示，单击“出库订单”按钮，进入出库订单页面，如图 5-2 所示。

图 5-1　现代物流综合作业系统页面

图 5-2　出库订单页面

单击“新增”按钮，进入订单录入页面，如图 5-3 所示。

输入正确的订单信息、订单出库信息、订单货品信息等，确认无误后，单击“保存订单”按钮。

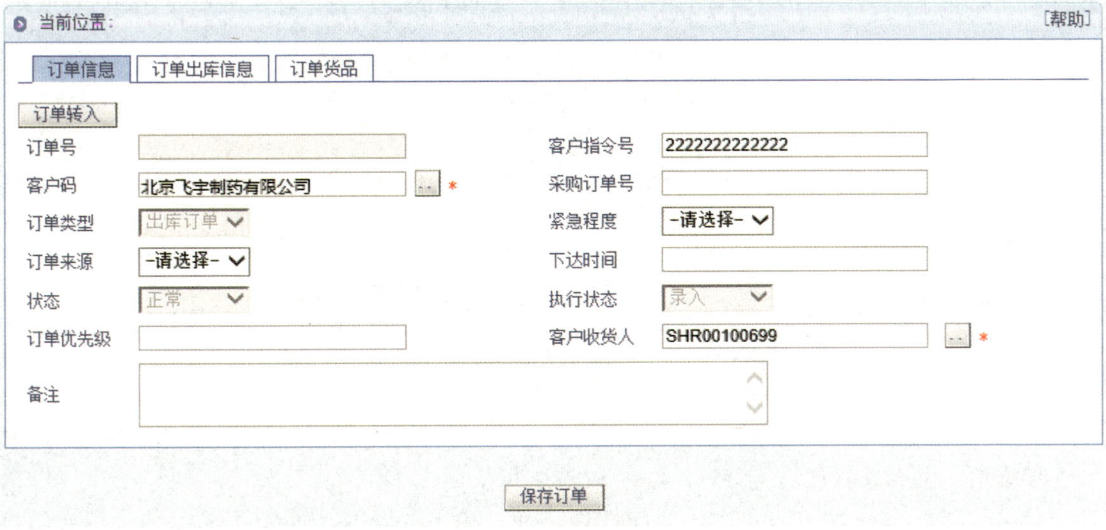

图 5-3　订单录入页面

步骤 2：生成作业计划

选中要操作的记录，单击“生成作业计划”按钮，页面如图 5-4 所示。信息核对无误后，单击“确认生成”按钮下达作业指令，页面如图 5-5 所示。

图 5-4　生成作业计划页面

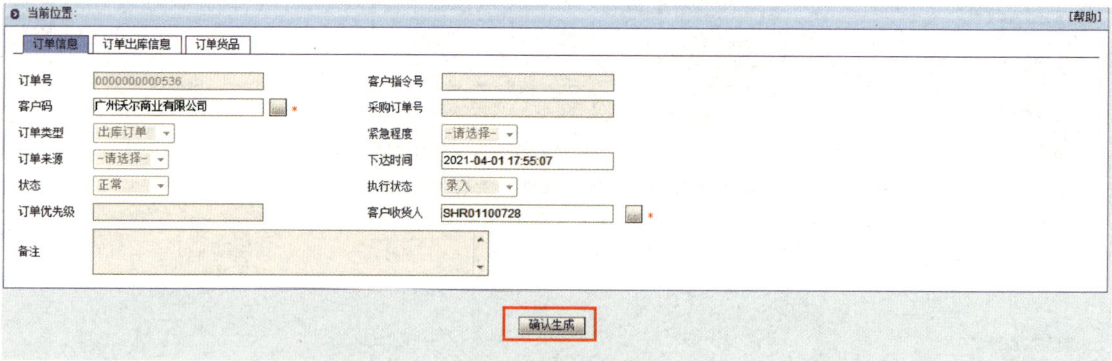

图 5–5　确认生成页面

步骤 3：出库单打印

单击“查看最新”按钮，进入功能选择页面，单击如图 5–1 所示页面中的“出库单打印”按钮进入如图 5–6 所示页面。

图 5–6　出库单打印页面

选择打印功能，单击“打印”按钮，进入打印订单页面，如图 5–7 所示。

单击如图 5-7 所示页面中的“打印”按钮，完成打印。

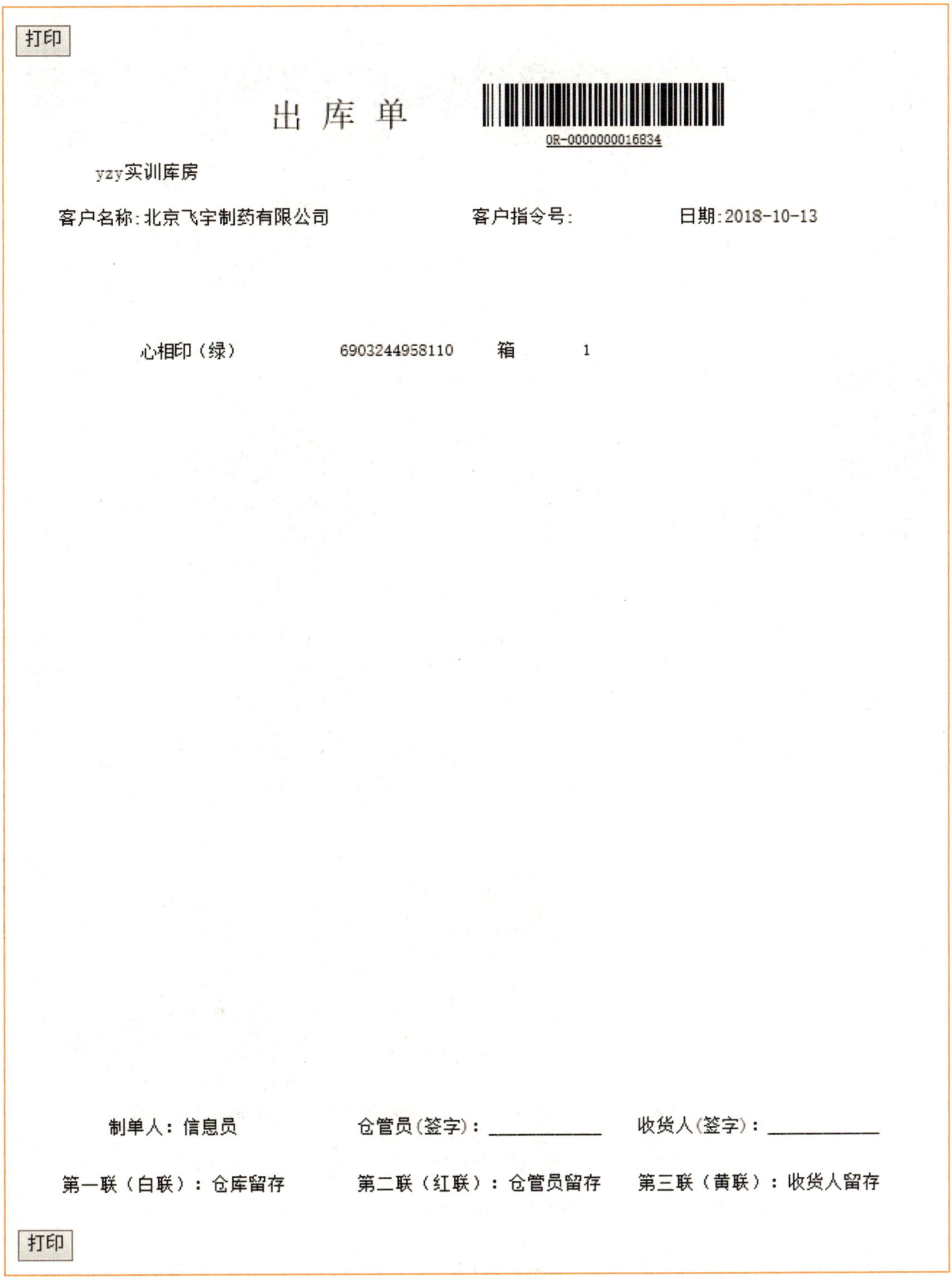

打印

出 库 单

OR-0000000016834

yzy实训库房

客户名称:北京飞宇制药有限公司　　客户指令号:　　日期:2018-10-13

心相印（绿）	6903244958110	箱	1

制单人：信息员　　仓管员(签字)：__________　　收货人(签字)：__________

第一联（白联）：仓库留存　　第二联（红联）：仓管员留存　　第三联（黄联）：收货人留存

打印

图 5-7　打印订单页面

步骤 4：新增拣选单

单击如图 5-1 所示页面中的“拣选单”按钮，进入拣选单信息列表页面，如图 5-8 所示。

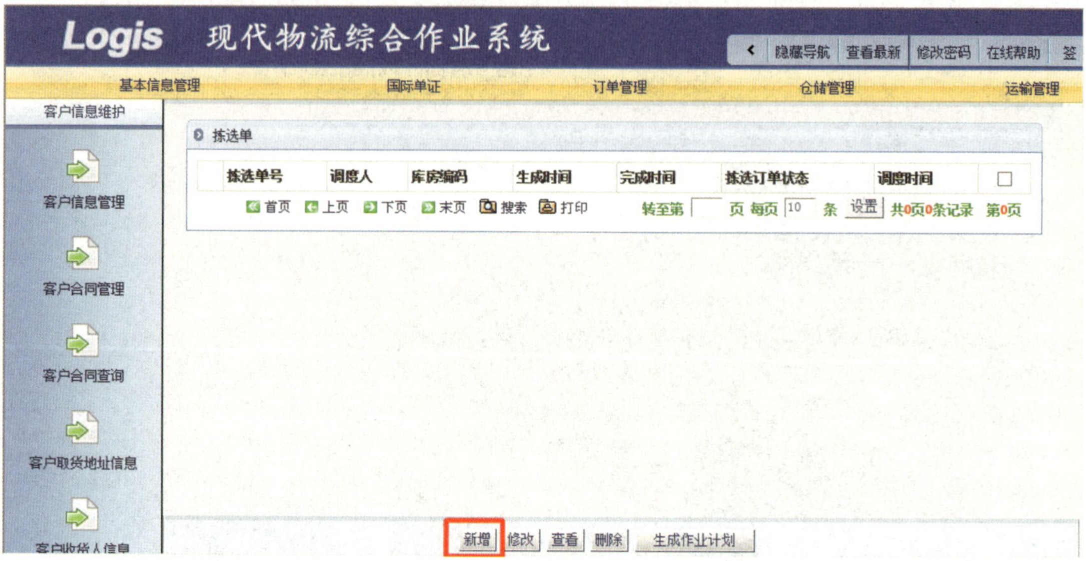

图 5-8　拣选单信息列表页面

在如图 5-8 所示页面单击“新增”按钮进入拣选单新增页面，如图 5-9 所示，选择库房后，待调度订单列表会显示已生成作业计划的出库单，勾选后单击“加入调度”按钮。

在拣货调度页面中进行拣货调度，如图 5-10 所示。

单击待拣货结果列表某条记录右侧的“库存”按钮，会在库存列表中显示该货物的库存信息，单击该条库存信息，填写数量，单击“拣货调度”按钮。

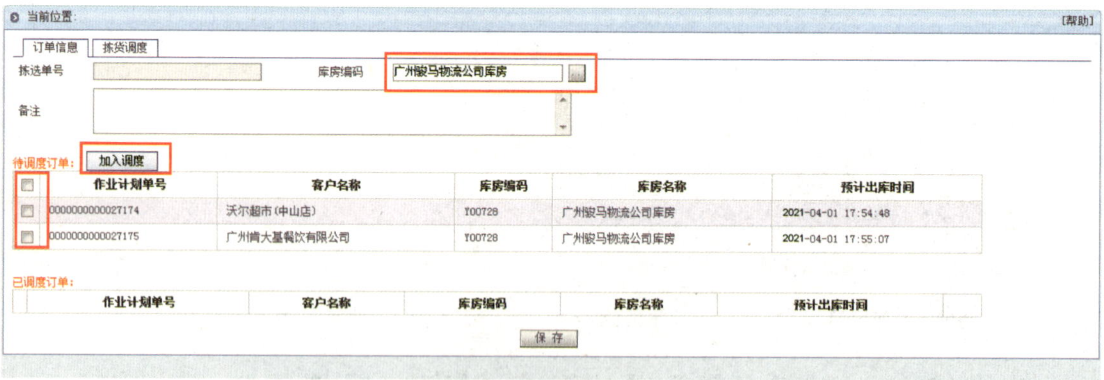

图 5-9　拣选单新增页面

拣货调度完毕会在已拣货结果列表显示已拣货信息，单击“保存”按钮即可。拣选单新增完毕后，勾选新增的拣选单，单击“生成作业计划”按钮，生成新增的拣选单如图 5-11 所示。

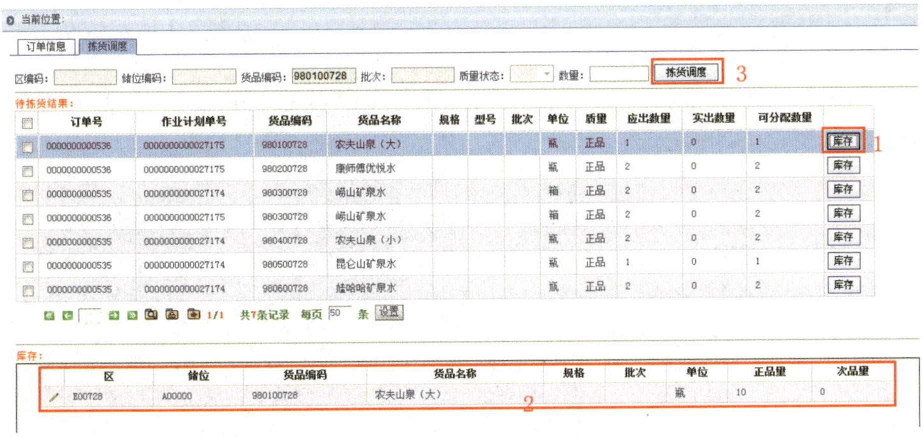

图 5–10　拣货调度页面

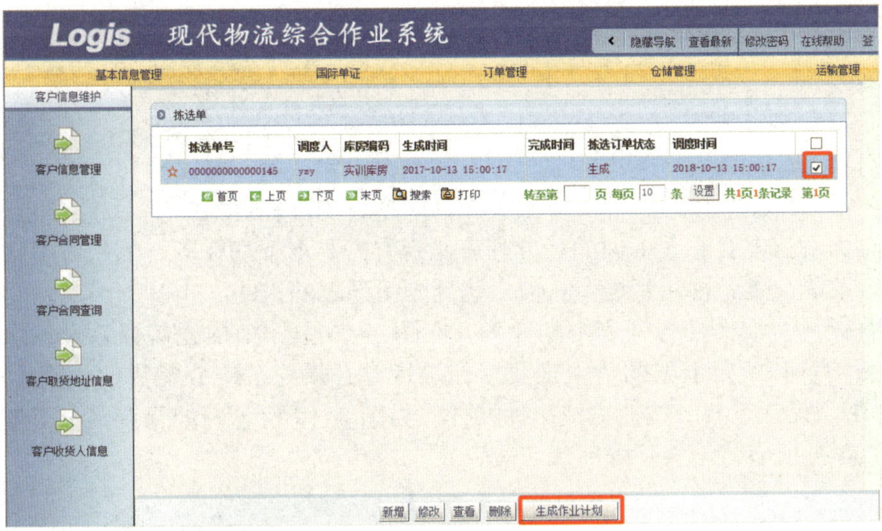

图 5–11　生成新增的拣选单

2. 手持操作部分

作业人员使用和信息员相同的账号登录成功后进入如图 5–12 所示仓储作业系统页面。单击“补货 / 出库作业”按钮，进入如图 5–13 所示补货 / 出货作业页面。

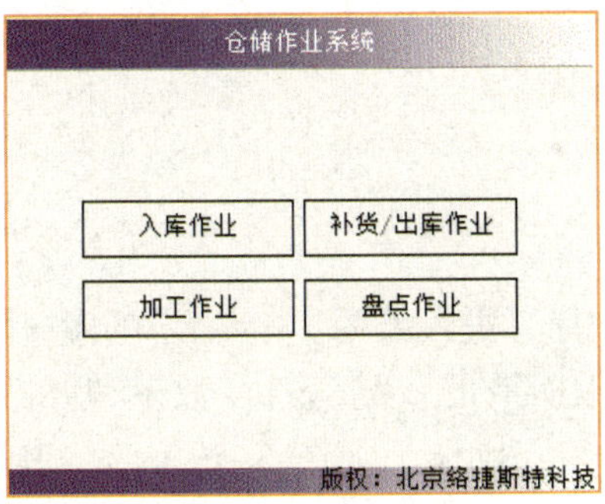

图 5–12　仓储作业系统页面

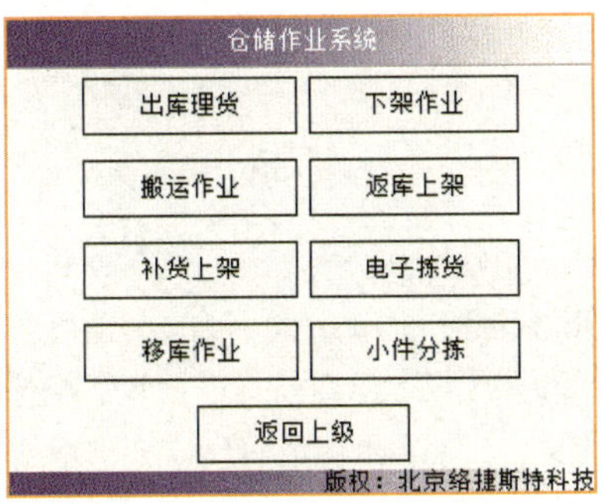

图 5–13　补货 / 出货作业页面

步骤 1：出库理货

单击“出库理货”进入出库理货页面，如图 5-14 所示。

单击“开始”按钮，启动作业。单击“开始”后，按钮会变成“完成”，这表示作业已经启动，页面如图 5-15 所示。

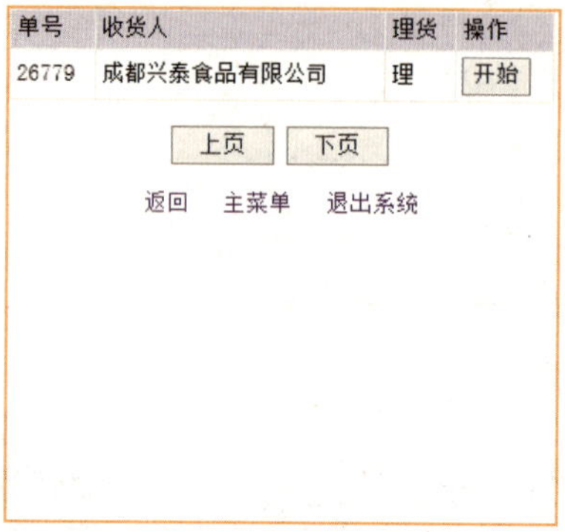

图 5-14　出库理货页面

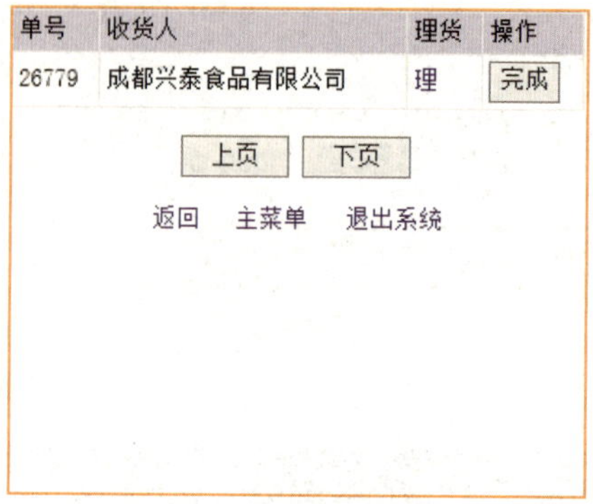

图 5-15　作业已经启动页面

步骤 2：出库下架

单击“下架作业”按钮，进入下架页面，如图 5-16 所示。

进入页面后首先要查看下面的任务列表是否有需要下架的任务，如果没有任务，需要返回到上级菜单，然后再回到这个页面，达到刷新列表的目的。

如果有任务，根据任务列表中的任务，在图 5-16 中，扫描托盘标签号，系统会自动显示出货品信息和所要上架的货位信息。扫描货位必须与系统分配货位相同（见图 5-17 红字），单击“确认下架”按钮完成出库操作，如图 5-17 所示。如果有多个下架任务，循环操作，直至把所有待下架任务完成。

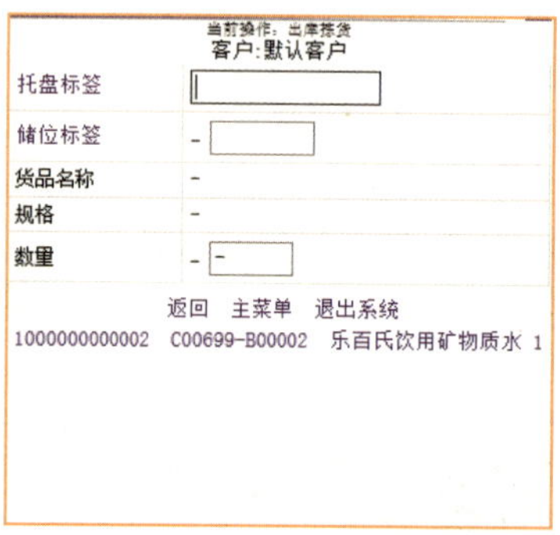

图 5-16　下架页面

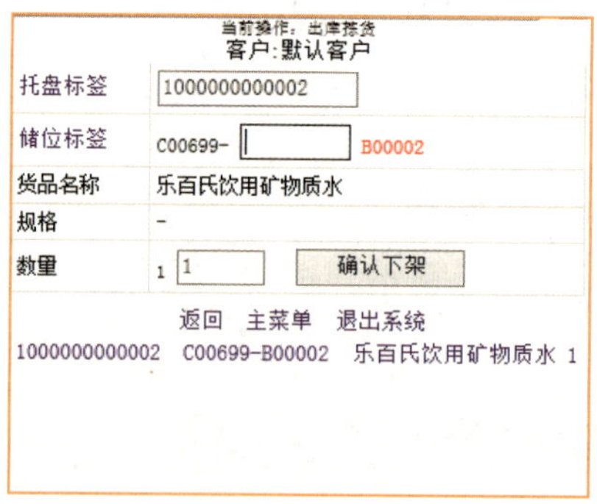

图 5-17　单击“确认下架”按钮，完成出库操作

步骤 3：搬运作业

回到如图 5-13 所示页面，单击“搬运作业”按钮，进入如图 5-18 所示的搬送作业页面。

扫描托盘标签号，系统会自动显示出该托盘上所放的货品信息、数量和要搬运到的地点。搬运完毕后，单击“确认搬运”按钮，完成搬运操作，如图 5-19 所示。如果有多个搬运任务，循环操作，直至把所有待搬运任务完成。

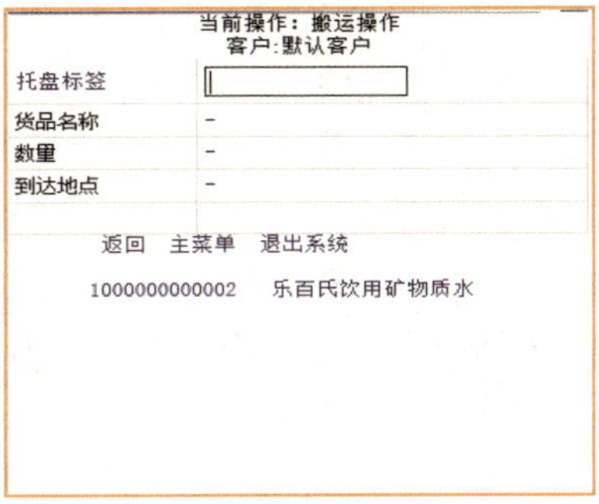

图 5-18　搬运作业页面

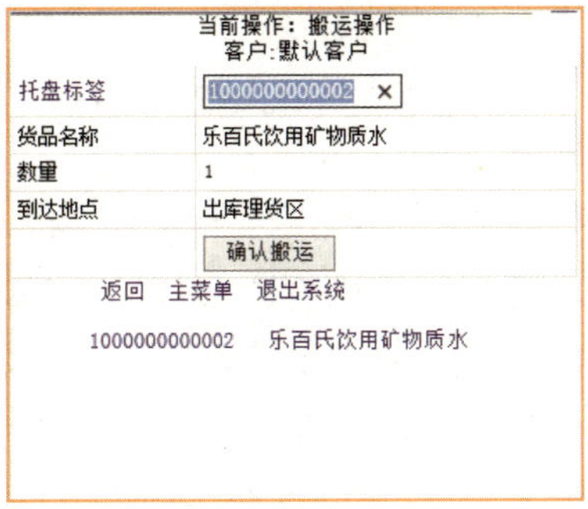

图 5-19　单击“确认搬运”按钮，完成搬运操作

步骤 4：出库理货

回到如图 5-13 所示页面，单击“出库理货”按钮，进入如图 5-20 所示的出库理货页面。

单击托盘标签号，系统会自动显示该托盘的信息。单击“保存结果”按钮，完成该托盘的理货结果，如图 5-21 所示。如果有多条记录，循环操作，直至所有需要理货的任务完成。

单击“返回”按钮，回到出库理货任务列表页面，如图 5-15 所示，单击“完成”按钮，结束这条单据的作业任务，出库作业完成。

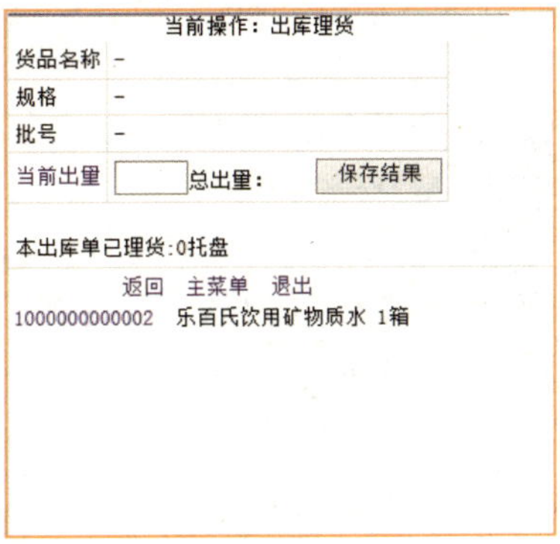

图 5-20　出库理货页面

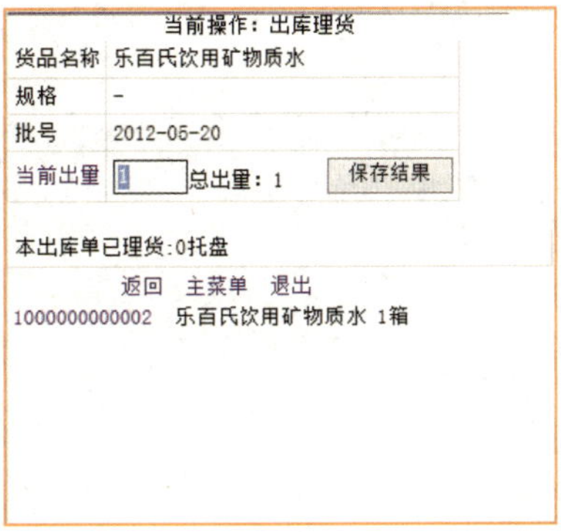

图 5-21　单击“保存结果”按钮，完成该托盘的理货结果

分任务二　散托出库作业

散托出库作业是指从托盘货架出库的操作，出库不是出整托货品，而是一托盘货品中的部分货品，剩余货品需要返回到托盘货架。与整托出库作业的区别只是多了返库搬运和返库上架操作。

操作步骤：

计算机操作：录入出库订单→生成作业计划→出库单打印→新增拣选单

手持操作：出库理货开始→下架作业→搬运作业→搬运作业→返库上架作业→进行理货→出库理货完成

在第一个“搬运作业”前，散托出库与整托出库是完全相同的，在这里就略过了。

从搬运作业开始介绍，步骤如下。

步骤 1：搬运作业

该托盘货品从托盘货架下架后，单击“搬运作业”按钮，进行出库搬运操作，如图 5–22 所示。

扫描托盘标签号，系统会自动显示出相应的信息，如图 5–23 所示。单击“确认搬运”按钮，完成从托盘货架交界区到出库理货区的搬运过程。这时候如果是散托出库，这条信息的后面会多两个字“返库”，散托出库的显示信息如图 5–24 所示。这说明是散托出库的货品，剩余的货品连同这个托盘还要返回到托盘货架区。

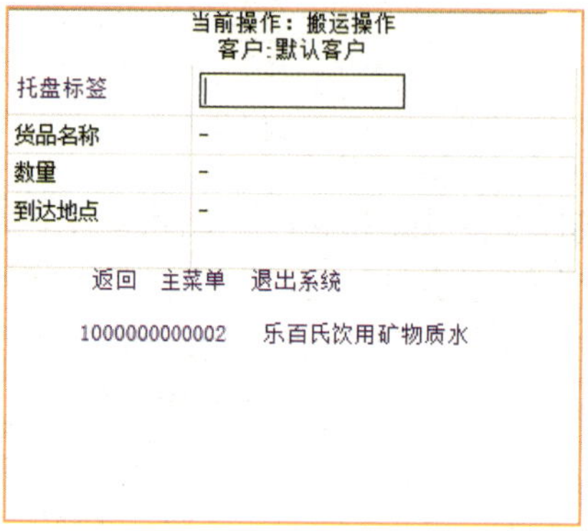

图 5–22 出库搬运操作页面

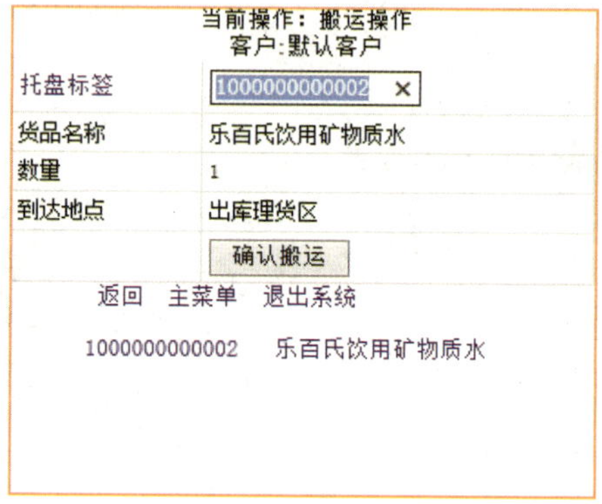

图 5–23 系统显示信息

再次扫描托盘标签号，系统会自动显示该托盘货品信息、需要返库的数量和搬运地点的信息，单击“确认搬运”按钮，完成返库搬运操作，如图 5–25 所示。

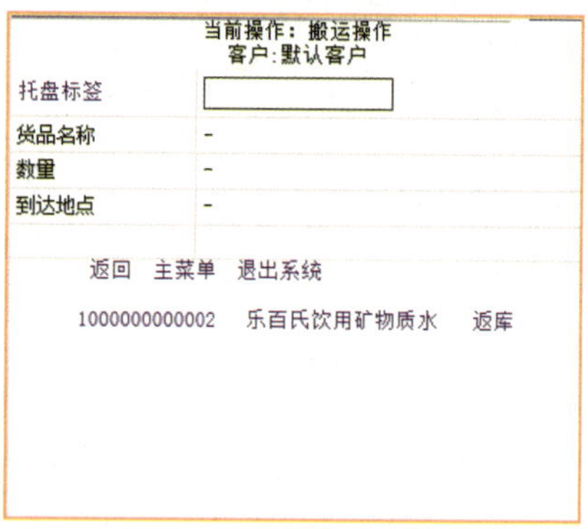

图 5–24 散托出库的显示信息

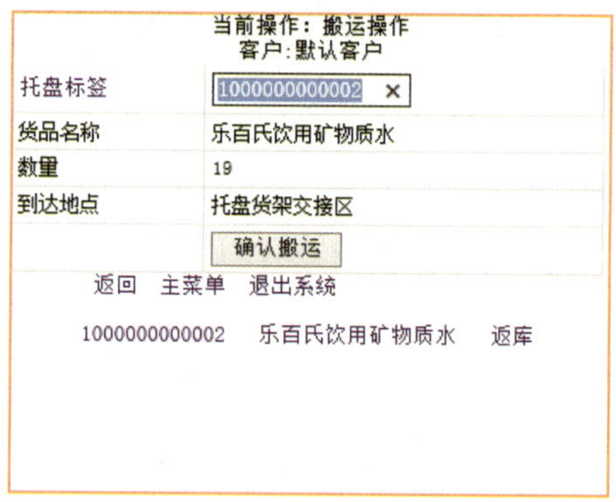

图 5–25 单击“确认搬运”按钮，完成返货搬运操作

步骤 2：返库上架作业

叉车司机单击“返库上架作业”按钮，进入返库上架页面，如图 5–26 所示。

扫描需要返库上架的托盘标签号，系统自动显示出需要返库上架的货品的信息及需要上架的货位。扫描系统分配货位，单击“确认返库”按钮，完成上架操作，如图 5–27 所示。

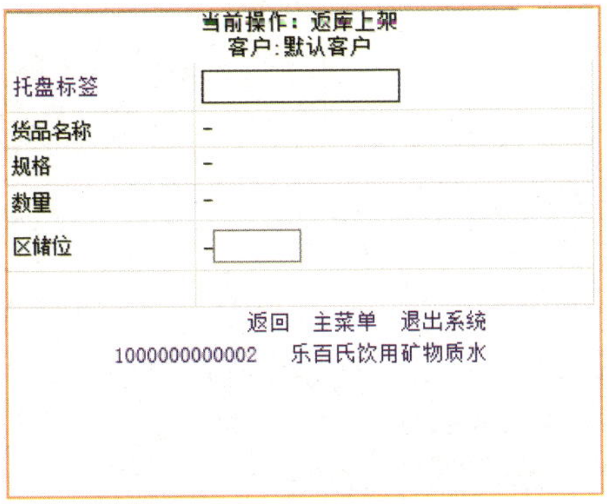

图 5-26 返库上架页面

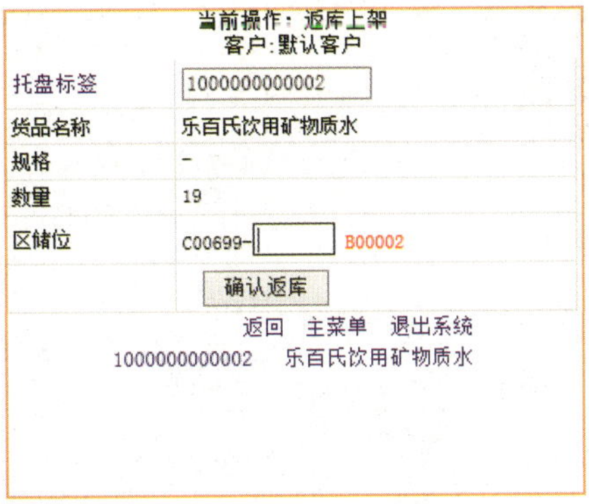

图 5-27 单击“确认返库”按钮，完成上架操作

如果有多个托盘，重复上面的操作，直至所有待返库上架的托盘全部返库上架完成。出库理货和整托出库理货操作相同。

分任务三 电子拣货作业

注意：电子拣选与其他作业在操作上是有区别的，需要与硬件设备关联。在做电子拣选操作前，请确认电子标签（硬件）已经调试成功，相应的硬件接口也已经安装完毕。桌面上的电子标签监控程序已经开启，并已经单击“开始监控”按钮，电子标签作业控制系统页面如图 5–28 所示。

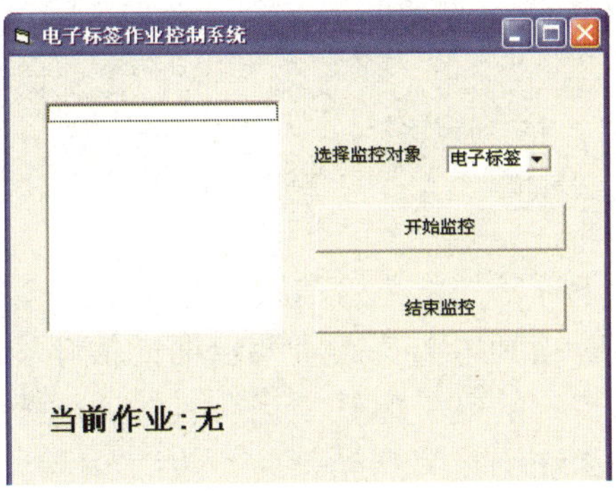

图 5–28 电子标签作业控制系统页面

操作流程如下。

步骤 1：订单录入

信息员录入出库订单，但这次选择拣选货品信息一定要选择小包装单位的货品，因为在系统中只有小包装单位的货品才存储在电子货架区。

步骤 2：生成作业计划

选中录入的订单，单击生成作业计划，下达作业指令。

步骤 3：出库单打印

出库单打印和整托出库打印方法相同。

步骤 4：新增拣选单

步骤 5：手持操作

进入补货 / 出库作业操作菜单页面，如图 5–29 所示。

单击“出库理货”按钮，进入出库理货页面，如图 5–30 所示，单击“开始”按钮。

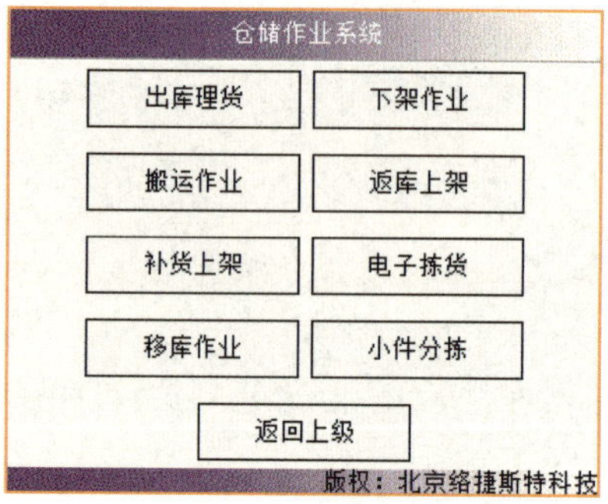

图 5–29　补货 / 出库作业操作菜单页面

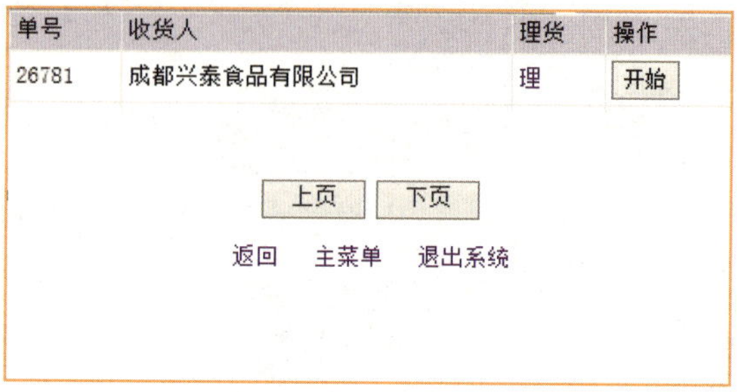

图 5–30　出库理货页面

单击图 5–29 中的“电子拣货”按钮，进入如图 5–31 所示的电子拣货页面，扫描订单条码、周转箱条码后单击“确认”按钮。

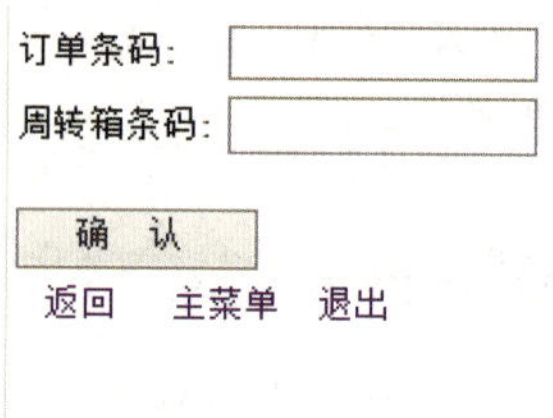

图 5–31　电子拣货页面

在正常情况下，此时电子标签的指示灯将被点亮，上面会显示相应货品的出库数量。

此时，作业人员拿着周转箱到电子拣选货架根据指示灯显示的数量进行拣货操作。拣选完一种货品后，用手拍灭相应的电子标签。当所有的拣选任务完毕后，订单结束器上的绿灯会闪烁，同时伴有蜂鸣声。将结束器拍灭后，此订单的拣选任务完成。回到出库理货页面，在任务列表中单击“完成”按钮，电子拣货操作完成。

分任务四　销账和资料存档出库交接

出库验收时，仓管员在出库单的发货联上填写备注，然后在规定位置签字，无须口头汇报直接将送货联交接货人员，其他联留存。

任务评价

在完成上述任务后，教师组织进行三方评价。全班举手投票，选出本任务的“最佳团队”，并完成如表 5-1 所示“出库操作”任务评价表的填写。

表 5-1　“出库操作”任务评价表

项目组		成　员				
评价标准	评价项目	分值（分）	自我评价（20%）	他组评价（30%）	教师评价（50%）	合计（100%）
	拣货	20				
	备好货物	30				
	出库货物交接	30				
	销账和资料存档	20				
合　计		100				

任务二 退货处理

任务展示

学生以项目团队为单位，对现代物流中心仓库进行退货处理作业；并分析讨论在退货处理过程中遇到的问题，提出相应的对策或建议。

任务准备

任务准备 1：什么是退货处理作业

退货处理作业属于逆向物流的一部分，它是将客户退货品返回配送中心，并在配送中心进行一系列处理的过程。客户退回的货品返回配送中心后，经过退货收货员验收、退货理货员整理和分类，不符合退货条件的货品返回客户、符合退货条件的良品由仓管员进行入库上架、符合退回供应商条件的退货由退货部退回供应商。

任务准备 2：退货处理作业的重要性是什么

退货处理作业在仓储活动中占有重要地位。从内容上讲，退货处理作业是配送作业的后续工作。在物流活动中，退货处理会大幅增加成本、减少企业利润，因此应尽可能地避免退货的产生。

任务准备 3：退货处理作业中要用到哪些设备

退货处理作业涉及的设备包括验收设备如 RF 手持终端、搬运设备如手推车、包装设备如物流箱等。

任务执行

分任务一：良品退货处理

步骤 1：确认退货良品

用 RF 手持终端扫描退货品，核对条码、名称、数量等信息是否一致，如果一致就确认一下回单；如果不一致就交给送货员进行差异处理，然后再确认回单。

步骤 2：审核退货良品

审核退货良品是否符合上架条件，如果符合就用 RF 手持终端扫描良品条码进行良品入库上架作业；如果退货良品不符合上架条件，就交给退货整理员进行差异处理，符合上架条件后，再进行良品入库上架作业。

分任务二：不良品退货处理

步骤 1：确认退货不良品

用 RF 手持终端扫描退货品，核对条码、名称、数量等信息是否一致，如果一致就确认一下回单；如果不一致就交给送货员进行差异处理。

步骤 2：审核退货不良品

供应商审核退货是否符合退货要求，如果符合退货要求就签字确认退货；如果不符合，就将货品交给退货部进行差异处理，然后再进行签字确认退货。

分任务三：拒收货品

步骤 1：确认拒收货品

用 RF 手持终端扫描退货品，核对条码、名称、数量等信息是否一致，如果一致就确认一下回单；如果不一致就交给送货员进行差异处理。

步骤 2：退货给客户

将确认拒收的货品，退货给客户。

任务评价

在完成上述任务后，教师组织进行三方评价。全班举手投票，选出本任务的“最佳团队”，并完成如表 5-2 所示“退货处理”任务评价表的填写。

表 5-2　“退货处理”任务评价表

<table>
<tr><td>项 目 组</td><td></td><td>成　员</td><td colspan="4"></td></tr>
<tr><td rowspan="5">评价标准</td><td>评 价 项 目</td><td>分值（分）</td><td>自我评价（20%）</td><td>他组评价（30%）</td><td>教师评价（50%）</td><td>合计（100%）</td></tr>
<tr><td>良品入库</td><td>25</td><td></td><td></td><td></td><td></td></tr>
<tr><td>不良品退货</td><td>25</td><td></td><td></td><td></td><td></td></tr>
<tr><td>拒收货品</td><td>20</td><td></td><td></td><td></td><td></td></tr>
<tr><td>团队分工、合作情况</td><td>30</td><td></td><td></td><td></td><td></td></tr>
<tr><td colspan="2">合　计</td><td>100</td><td></td><td></td><td></td><td></td></tr>
</table>

任务三 转库调拨处理

任务展示

学生以项目团队为单位，对现代物流中心仓库进行转库调拨处理作业；并分析讨论在出库作业过程中遇到的问题，提出相应的对策或建议。

任务准备

任务准备 1：什么是转库调拨处理作业

转库调拨是由多个仓库之间，将库存从一个仓库调拨到另一个仓库的过程。调拨的需求从根本上说，是为了平衡库存供给和消耗。

任务准备 2：转库调拨处理作业与移库作业有什么不同

移库作业是在同一个仓库内库位间货物的调动，而转库调拨则是仓库与仓库间的货物调动。

任务执行

步骤 1：制作调拨单凭证

调出单位输入欲调拨的料件品号、数量、仓别、用料部门等数据并打印调拨单凭证，调入单位负责签核领料。

步骤 2：核准调拨单

调入单位主管审查是否核准此调拨单。如未核准，需重新修正调拨数据或作废此单据。

步骤 3：审查调拨单

调拨数据应由物料管理单位审查，如果审查为不可以移转仓库的料件，则需重新修正调拨数据或作废此单据。

步骤 4：调拨备料出库

调拨资料确定核准后，调出仓别备料出库人员交由调入单位的人员签字确认。

步骤 5：调拨单确认

调拨完成后，单据交仓库账务人员保存，并确认审核过账。

步骤 6：调拨单凭证存查

常用的调拨单凭证共五联，分别是白联公司存查、红联财务部门存查、黄联仓库管理部门存查、绿联 PMC（Production Material Control，生产及物料控制）部门存查、蓝联调入部门存查。

任务评价

在完成上述任务后，教师组织进行三方评价。全班举手投票，选出本任务的“最佳团队”，并完成如表 5-3 所示“转库调拨处理”任务评价表的填写。

表 5-3 “转库调拨处理”任务评价表

项目组		成员				
评价标准	评价项目	分值（分）	自我评价（20%）	他组评价（30%）	教师评价（50%）	合计（100%）
	制作调拨单凭证	20				
	核准调拨单	15				
	审查调拨单	15				
	调拨备料出库	15				
	调拨单确认	15				
	调拨单凭证存查	20				
合计		100				

任务巩固

一、单项选择题

1. 对于（　　）出库货品不需要把货品从托盘上搬下，其他出库需要把货品从托盘上搬下。

A. 整车　　B. 整托　　C. 整箱　　D. 整盒

2. 转库调拨是由多个仓库之间，将（　　）从一个仓库调拨到另一个仓库的过程。

A. 设备　　B. 人员　　C. 资金　　D 库存

二、多项选择题

1. 出库作业包括（　　）。

A. 处理出库订单　　B. 托盘货架区出库作业：整托、非整托

C. 电子拣选区出库作业　　D. 出库交接

2. 退货处理作业涉及的设备包括（　　）。

A. 打印机　　B. RF 手持终端　　C. 手推车　　D. 物流箱

三、判断题

1. 电子拣选区出库时，相同名称的货品应根据出库要求决定出库顺序。（　　）

2. 手推车上的周转箱可以根据实际需要码放多层。（　　）

3. 退货处理作业属于逆向物流的一部分，符合退货条件的良品由仓库管理员进行入库上架。（　　）

4. 经销商审核退货是否符合退货要求，如果符合退货要求就签字确认退货。（　　）

5. 将确认拒收的货品，退货给客户。（　　）

6. 调出单位主管审查是否核准此调拨单。如未核准，需重新修正调拨数据或作废此单据。（　　）

思政课堂

课后习题

项目六

配送中心内部规划

本项目我们将“配送中心内部规划”细分为2个任务，分别是任务一　配送中心作业区域规划；任务二　配送中心作业设备选用。

任务一 配送中心作业区域规划

党的二十大报告强调:“推动货物贸易优化升级，创新服务贸易发展机制，发展数字贸易，加快建设贸易强国。合理缩减外资准入负面清单，依法保护外商投资权益，营造市场化、法治化、国际化一流营商环境。”在配送中心规划过程中要提高格局，尽可能优化配送中心设计，助力货物贸易优化升级。

任务展示

当一个新的配送中心的土建工程完毕后，管理者马上面对的问题就是：确定配送中心的平面分为哪些功能区域和这些区域的相对位置以及各区域的面积大小等，也就是我们常说的配送中心的平面布置所包含的内容。丽宏物流为烟台美达建设的配送中心作业区长 120 m、宽 100 m、高 8 m，预计每日装卸处理量 50 车左右。如果你是配送中心的经理，请你为该配送中心设计功能区。

任务准备

任务准备 1：配送中心布置需要考虑哪些因素

一般来说，进行配送中心的布置需要考虑的内容常见的有 E、I、Q、R、S、T、C 等，这些往往是穿插在各个阶段需要综合考虑的因素，配送中心布置的考虑因素如表 6–1 所示。

表 6–1 配送中心布置的考虑因素

序号	缩写	全称	含义
1	E	Entry	配送的对象和客户
2	I	Item	配送的商品种类
3	Q	Quantity	配送商品的数量、库存量
4	R	Route	配送的通路
5	S	Service	物流的服务
6	T	Time	物流的交货时间
7	C	Cost	物流成本

客户（E）：客户类型不同、数量不同，对出货的影响很大，例如客户是经销商 / 大卖场，则出货可能以整托盘或者整箱出货为主，如果是便利商店，则出货以单件为主，需要拆零后出货。

品项（I）：在不同的行业中品项数量、品项的大小体型都差别很大，品项的数量影响初期的规划，而品项的外形尺寸影响货架的设计和搬运工具等。

数量（Q）：存货的量是最重要的考虑因素之一，量的大小决定库容的大小，因为库存量常有波动，规划如果按照平均量来设定则需要考虑高峰期间外租仓库；如果按照高峰期数量规划则要考虑淡季期间仓库的闲置问题，另外规划还要考虑业务成长带来的库容需求成长问题。

通路（R）：配送通路的类型与配送出货的特性关系很大，需要理解配送出货通路的类型才能进行规划，目前通路的类型有很多。

服务（S）：物流中心希望以最低的成本达到客户的服务品质要求，但是服务品质需要物流中心投入的设备、人力等资源和制度相配套，随着客户对服务品质要求的提升，如紧急配送、夜间配送或者流通加工等，商品的缺货率影响到库存保有量，这些对规划都有影响。

时间（T）：时间为服务品质的一部分，但是因为客户尤其关注到货时间，也就是客户发订单后到收到配送的货品之间的时间间隔，根据客户的不同要求，从 24 小时～1 个星期不等，到货时间影响到配货的频次，如某些客户是每天配一次，某些可能是 2～3 天配一次货，这些都会对物流中心的设备配置和区域需求有影响。

成本（C）：配送中心的规划和建设需要资金的支持，运营过程也需要投入资源，这些都和成本密切相关，成本与服务品质存在正向的关联性，故成本需纳入考量。

客户（E）、品项（I）、数量（Q）常放在一起进行相互的交叉分析，如 EQ 分析、IQ 分析、EIQ 分析等，通过 EIQ 分析可以更全面地掌握货品的进出货特性，从而给规划提供重要的决策依据。

配送中心的平面布置也可以在建设之前就预先规划完毕，但是由于物流业务的多变性，也常常需要阶段性地对平面布置进行调整。

平面布置的优劣对于配送中心运作的效率和效益具有举足轻重的影响，通过合理的科学方法对平面进行布置是配送中心顺利投入运营的必要前提。

任务准备 2：基本作业区域规划

配送中心基本作业区域规划工作，首先要进行作业流程分析，然后确定各区域的作业功能，并在此基础上确定各区域的作业需求能力，从而确定各子区域的需求和能力。

配送中心基本作业区域分类如表 6–2 所示。

表 6–2 配送中心基本作业区域分类

一般性物流作业区域	厂房使用配合作业区域
货物作业区域	办公事务区域
换货补货作业区域	计算机作业区域
仓储管理作业区域	流通加工作业区域
劳务性质活动区域	物流配合作业区域
厂区相关活动区域	

根据作业性质分类，如果该作业直接为物流活动，则需进一步进行作业功能需求规划，再进行物流作业区域划分；如果该作业不是直接为物流活动，则进行周边作业区域分析。综合分析后做出作业能力和容量的规划。

作业区域功能与需求规划流程图如图 6–1 所示。

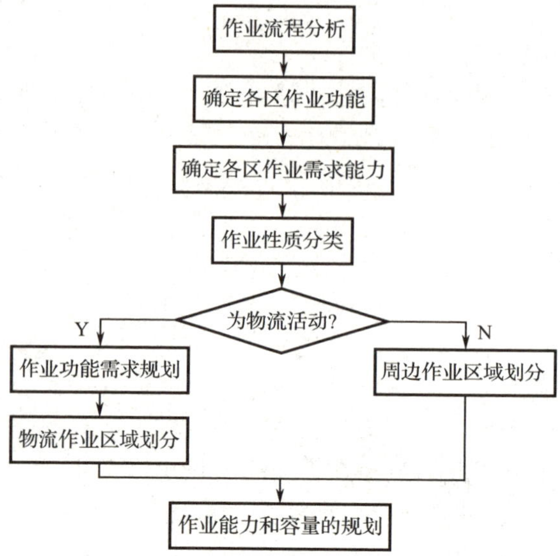

图 6-1　作业区域功能与需求规划流程图

任务准备 3：配送中心平面布置的要求

1. 要适应配送中心作业过程的要求

配送中心平面布置的物流流向，应该是单一的流向，配送中心单一流向图如图 6-2 所示。

图 6-2　配送中心单一流向图

配送中心作业过程的要求如下。

（1）最短的搬运距离。

（2）最少的装卸环节。

（3）最大的利用空间。

2. 有利于提高配送中心的经济效益

要因地制宜，充分考虑地形、地质的条件，利用现有资源和外部协作条件，根据设计规划和库存物品的性质更好地选择和配置设备，以便最大限度地发挥其功能。

3. 要有利于保证安全和职工的健康

配送中心建设应严格执行《建筑设计防火规范》的规定，留有一定的防护火间距，并有防火、防盗安全设施，作业环境的安全卫生标准要符合国家的有关规定，有利于职工的身体健康。

任务准备 4：配送中心作业区域布置的一般流程

配送中心作业区域布置的一般流程如图 6–3 所示。

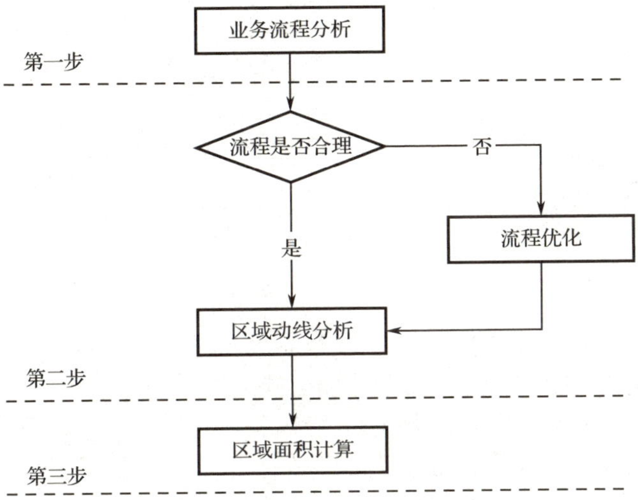

图 6–3 配送中心作业区域布置流程图

任务准备 5：物流相关性分析

（1）物流分析即对配送中心的物流路线和物流量进行分析，用物流强度和物流相关表来表示各功能区域之间的物流关系强弱，绘出物流相关图。

（2）物流流量分析则是汇总各项物流作业活动从某区域至另一区域的物料流量，作为分析各区域间物料流量大小的依据，若不同物流作业在各区域之间的物料搬运单位不同，则必须先转换为相同单位后，再合并计算其物流流量的总和。根据配送中心物流量分析表（见表 6–3），可得到各功能区域的物流相关表（见表 6–4）。

表 6–3 配送中心物流量分析表

至 从	进货	验收	分类	流通加工	仓储	分拣	配货	发货	合计
进货									
验收									
分类									
流通加工									
仓储									
分拣									
配货									
发货									
合计									

表 6–4　各功能区域的物流相关表

	进货区	理货区	分类区	加工区	保管区	特保区	拣选区	发货区
进货区								
理货区	A							
分类区	I	I						
加工区	U	O	U					
保管区	U	A	E	E				
特保区	U	O	I	O	U			
拣选区	U	U	B	C	B	O		
发货区	U	U	A	I	E	O	U	

注：A、E、I、O、U 为物流相关性，其中：A——超高、E——特高、I——较大、O——一般、U——可忽略。

各作业区域间的活动关系可以概括如下。

（1）程序性的关系：因物料流、信息流而建立的关系。

（2）组织上的关系：部门组织上形成的关系。

（3）功能上的关系：区域间因功能需要形成的关系。

（4）环境上的关系：因操作环境、安全考虑需保持的关系。

评定接近程度的参考因素包括人员往返接触的程度、使用共享设备与否、使用相同空间区域与否、物料搬运次数、配合业务流程的顺序、工作环境改善、提升工作效率及人员作业区域的分布等因素。确定各区域接近程度的等级后，以权重分数计算两区域间的重要相关程度。相关程度等级评定表如表 6–5 所示。

一般相关程度高的区域在布置时应尽量紧临或接近。在规划过程中应由规划设计者根据使用单位或企业经营者的意见，进行综合的分析和判断。

表 6–5　相关程度等级评定表

相关程度等级		A	E	I	O	U	X
接近程度说明		具有绝对重要性	特别重要	重要	一般接近程度	不重要	不可接近
评分比例等级	I	5	4	3	2	1	–1
	H	16	8	4	2	7	–32
接近程度评定的参考因素		1	2	3	4	5	6
		人员往返接触程度	文件往返频度	组织管理架构	使用共用设备	配合业务流程顺序	使用相同空间区域
		7	8	9	10	11	12
		进行类似性质活动	物料搬运次数	作业安全考虑	提升工作效率	工作环境的改善	人员作业区域分布

任务执行

步骤 1：进行业务流程分析，确定作业功能区域

在进行配送中心布置之前，首先要进行配送中心作业流程的分析，这是区域需求的来

源，也是区域规划的基础。新建配送中心可沿用目前的业务流程，但是如果当前的业务流程运作存在严重的效率问题或者其他问题，又或者在不远的将来会有新的仓储信息系统上线，则管理者需要将业务流程进行优化，以防在新的配送中心重复实施有问题的流程。配送中心一般需要具备如下功能区域：进货月台、入库暂存区、入库验收区、存储区、办公室（或信息区）、拣货分货区、流通加工区、出货暂存区、出货合流区、出货月台、返品处理区等，配送中心功能区域表如表 6–6 所示。

表 6–6 配送中心功能区域表

作业主流程	作业子流程	主要涉及区域
进货入库	预收货	进货月台
	卸货	入库暂存区
	验收	入库验收区
	入库上架	存储区
仓储与库存管理	盘点	存储区
	库存安全	存储区
订单处理	接单	办公室
	库存分配	办公室
补货和拣货	补货	拣货分货区
	拣选	拣货分货区
流通加工	包装	流通加工区
	标示	流通加工区
出货作业	复核	出货暂存区
	合流	出货合流区
	点货上车	出货月台
返品作业	返品处理	返品处理区

步骤 2：配送中心区域动线分析

在确定了配送中心需要哪些区域后，下一个工作就是确定这些区域分布的相对位置。由于区域的功能已确定，通过库内的动线规划就可以确定各区域大体的位置。动线优化遵循的基本原则是“不迂回、不交叉”。严格意义上的动线最优化，需要通过行走距离最小原则进行精细的计算，实际操作中往往根据货物整体的进出货特性选择合适的动线模式，常见区域动线一览表如表 6–7 所示。

表 6-7　常见区域动线一览表

动线类型	动线描述	动线特点
U 型动线	在仓库的一侧有相邻的两个发货和收货月台。如果有大量的产品一入库，马上就进行出库操作，可以考虑 U 型	1. 码头资源的最佳运用 2. 适合越库（Cross Docking）作业的进行 3. 使用统一通道供车辆出入 4. 存储区靠里布置，比较集中，易于控制和安全防范 5. 可以在建筑物三个方向进行空间扩张
I 型动线	出货和收货区在仓库的不同方向，一般不适用于自动化仓储系统	1. 可以应对进出货高峰同时发生的情况 2. 常用于接收相邻加工厂的货物，或用不同类型车辆来出货和发货
L 型动线	需要处理快速货物的仓库通常采用 L 型动线，L 型动线把货物出入库的途径缩至最短	1. 可以应对进出货高峰同时发生的情况 2. 适合越库作业的进行 3. 可同时处理“快流”和“慢流”的货物 4. L 型的出入库理货区同时占了仓库的长度和宽度，在设计时会感觉空间浪费比较严重
S 型动线	需要经过多步骤处理的货物一般用 S 型动线	1. 可以满足多种流通加工等处理工序的需要，且在宽度不足的仓库可作业 2. 可与 I 型动线结合使用

U 型、I 型、L 型、S 型四种动线的示意图分别如图 6-4 ～ 6-7 所示（图中红色代表进货动线；蓝色代表出货动线）。

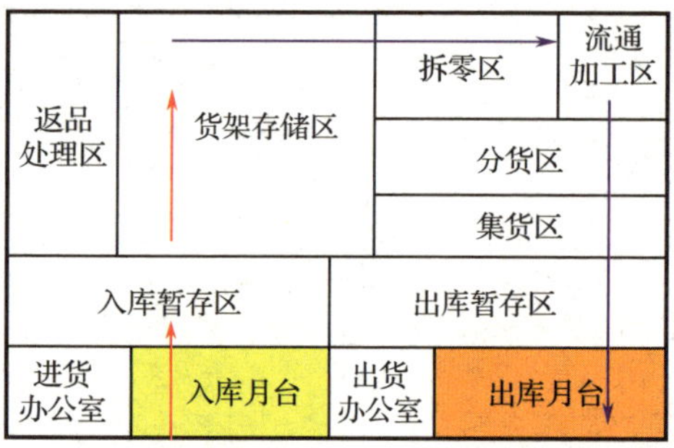

图 6-4　U 型动线

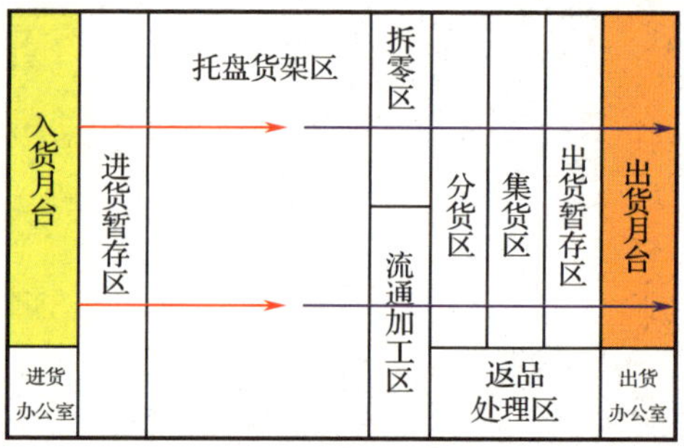

图 6-5　I 型动线

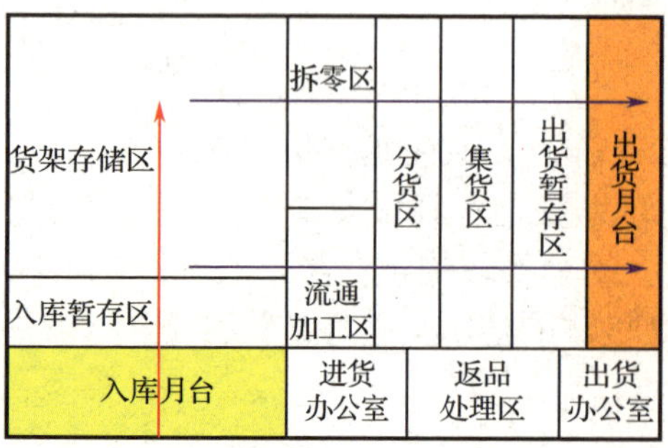

图 6-6　L 型动线

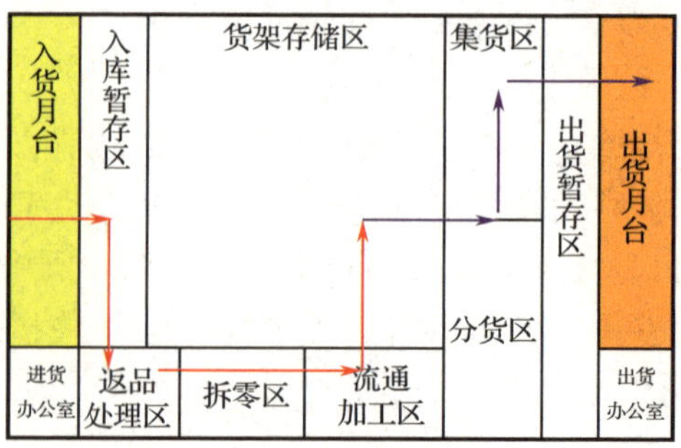

图 6-7　S 型动线

步骤 3：区域面积计算

1. 存储区域空间需求计算流程

存储区域空间需求计算流程图如图 6-8 所示。

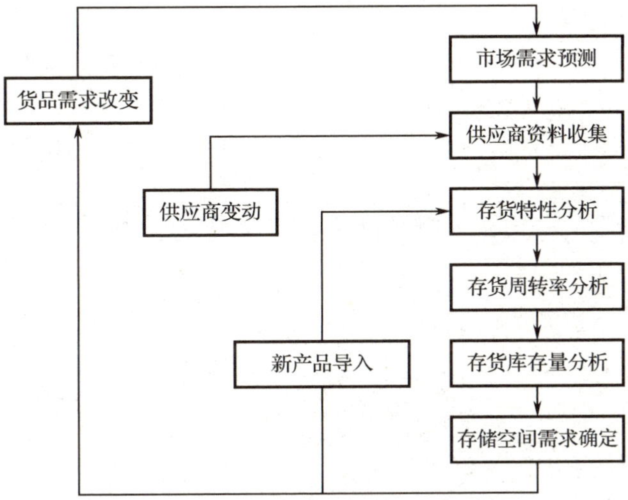

图 6-8　存储区域空间需求计算流程图

由于配送中心存储模式的多样性，有些货品通过货架来存储，有些则落地码放；货架也分不同的类型，其单位面积存储能力有一定的差异。故总存储面积的需求可按以下公式计算：

A 货品的总存储面积 =A 货品单位量的存储面积 ×A 货品的平均存储量 ×
A 货品存储量的波动系数 ×A 货品存储量的成长系数

波动系数 =1+ 安全系数 × 相对标准差

总存储面积等于所有货物的存储面积之和。其中顾客服务水平及安全系数表如表 6-8 所示。

表 6-8　顾客服务水平及安全系数表

顾客服务水平	安 全 系 数	顾客服务水平	安 全 系 数
100.00	3.09	96.00	1.75
99.99	3.08	95.00	1.65
99.87	3.00	90.00	1.80
99.20	2.40	85.00	1.04
99.00	2.33	84.00	1.00
98.00	2.05	80.00	0.84
97.70	2.00	75.00	0.68
97.00	1.88	–	–

2. 周转区域面积计算

周转区可分为进货暂存区和出货暂存区，对于配送中心，由于进货通常为大批量、少品种，且进货后检验完毕立刻可以上储位存储，所以进货暂存区的面积一般不大，也有配送中心不设置进货暂存区，而直接利用进货的月台来解决问题。

对于出货暂存区，由于出货通常为多品种、少批量，且拣货模式较为复杂，常需要出货备货、合流、复核等一系列的作业，故需要较大面积的专门区域。

3. 其他区域面积计算

配送中心的其他区域主要有仓库通道、办公区域、休息室、叉车充电区及工具存放区等。其区域面积的要求如表 6–9 所示。

表 6–9　其他区域面积要求

区域名称	区域细分	区域面积
仓库通道	叉车通道	宽度约 3 ～ 4 米
	辅助通道	宽度约 1 ～ 2 米
	人行通道	宽度约 0.8 ～ 1.2 米
办公区域	会议室、讨论室、洽谈室	人均办公面积 5 ～ 10 平方米
休息室	给体力作业人员、司机休息用	人均 4 ～ 5 平方米
叉车充电区	—	位置不能太偏，以便取用
工具存放区	—	可配置小型货架

任务评价

在完成上述任务后，教师组织进行三方评价。全班举手投票，选出本任务的“最佳团队”，并完成如表 6–10 所示“配送中心作业区域规划”任务评价表的填写。

表 6–10　“配送中心作业区域规划”任务评价表

项目组		成员				
评价标准	评价项目	分值（分）	自我评价（20%）	他组评价（30%）	教师评价（50%）	合计（100%）
	积极参与	20				
	正确计算	30				
	方案合理	30				
	团队合作情况	20				
合计		100				

任务二　配送中心作业设备选用

任务展示

配送中心内的主要作业活动，基本上都与物流仓储、搬运、拣取等作业有关，因此在进行系统规划时，必须按照厂房布置和面积要求，根据实际情况选择合适的物流设施和设备。配送中心的布局规划已经基本完毕，现在请你为配送中心配置相应的设备。

任务准备

任务准备 1：配送中心自动化物流系统的构成

配送中心的设备构成图如图 6-9 所示。

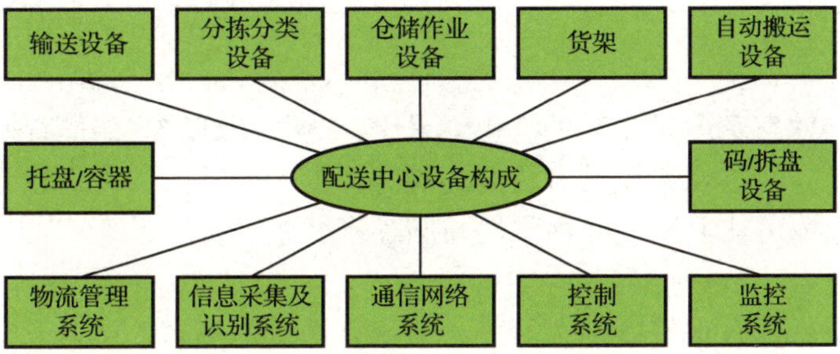

图 6-9　配送中心的设备构成图

配送中心的设备一览表如表 6-11 所示。

表 6-11　配送中心的设备一览表

序号	设备类型	举　例
1	容器设施	搬运用容器、存储用容器、拣取用容器及配送用容器，如纸箱、托盘、铁箱、塑料箱等（在各项作业流程及储运单位的规划完成后，再进行容器设施规划）
2	储存设备	自动仓储设备（单元负载式、水平旋转式、垂直旋转式、轻负荷式），大型存储设备（一般重型钢架、直入式钢架、移动式钢架、重量型流动货架），多种小型存储设备（轻型料架、轻型流动货架、移动式储柜等）(可由仓储区使用的储运单位、容器式样及仓储需求量，来选择合适的设备和数量）
3	订单拣取设备	包括一般订单拣取设备、计算机辅助拣取设备（CAPS、计算机辅助拣货台车）、自动化订单拣取设备（可由拣货区使用的拣取单位、容器式样及拣取需求量，来选择适用的设备与数量）
4	物料搬运设备	自动化配合的搬运设备（如无人搬运车、轴驱动搬运台车）、机械化搬运设备（如叉车、油压拖板车）、输送带设备、分类输送设备、拆码盘设备、垂直搬运设备等（应配合这些仓储及拣取设备，估算每日进出货搬运、拣货、补货等次数，以选择适用的搬运设备）
5	流通加工设备	裹包集包设备、外包装配合设备、印贴条形码标签设备、拆箱设备、称重设备等
6	物流外围配合设备	楼层流通设施、装卸货平台、装卸载设施、容器暂存设施、废料处理设施等

任务准备 2：储存设备的选用

配送中心储存设备的选用

1. 选用储存设备考虑的因素

储存设备选用考虑因素示意图如图 6-10 所示。

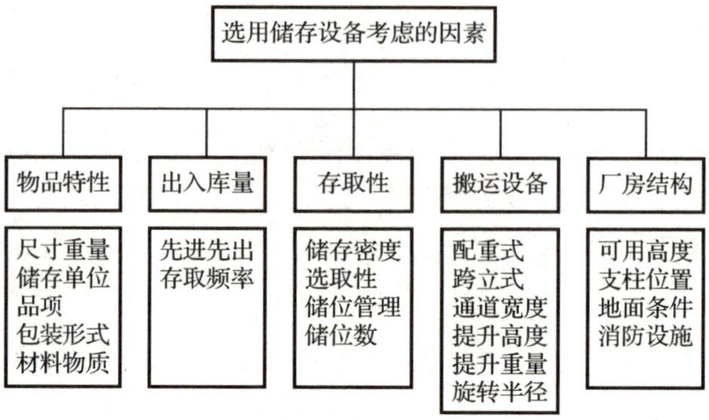

图 6-10　储存设备选用考虑因素示意图

（1）物品特性

物品的尺寸大小、外形包装等都会影响储存单位的选用，由于储存单位的不同，使用的储存设备就不同。

（2）存取性

一般存取性与储存密度是相对的。也就是说，为了得到较高的储存密度，必须相对牺牲物品的可存取性。有些货架虽具有较好的储存密度，但其储位管理较为复杂，可存取性较差。唯有自动仓库可往上发展，存取性与储存密度才可俱佳。

（3）出入库量

某些式样的货架虽有很好的储存密度，但出入库量却不高，适合于低频度的作业。出入库量高低是储存设备选择的重要因素。另外还要考虑是否有先进先出的需求。储存设备与出入库频率表如表 6-12 所示。

表 6-12　储存设备与出入库频率表

储存单位	高频率	中频率	低频率
托盘	托盘流动式货架（20 ~ 30 托盘 / 时） 立体自动仓储（30 托盘左右 / 时） 水平旋转自动仓储（10 ~ 60 秒 / 次）	托盘是货架（10 ~ 15 托盘）	驾入式货架（10 托盘左右 / 时） 驾出式货架（10 托盘左右 / 时） 推后式货架（10 托盘左右 / 时） 移动式货架（10 托盘左右 / 时）
容器	容器流动式货架 轻负载自动仓储（30 ~ 50 箱 / 次） 水平旋转自动仓储（20 ~ 40 秒 / 次） 垂直旋转自动仓储（20 ~ 30 秒 / 次）	中型货架	移动式货架
单品	单品自动拣取系统（600 件 / 时）	轻型货架	抽屉式储柜

（4）搬运设备

储存设备的存取作业是以搬运设备来完成的。因此选用储存设备应同时考虑搬运设备。

货架通道宽度，直接影响叉车的型式，是利用平衡重式还是窄道式。另外还需考虑提升高度及提升能力。

（5）厂房结构

厂房的净空高度、梁柱的位置等都会影响货架的配置，地板的承载能力、平整度等也与货架的设计、安装等有密切关系。另外还需考虑防火设施和照明设施的要求。

2. 储存货架的性能比较

储存货架的性能比较表如表 6–13 所示。

表 6–13　储存货架的性能比较表

比较项目	托盘货架	窄巷式	双深式	驶入式	驶出式	流动货架	后推式	移动式	AS/RS
面积	大	中—大	中	小	小	小	中	小	小
储存	低	中	中	高	高	高	中	高	高
空间利用	普通	佳	佳	很好	很好	非常好	佳	非常好	很好
存取性	非常好	很好	普通	差	差	差	普通	好	非常好
先进先出	可	可	不可	不可	可	可	不可	可	可
通道数	多	多	中	少	少	少	少	少	多
货格储位数	1	1	2	15	10	15	10	1	2
堆码高度（m）	10	15	10	10	10	10	10	10	4
存取设备	各类叉车	转叉式堆垛机	双深堆垛机	叉车					堆垛机
入出库能力	中	中	中—小	小	小	大	小	小	大

3. 储存设备的选用原则

储存设备的选用原则对比表如表 6–14 所示。

表 6–14　储存设备选用原则对比表

装载形态	频度	品项	数量	保管系统的选用
托盘	高	多	大	较大规模的自动仓库
			中	中型自动仓库
		少	大	流动托盘
			中	小型自动仓库
			少	输送带等暂放保管系统
	中	中	中	中型自动仓库
	少	多	大	托盘储架
	少	少	中	托盘储架
			小	地面堆积
箱	高	多	少	箱货架
		少	大	箱流动储架
			少	输送带等暂放保管系统
	中	中	中	箱货架
	少	多	大	箱货架
			少	箱货架
	少	少	大	箱流动储架
			少	箱货架
单品	高	多	少	轻型储架
		少	少	储物柜
	少	多	少	轻型储架

任务执行

步骤 1：选择存储设备

配送中心的存储设备主要包括存储货架、托盘和容器等，托盘和容器已有标准或系列，选择即可。货架的种类很多，应用可以灵活多变。

1. 存储货架的分类

存储货架的分类如表 6-15 所示。

表 6-15 存储货架的分类

序 号	名 称	简要介绍	图 例
1	托盘货架	最常用的传统式货架，多采用自行组合方式，易于拆卸和移动，可按物品堆码的高度，任意调整横梁位置，出入库存取不受先后顺序的限制；货架高度一般在 6 m 以下；货架撑脚需加装叉车防撞装置	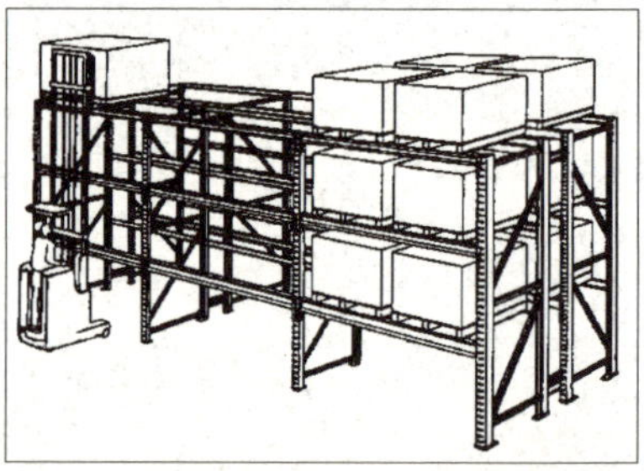 
2	驶入/出式货架（贯通式货架）	取消了各排货架之间的通道，将货架合并在一起，使同一层同一列的货物互相贯通。当叉车只能在货架的一端出入库作业时，货物的存取原则只能是先出后进，对于要求先进先出的货物，需在货架的另一端，由叉车进行取货作业	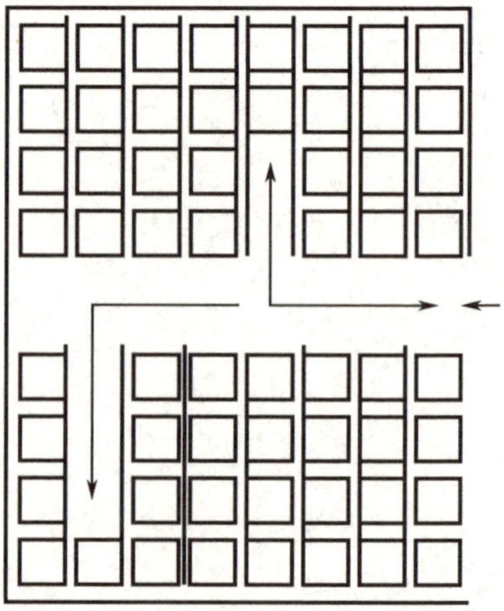

（续表）

序 号	名 称	简要介绍	图 例
		①高密度储存； ②高度可达 10 m； ③适用于多量少样货品； ④出入库存取物品受先后顺序的限制； ⑤不适合太长或太重货品； ⑥储物形态：托盘	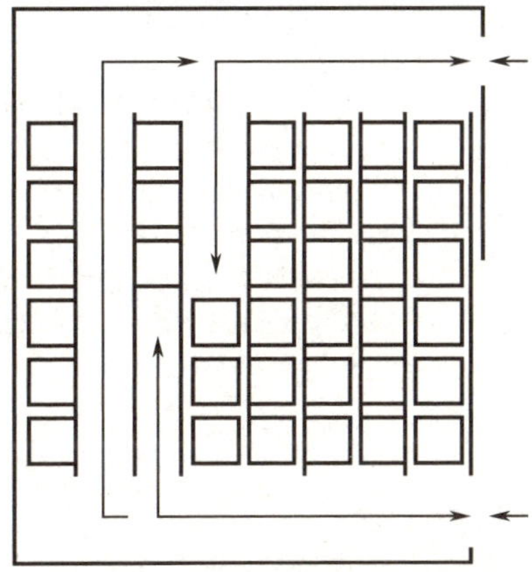
3	流动式托盘货架（重力式货架）	货架本身固定不动，但货物单元可在货架上流动或移动的货架。货物从货架的高端放入某一流道内，在重力或动力驱动的作用下滑动到流道的另一端（低端）等待出库。 ①采用密集式流道储存货物，空间利用率可达 85%； ②适用于大量存放且需短时间出货的货品； ③每一流道只能存放一种，适合品项少、批量大的货品存放； ④建造费用较高、施工较慢； ⑤货品可先进先出	
4	流动式箱货架	在货架的流道内装有多排塑胶滚轮，流道有约 5 度的倾斜角，用于储存箱装物品，货箱在重力的作用下会自动向前端滑移。一般高端为入货端，低端为出货端。 ①适用于超级市场、配送中心及邮购公司仓库； ②方便人工拣货； ③安装快速、搬动容易； ④储存功能小于拣货功能	
5	移动式货架	将货架本身放置在轨道上，在货架底部设有驱动装置。靠电动或机械装置使货架沿轨道横向移动。当不需要出入库作业时，各货架之间没有通路相隔，紧密排列；当需要存取货物时，使货架移动，在相应的货架前开启成为叉车等设备的通道。 ①节省地板面积，地面利用率达 80%； ②可直接存取每一项货品，不受先进先出的限制； ③使用高度可达 12 m，单位面积的储存量比托盘货架可提升 2 倍左右； ④机电装置多、维护困难； ⑤建造成本高、施工速度慢	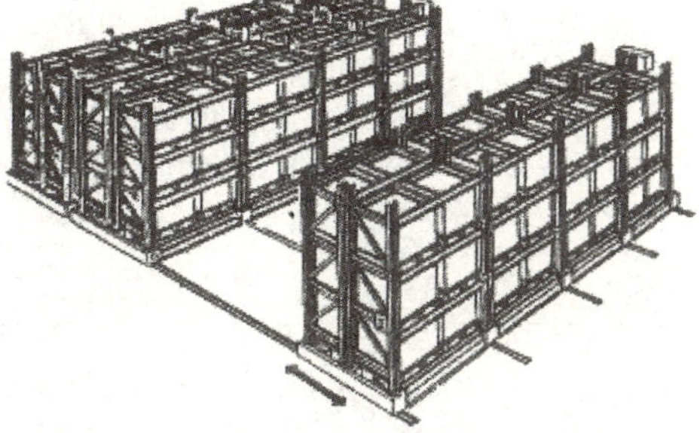

（续表）

序号	名称	简要介绍	图例
6	阁楼式货架	为了充分利用仓库的空间，将空间做双层设计，从而有效地利用空间。简单来说，就是利用钢梁和金属板将原有储区做楼层间隔，每个楼层可放置不同种类的货架，而货架结构具有支撑上层楼板的作用。这种货架可以减小承重梁的跨距，降低建筑费用，提高仓库的空间利用率	
		①上层仅限轻量物品储存，不适合重型搬运设备； ②上层物品的搬运必须加装垂直输送设备； ③适合各类型货品存放； ④满足人工分拣和提高空间利用率的双重目标； ⑤储物形态：托盘、纸箱、包、散品	
7	悬臂式货架	由在立柱上装设悬臂构成，悬臂可以是固定的，也可以是移动的。该货架适合于存放钢管等长形物品。若要放置圆形物品时，在其臂端装设挡块以防止滑落	
		① 只适用于长条状或长卷状货品存放； ②需配有叉距较宽的搬运设备； ③高度受限，一般在 6 m 以下； ④空间利用率低，约 35% ～ 50%； ⑤储物形态：长条状物或长卷状物； ⑥此货架适用于杆料生产工厂	

（续表）

序号	名称	简要介绍	图例
8	窄道式货架	需要配备窄巷道叉车（旋转叉式叉车或无轨堆垛机）作业，巷道比一般叉车作业的货架通道宽度要小许多	
		①具有很高的储存密度； ②存取自由，不受先进先出的限制； ③货架高度可达 15 m，但需配合高架叉车； ④施工精度要求高，且建造费时； ⑤储物形态：托盘	
9	后推式货架	在前后梁间以滑座相接，由前方将托盘货物放在货架滑座上，后来进入的货物会将原先的货物推到后方，目前最多可推入 5 个托盘。滑座跨于滑轨上，滑轨本身有倾斜角度，滑座会自动滑向前方入口	
		①较托盘货架省下 1/3 空间，可增加储存密度； ②适用于一般叉车存取； ③不适合承载太重的物品； ④货品会自动滑至最前储位	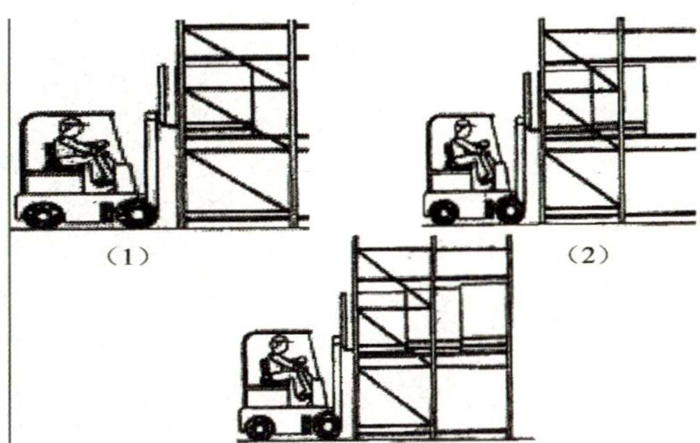 （1） （2） （3）

（续表）

序号	名称	简要介绍	图例
10	旋转式货架	将货格里的货物移动到人或拣选机旁，再由人或拣选机取出所需的货物。操作者可按指令使旋转货架运动，达到存取货的目的。适用于电子零件、精密机件等少量多品种、小物品的储存及管理。其货架移动快速，可达每分钟 30 m 速度，且受高度限制少，可采用多层	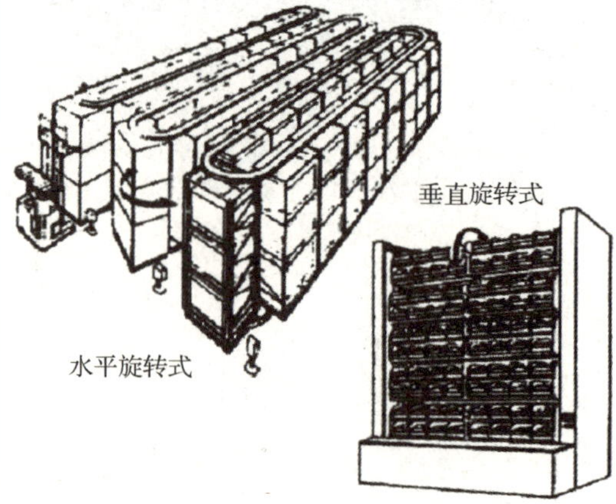
11	整体式自动仓储货架	立体自动仓库的高架钢骨为房屋建筑物结构体，而将房屋建筑物的屋顶与墙壁，直接装设在仓库钢架上面及外面，形成一体的建筑物。同时自动消防系统也利用钢架作为消防配管支架，形成整体式自动仓储货架。 ①施工困难，精度要求高，必须配合仓库结构体一起建造； ②一般高度超过 15 m； ③必须配有其他自动存取设备； ④ 建筑成本高，施工困难且施工期长	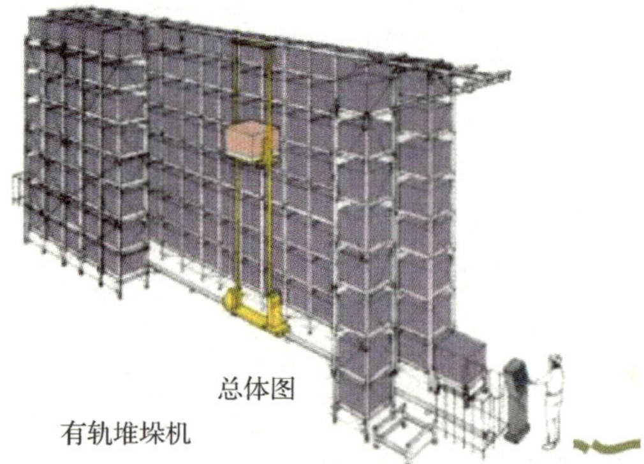
12	分离式自动仓储货架	在已完成的厂房建筑物内，直接装设仓库钢架，形成与厂房分别独立的结构体，称为分离式钢架仓库。一般高度在 15 m 内且规模较小的高架中、小型立体自动仓库，大部分都采用分离式钢架货架。 ①可于已完成的厂房内直接架设、布置； ②施工期较整体式短，费用也较低； ③必须配合其他自动存取设备； ④ 较小规模的高架仓库适合采用	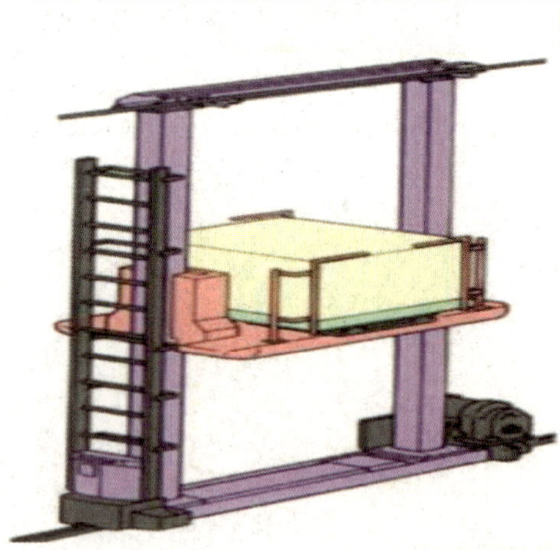

步骤 2：选择输送设备

在物流系统中，搬运作业以集装单元化（包括托盘货、箱装件或其他有固定尺寸的集装单元货物）搬运最为普遍，因此，所用的输送机也以单元负载式输送机为主。常见输送设备一览表如表 6-16 所示。

表 6-16 常见输送设备一览表

类别		特点	图例
无动力输送机	无动力滚筒输送机	适宜输送具有一定刚性的平底货物，滚筒间距应保证平稳地支持着货物。通常置于输送机上的货物底面必须有沿输送方向的连续支撑面。为了保证货物在滚筒上移动时的稳定性，该支撑面至少应该接触三四个滚筒，即滚筒的间距应小于货物支撑面长度的 1/4	
	无动力滚轮输送机	滚轮输送机其机构先进，伸缩自如，一个单元最长与最短比可达到 3 倍。每一个单元既可独立使用也可多个单元连接使用，还可与其他单机相连，安装方便，输送方向可灵活改变，最大时可以大于 180°	
	无动力滚珠输送机	在床台上装有可自由地沿任意方向转动的滚珠，用于具有较硬表面的货物的输送。这种输送机使用时不需润滑，不能使用于有灰尘的环境中。不适合输送底部较软的物品	
辊子输送机	重力（驱动）辊道输送机	重力辊道输送机是利用自重连续搬运物品的机械。严格讲输送机在呈倾斜状态时，是利用自重来搬送物品的，而在输送机呈水平状态时，就不是靠重力，而是要通过人力或其他外力来移动物品了	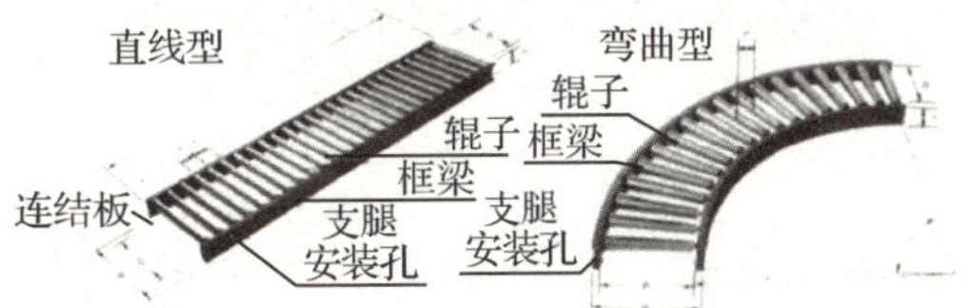
	动力（驱动）辊道输送机	动力辊道输送机是将电机输出的动力，通过链条、皮带传给辊子，带动辊子旋转而搬运物品的机械，它可控制移动速度	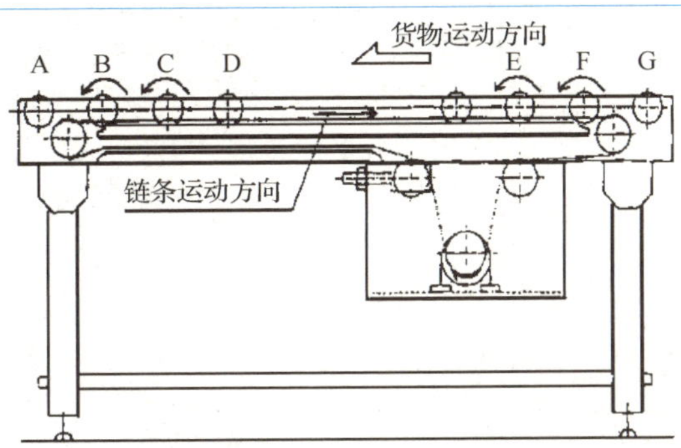

（续表）

类　别	特　点	图　例
带式输送机	一种利用连续而具有挠性的输送带连续地输送物料的输送机，一般用来输送各种散状物料，也可在装配、检验、测试等生产线上输送单位质量不太大的成件物品	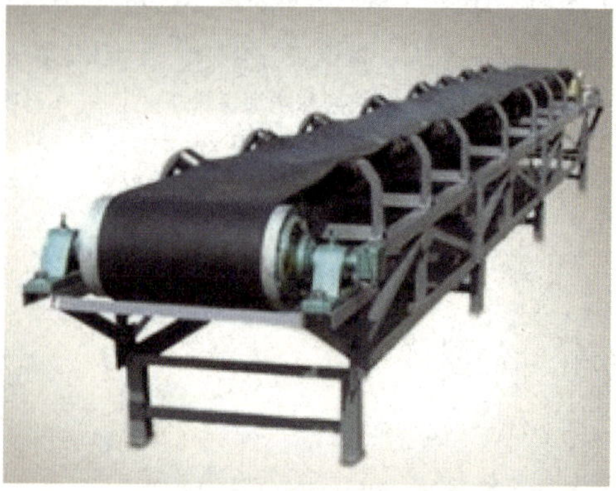
链式输送机	利用链条牵引、承载，或由链条上安装的板条、金属网、辊道等承载物料的输送机	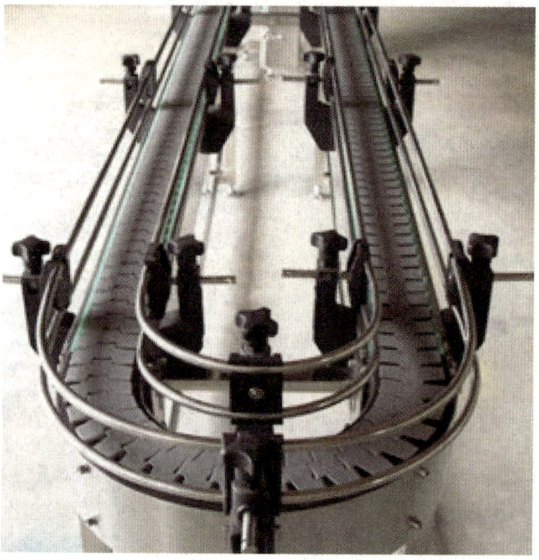
垂直输送机	能连续地垂直输送物料，使不同高度上的连续输送机保持不间断的物料输送。也可以说，垂直输送机是把不同楼层间的输送机系统连接成一个更大的连续的输送机系统的重要设备	

进货储存的适用设备如表 6–17 所示。

表 6–17　进货储存的适用设备

进货品装载形态	数　量	品　项	适用的搬运及输送设备	适用的储存设备
托盘	多	少	叉车	地面堆积 托盘货架 驶入 / 驶出式货架 可移动式货架 窄道式货架 后推式货架 流动式托盘货架
			叉车 无人搬运车 托盘输送机	整体式自动仓储货架 分离式自动仓储货架
	多	多	叉车	地面堆积
			无人搬运车 托盘输送机	托盘货架 阁楼式货架下层 窄道式货架 后推式货架 分离式自动仓储货架
	少	多	托盘车 叉车	地面堆积
				托盘货架 阁楼式货架下层
	多	少	托盘 + 叉车 托盘 + 无人搬运车 托盘 + 托盘输送机	地面堆积 托盘货架 驶入 / 驶出式货架
箱品	多	多	托盘 + 叉车	地面堆积 托盘货架 阁楼式货架下层 后推式货架
			皮带输送盘 垂直式输送机 滚筒输送机	箱货架 阁楼式货架下层
	少	多	容器 + 人工搬运 手推车	箱货架 流动货架
	少	少	手推车 人工搬运	箱货架
	多	少	托盘 + 叉车 托盘 + 托盘车	地面堆积（托盘单层）
			托盘 + 叉车 + 人工搬运 皮带输送	地面堆积（包包重叠）
			托盘 + 叉车	托盘货架 阁楼式货架下层 流动式托盘货架
			皮带输送 垂直输送机	阁楼式货架上层
			托盘 + 无人搬运机	分离时自动仓储货架
	多	多	托盘 + 叉车	盘货架
	少	多	手推车	箱货架 阁楼式货架上层
	少	少	手推车	箱货架

（续表）

进货品装载形态	数　量	品　项	适用的搬运及输送设备	适用的储存设备
小件散品	多	少	皮带输送机 容器 + 手推车	旋转货架 可携带式货架
			容器 + 托盘 + 叉车	托盘货架 流动式托盘货架
			容器 + 托盘 + 无人搬运车 容器 + 输送机	分离式托盘货架
	多	多	皮带输送机 容器 + 托盘 + 无人搬运车 容器 + 输送机	旋转货架 分离式托盘货架
	少	多	容器 + 手推车	箱货架 轻量型货架
	少	少	容器 + 手推车 容器 + 人工搬运车	专用货架 轻量型货架
长条状货品	多	少	特殊托盘 + 长叉距叉车	地面堆积 长型专用货架
	多	多	长叉距叉车 天车	悬臂式货架
	少	少	天车 人工搬运 手推车	长型货架

步骤 3：选择搬运设备

配送中心的搬运设备主要包括：搬运设备和输送设备两大类。在配送中心内完成的主要作业内容包括：①货品搬运；②改变货品形态；③分类；④堆码；⑤上卸货架存取。

（1）搬运设备的分类

搬运设备分类图如图 6–11 所示。

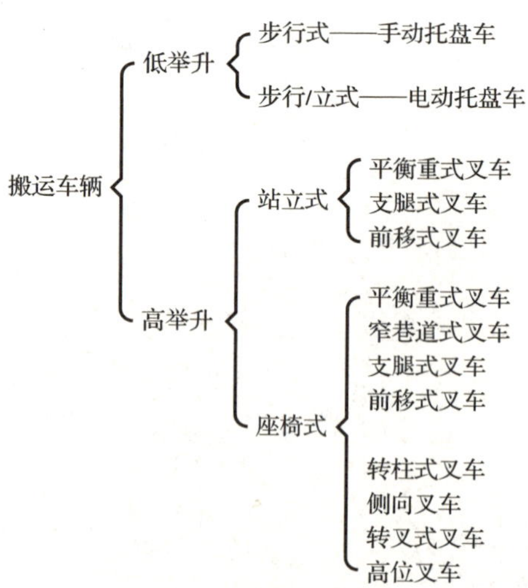

图 6–11　搬运设备分类图

选择搬运及输送设备时，需考虑的主要因素包括：商品的特性、单位、容器；作业流程、储位空间的配置及配送中心自动化水平等，另外还需考虑成本及作业需求之间的平衡性及设备故障保修等问题。在导入搬运及输送设备时，必须明确指定设备安装时的责任及平时保养管理责任人员。

（2）搬运设备对比分析

搬运设备对比分析表如表 6–18 所示。

表 6–18　搬运设备对比分析表

设　备		特　点	图　例
托盘车	手动托盘车	在使用时将其承载的货叉插入托盘孔内，由人力驱动液压系统来实现托盘货物的起升和下降，并由人力拉动完成搬运作业	
	电动托盘车	由外伸在车体前方的、带脚轮的支腿来保持车体的稳定，货叉位于支腿的正上方，并可以做微起升，使托盘货物离地进行搬运作业	
叉车	平衡重式叉车	在车体前方具有货叉和门架，而在车体尾部设有平衡重。机动性好，是应用最广泛的叉车；功率大，尤其是重吨位的叉车。广泛应用于港口、车站、机场、货场、工厂车间、仓库、流通中心和配送中心等，并可进入船舱、车厢和集装箱内进行托盘货物的装卸、搬运作业	
	前移式叉车	门架（或货叉）可以前后移动的叉车，运行时门架后移，使货物重心位于前、后轮之间，运行稳定，不需要平衡重，自重轻，适用于车间、仓库内工作	
	侧向叉车	货叉和门架位于车体侧面的装卸作业车辆称为侧向叉车，适用于长物料或大物料的装卸和搬运。侧向叉车按动力不同可分为内燃型、电瓶型；按作业环境不同可分为室外工作（充气轮胎）型、室内工作（实心轮胎）型	

（续表）

设　备		特　点	图　例
牵引车		牵引车是具有牵引一组无动力台车能力的搬运车辆。牵引车作业时，台车的物料装卸时间与牵引车的运输时间可交叉进行，且可牵引一组台车，从而提高工作效率	
固定平台搬运车		具有较大的承载物料平台。相对承载卡车而言，承载平台离地低，装卸方便；结构简单、价格低；轴距、轮距较小，作业灵活等，一般用于企业内车间与车间、车间与仓库之间的运输	
拣选车	低位拣选叉车	低位拣选叉车的操作者可立在上下车便利的平台上，驾驶搬运车拣选物料	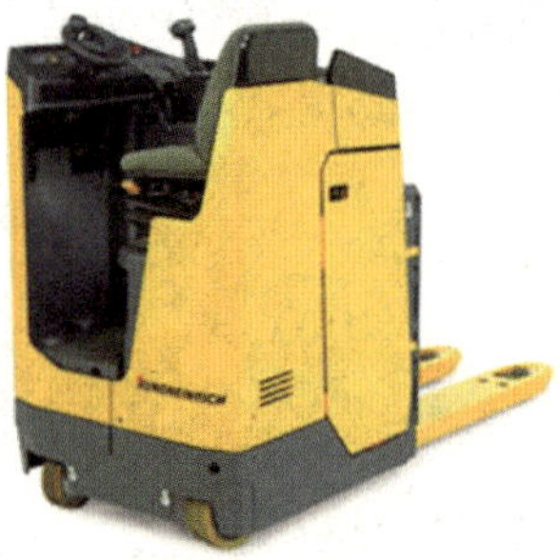
	高位拣选叉车	高位拣选叉车的起升高度一般 4～6 m，最高可达 13 m，可大大提高仓库空间利用率	

搬运车辆的选用

搬运车辆的主要选择要素是车辆行车的距离及速度，可分为两大类来讨论。

（1）步行式搬运车辆

一般步行式搬运车辆的操作速度，通常限制在 5 km/h 以下。单向搬运的距离在 100 m

以内。使用的频率也要考虑在内，因为使用步行式车辆，搬运距离不宜过长；储存密度及高度也是考虑的重要因素。在较密集及堆码高度较低的储存情况下，步行式车辆可提供较好的作业性。步行式搬运车辆的通道作业宽度及交叉通道宽度如表 6–19 所示。

表 6–19　步行式搬运车辆的通道作业宽度及交叉通道宽度

举升能力	步行式搬运车辆	直角堆码通道（m）	交叉通道 (m）	安全高度（m）	扬程（m）
低举升	步行式托盘车	1.5~1.8	1.5~1.8	—	0.150
	步行 / 立式托盘车	1.8~2.1	1.8~2.1	—	0.150
高举升	支腿式叉车	1.8~2.4	1.8~2.4	2.4	4
	前移式叉车	1.8~2.4	1.8~2.4	2.4	4
	平衡重式叉车	2.7~3.3	2.7~3.3	2.4	4

（2）座椅式叉车

叉车的选用，必须评估最基本的五个性能因素：负载能力及尺寸、扬程、行走及举升速度、机动性、爬坡力。而在保管作业中最主要的因素为其扬程、行走及举升速度。伸展扬程可决定货品推举的高度；而行走及举升速度，直接影响叉车的作业效率。一般在室内，最大的行走速度为 10 ～ 13 km/h；在室外，则大于此速度。

叉车油压系统的设计、马力及流量（单位为 L/min）的大小，直接影响举升速度。目前电动叉车举升速度在 18 ～ 30 m/min。

任务评价

在完成上述任务后，教师组织进行三方评价。全班举手投票，选出本任务的“最佳团队”，并完成如表 6–20 所示“配送中心作业设备选用”任务评价表的填写。

表 6–20　“配送中心作业设备选用”任务评价表

项 目 组		成　　员				
评价标准	评 价 项 目	分值（分）	自我评价（20%）	他组评价（30%）	教师评价（50%）	合计（100%）
	任务完成及时性	20				
	团队代表发言情况	20				
	选择储存设备	20				
	选择输送设备	20				
	选择拣选设备	20				
合　　计		100				

任务巩固

一、单项选择题

1. 配送中心平面布置应该满足（　　）。

A. 可以有双向的流向　　B. 最短的搬运距离

C. 最多的装卸环节　　D. 最大的利用空间

2. 具体地说，（　　）是指主要用于各类仓库、配送中心进行货物存取的各种机械设备和器具，例如货架、堆垛机、自动导引搬运车、搬运机器人、分拣设备、提升机、货物出入库辅助设备等。

A. 装卸机械　　B. 仓储机械　　C. 搬运设备　　D. 流通加工机械

3.（　　）具有结构简单、经济、适用性强等特点。它便于货物的收发，但存放物资数量有限，是人工作业仓库的主要存储设备。

A. 重力式货架　　B. 驶入式货架　　C. 层架　　D. 阁楼式货架

4. 如果有大量的产品一入库马上就进行出库操作，可以考虑（　　）。

A. U 型动线　　B. L 型动线　　C. S 型动线　　D. I 型动线

5.（　　）是由在立柱上装设悬臂来构成的，悬臂可以是固定的，也可以是移动的。

A. 窄道式货架　　B. 悬臂式货架　　C. 阁楼式货架　　D. 移动式货架

6. 下列特点不属于自动引导搬运车特点的是（　　）。

A. 无人驾驶　　B. 高度柔性　　C. 清洁生产　　D. 装载质量大

7. 动线优化遵循的基本原则是（　　）。

A. 不迂回、不交叉　　B. 不迂回、可交叉

C. 可迂回、可交叉　　D. 可迂回、不交叉

8.（　　）是利用自重连续搬运物品的机械。严格地讲，输送机在呈倾斜状态时，是利用自重来搬送物品的；而在输送机呈水平状态时，就不是靠重力，而是要通过人力或其他外力来移动物品。

A. 动力（驱动）辊道输送机　　B. 重力（驱动）辊道输送机

C. 链式输送机　　D. 带式输送机

9.（　　）是利用链条牵引、承载，或由链条上安装的板条、金属网、辊道等承载物料的输送机。

A. 动力（驱动）辊道输送机　　B. 重力（驱动）辊道输送机

C. 链式输送机　　D. 带式输送机

10. 能连续地垂直输送物料，使不同高度上的连续输送机保持不间断的物料输送。也可以说，垂直输送机把不同楼层间的输送机系统连接成一个更大的连续的输送机系统的重要设备是（　　）。

A. 动力（驱动）辊道输送机　　B. 重力（驱动）辊道输送机

C. 链式输送机　　D. 垂直输送机

二、多项选择题

1. 各作业区域间的活动关系可以概括为（　　）。

A. 程序性的关系：因物料流、信息流而建立的关系

B. 组织上的关系：部门组织上形成的关系

C. 功能上的关系：区域间因功能需要形成的关系

D. 环境上的关系：因操作环境、安全考虑上需保持的关系

E. 寿命上的关系：设备自然寿命的关系

2. 储存设备选用考虑的因素有（　　）。

A. 物品特性　　B. 存储性　　C. 出入库量

D. 搬运设备　　E. 厂房结构

3. 后推式货架的特点有（　　）。

A. 较托盘货架省下 1/3 空间，可增加储存密度

B. 不适用于一般叉车存取

C. 不适合承载太重物品

D. 货品会自动滑至最前储位

E. 适用于一般叉车存取。

4. 根据输送介质不同可以将无动力输送机分为（　　）。

A. 无动力滚筒输送机　　B. 无动力滚轮输送机

C. 无动力滚珠输送机　　D. 辊子输送机

5. 关于驶入驶出式货架的特点，正确的有（　　）。

A. 高密度储存　　B. 高度可达 10 米　　C. 适用于少量少样货品

D. 出入库存取物品受先后顺序的限制　　E. 适合太长或太重货品

6. 配送中心常见动线关系有（　　）。

A. U 型动线　　B. L 型动线　　C. S 型动线

D. Y 型动线　　E、I 型动线

7. 托盘的优势主要体现在（　　）方面。

A. 自重量小　　B. 返空容易　　C. 存放容易

D. 装盘容易　　E. 装载量适宜

8. 配送中心平面布置的要求为（　　）。

A. 适应配送中心作业过程　　B. 有利于提高配送中心的经济效益

C. 有利于保证安全　　D. 有利于职工的健康

E. 有利于降低成本

9. 关于配送中心配置的说法，正确的有（　　）。

A. 客户是经销商 / 大卖场，则出货可能以整托盘或者整箱出货为主；而客户如果是便利商店，则出货以单件为主，需要拆零后出货

B. 品项外形尺寸会影响货架的设计和搬运工具等

C. 规划如果按照平均量来设定则需要考虑高峰期间外租仓库；如果按照高峰期数量来设定则需要考虑淡季期间仓库闲置问题

D. 配送通路的类型与配送出货的特性关系

E. 随着客户对服务品质要求的提升，如紧急配送、夜间配送或者流通加工等，商品的缺货率会影响库存保有量，这些对规划都有影响。

10. 关于流动式托盘货架，正确的有（　　）。

A. 采用密集式流道储存货物，空间利用率可达 85%

B. 适用于大量存放且需短时间出货的货品

C. 每一流道只能存放一种，适合品项少、批量大的货品存放

D. 建造费用较高、施工较慢

E. 货品可先进先出

思政课堂

课后习题

项目七

配送中心业务处理

本项目我们将“配送中心业务处理”分为 5 个任务，分别是任务一　订单处理作业；任务二　补货作业；任务三　拣货作业；任务四　流通加工作业；任务五　送货作业。

任务一 订单处理作业

任务展示

明发集团是一家医药配送中心，2021 年 5 月 5 日配送中心库存情况如表 7–1 所示。

表 7–1　明发集团配送中心库存情况

药品名称	药品规格	单位	生产厂家	每件包装数量	库存数量(件)
银翘解毒丸	9 g × 10 s	盒	兰州佛慈制药股份有限公司	100 盒	100
逍遥丸	200 s 浓缩丸	瓶	江苏康缘药业有限公司	200 瓶	80
加味逍遥丸	6 g × 10 袋 水丸	盒	河北万岁药业有限公司	100 盒	47
小儿消食片	0.3 g × 100 s	瓶	济南宏济制药有限公司	200 瓶	110
消栓再造丸	9 g × 10 s	盒	北京同仁堂股份有限公司	50 盒	2
保和丸	9 g × 10 s 大蜜丸	盒	山西杨文水制药有限公司	100 盒	86
盐酸氨溴索口服溶液	10 mL : 30 mg × 60 袋	盒	香港澳美制药厂	20 盒	2
云南白药胶囊	0.25 g × 32 s	瓶	云南白药集团股份有限公司	200 瓶	150
阿莫西林胶囊	0.25 g × 10 s × 5 板	盒	哈药集团制药总厂	200 盒	2
小儿清热止咳口服液	10 mL × 6 支	盒	烟台荣昌制药有限公司	100 盒	75
三维鱼肝油乳（成）	500 g	瓶	青岛双鲸药业有限公司	30 瓶	4
逍遥丸	200 s 浓缩丸	瓶	上海宝龙安庆药业有限公司	200 瓶	60
葡萄糖注射液（塑瓶）	10%250 mL : 25 g	瓶	辽宁民康制药有限公司	40 瓶	40

收到客户发来的订单，A、B 客户订单分别如表 7–2 和表 7–3 所示。

表 7–2　A 客户订单

<table>
<tr><td colspan="5">订货单位：龙腾大药房</td><td colspan="4">电话：（0553）3299046</td></tr>
<tr><td colspan="5">地址：芜湖市三山区</td><td colspan="4">订货日期：2021 年 5 月 5 日</td></tr>
<tr><td>序号</td><td>药品名称</td><td>药品规格</td><td>数量</td><td>重量（kg）</td><td>体积（cm³）</td><td>单价(元)</td><td>总价（元）</td></tr>
<tr><td>1</td><td>加味逍遥丸</td><td>6 g × 10 袋 水丸</td><td>50 盒</td><td>0.4</td><td>4 × 3 × 8</td><td>5</td><td>250</td></tr>
<tr><td>2</td><td>小儿消食片</td><td>0.3 g × 100 s</td><td>60 瓶</td><td>1.6</td><td>3 × 2 × 4</td><td>6</td><td>360</td></tr>
<tr><td>3</td><td>保和丸</td><td>9 g × 10 s 大蜜丸</td><td>80 盒</td><td>0.72</td><td>5 × 4 × 2</td><td>10</td><td>800</td></tr>
<tr><td>4</td><td>盐酸氨溴索口服溶液</td><td>10 mL : 30 g × 60 袋</td><td>10 盒</td><td>1.7</td><td>5 × 4 × 3</td><td>29.1</td><td>291</td></tr>
<tr><td>5</td><td>阿莫西林胶囊</td><td>0.25 g × 10 s × 5 板</td><td>80 盒</td><td>1.5</td><td>6 × 4 × 2</td><td>14.5</td><td>1 160</td></tr>
</table>

表 7-3 B 客户订单

订货单位：民生大药房				电话：			
地址：芜湖市九华中路 322-3				订货日期：2021 年 5 月 5 日			
序号	药品名称	药品规格	数量	重量（kg）	体积（cm^3）	单价（元）	总价（元）
1	小儿消食片	0.3 g × 100 s	200 瓶	1.8	5 × 4 × 7	6	1 200
2	银翘解毒丸	9 g × 10 s	100 盒	6.75	6 × 4 × 2	5.5	550
3	消栓再造丸	9 g × 10 s	100 盒	0.9	3 × 4 × 2	17	1 700
4	盐酸氨溴索口服溶液	10 mL：30 g × 60 袋	40 盒	0.36	5 × 7 × 2	29.1	1 164
5	云南白药胶囊	0.25 g × 32 s	200 瓶	0.4	6 × 4 × 2	17	3 400
6	阿莫西林胶囊	0.25 g × 10 s × 5 板	200 盒	0.75	3 × 2 × 4	14.5	2 900
7	小儿清热止咳口服液	10 mL × 6 支	200 盒	0.72	5 × 4 × 1	19.1	3 820
8	三维鱼肝油乳（成）	500 g	60 瓶	10	6 × 8 × 2	15	900

请以小组为单位，完成订单处理作业。

任务准备

任务准备 1：订单处理的基本内容是什么

订单处理是配送中心的一个核心业务，是顾客向配送中心提出配送需求，配送中心接收需求并承诺提供配送服务的过程。包括订单的资料确认、存货查询、单据处理及出货配送等，处理的手段主要由手工处理、以计算机和网络为基础的电子处理两种形式。

任务准备 2：订单处理的一般流程是什么

订单处理的一般流程如图 7-1 所示，包括接受订单、存货查询、存货不足的分配处理、生成拣货单和拣货等主要环节。

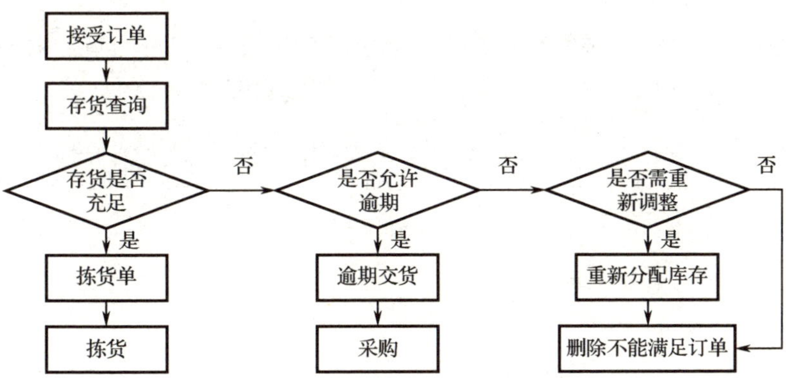

图 7-1 订单处理的一般流程

任务准备 3：影响订单处理过程效率的关键因素

（1）时间因素：订单处理过程的时间耗用。

（2）供货准确性因素：按照顾客订单的内容备好准确品种、数量、质量的产品，并送到正确的交货地点。

（3）成本因素：包括库存设置的地点和数量、运输批量和运输路线等，涉及企业成本是否满足客户费用支付水平。

（4）信息因素：通过完善的物流信息系统，向顾客以及企业内部的生产、销售、财务、仓储运输等部门提供准确、完备、快速的信息服务。

任务执行

步骤 1：模拟实训

将全班学生分成 4 组，每组 3 ～ 6 人。

（1）第一组确认物品信息。

（2）第二组确认客户信用。

（3）第三组确认订单价格。

（4）第四组确认包装及作业要求。

步骤 2：实训要求

（1）各小组明确各自的职责范围，并制订相应的岗位要求。

（2）各小组按活动要求做好准备工作。

（3）各小组先进行讨论，熟悉自己的职责范围。

（4）各小组相互配合，按相关程序处理订单业务。

（5）各小组以 PPT 形式进行作业交流。

任务评价

在完成上述任务后，教师组织进行三方评价。全班举手投票，选出本任务的“最佳小组”，并完成如表 7–4 所示“订单处理作业”任务评价表的填写。

表 7–4　“订单处理作业”任务评价表

项目组		成　员				
评价标准	评价项目	分值（分）	自我评价（20%）	他组评价（30%）	教师评价（50%）	合计（100%）
	资料查询准确，分析透彻	20				
	单证制作规范	20				
	小组成员互相配合，发挥团队精神	30				
	PPT 制作情况	15				
	作业讲解情况	15				
合　计		100				

任务二　补货作业

任务展示

2021 年 8 月 5 日下午，黑龙江远通仓储配送中心仓管员李宇在海星 1 号库房巡视物品存量时，发现贝壳纽扣的存量已低于安全库存。李宇将信息上报仓库主管后接到补货指令：需要完成将一部分贝壳纽扣从托盘货架区至电子货架区（E00734-A00006）的补货作业。请以小组为单位完成本次任务，补货单如表 7-5 所示。

表 7-5　黑龙江远通仓储中心海星 1 号补货单

补货单号：20180805001			2021.8.5		
货品编码	货品名称	单位	数量	目标储位	原储位
9787799630021	贝壳纽扣	箱	20	E00734-A00006	C00734-C00000
制单人：					

任务准备

任务准备 1：什么是补货作业

补货作业是拣货作业的一种辅助活动，是从保管区把货品搬运到另一个拣货区的工作。

任务准备 2：补货作业的一般流程

补货作业的一般流程如图 7-2 所示。

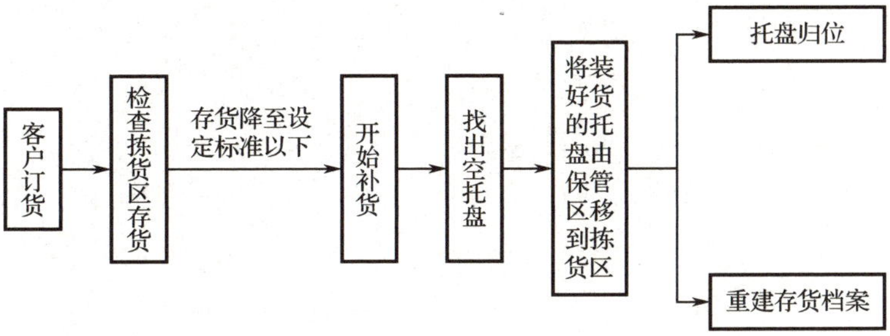

图 7-2　补货作业的一般流程

任务准备 3：补货方式有哪些

补货作业的目的是确保货物保质保量、按时送到指定拣货区，根据货物的出货方式采用不同的补货方式进行补货。

1. 托盘补货

以托盘为单位进行补货，把托盘由地板堆放保管区运到地板堆放动态管理区。拣货时，把托盘上的货箱置于中央输送机送到发货区，当存货量低于设定标准时，立即补货。将托盘由保管区运到拣货动态管理区，也可以运到货架动态管理区进行补货。这种方式适用于体积大或出货量大的货品。

2. 整箱补货

由货架保管区补货到流动货架的动态管理区。这种补货方式的保管区为货架存储，动态管理拣货区为两面开放的流动货架拣货区，拣货员拣货之后，把货物放入输送机并运到发货区。当动态管理拣货区存货低于设定标准时，进行补货作业。这种补货方式是拣货员到货架保管区取货箱，补货到货架动态管理区，适用于体积大或者出货量大的货品。

3. 拆零补货

这种补货方式从周转区将货品搬运到拣货区，将相应货物货箱拆零进行补货。这种方式适用于体积不大、存货量不高，且多为中小出货量的货品。

4. 货架补货

用于保管区与拣货区处于同一货架的情形。由于配送中心通常把一些体积小、流动性不大的货物存放在同一个货架的上下两层，下层作为拣货区，上层作为保管区。货架补货就是当下层货架上的存货低于设定标准时，将上层货物移出一部分补充到下层，使其达到设定标准。

5. 直接补货

补货人员直接在进货时将货物运至拣货区、货物不再进入保管区的补货方式。对于一些货物周转速度非常快的中转性配送中心，直接补货方式是常用的补货方式。

6. 复合式补货

拣货区的货物采取同类货物相邻放置的方式，而保管区采取两阶段的补货方式。第一保管区为高层货架；第二保管区位于拣货区旁，是一个临时保管区。补货时货物先从第一保管区移至第二保管区。等拣货区存货降到设定标准以下时，再将货物从第二保管区移到拣货区，由拣货人员在拣货区将货物拣走。

7. 自动补货

在一些自动仓库中，通过计算机发出指令，货物被自动从保管区送出，经过扫描商品及容器条码后，将商品装入相应的容器，然后容器经输送机被运送到旋转货架处进行补货。

任务准备 4：补货时机

1. 定时补货

把每天分为若干个时点，在设定的时点上统计货品数量，当动态管理区的存货量低于设定标准时，立即补货。这种方式适合于分批拣货时间固定、且紧急情况处理较多的配送中心。

2. 批次补货

每天每次取货之前，计算出所需物品的总拣货量，然后查看动态管理区存货量并计算出差额，在拣货之前一次性补足所需货品。这种方式适合一天内作业量变化不大、紧急插单不多的情况。

3. 随机补货

由专人从事补货作业的方式，随时巡视动态管理区的存货量，当存货量低于设定标准时，随时补货。这种方式适于每批次拣取量不大、紧急插单较多等情况。

任务执行

步骤 1：生成补货订单

信息员查询存货信息后根据需要生成并打印补货订单，补货员根据补货订单到相应的货位取货品。

步骤 2：照单取货

补货员需要核对条码号、名称、规格等信息，并检查货品外包装、条码、数量，根据补货订单信息领取指定数量的货物。

照单取货时应该注意以下事项。

（1）取货时要仔细核对取货位、货品代码、名称等信息。

（2）在补货时，如发现包装损坏、内装与名称不符、数量不对时，应及时反映给信息员处理。

（3）补货员要维护好周转区货品。

（4）补货员取货要轻拿轻放，取货完毕后要整理货位上的货品。

步骤 3：货品搬运

取货后，补货员选用合适的搬运工具将货品搬运至拣货区目标货位。

步骤 4：补货上架

补货员将货品整齐地放在指定的货位，一种货品对应一个或相邻几个货位，货品与货位一一对应。

补货上架应该注意以下事项。

（1）从周转区向拣货位补货时，应根据拣货标签上的提示，仔细核对货品名称、条码、货位，确认无误后才上架。

（2）补货上架时保证一种货品对应一个拣货位，若由于特殊原因，某货品需要量大，信息中心可调整拣货位，给该货品多分拣货位，但要保证这些拣货位相邻。

（3）能够补上拣货位的要尽量全部补到拣货位上，不能补到拣货位的货要按货品分类摆放整齐。

（4）补货时应把货品整齐地补放在拣货位上，如拣货位上无法补完此种货品，则应把多余货品整齐存放在每一排指定的存货区，以便拣货位上缺货时能及时补货到位，以免延误拣货效率。

任务评价

在完成上述任务后，教师组织进行三方评价。全班举手投票，选出本任务的“最佳团队”，并完成如表 7–6 所示“补货作业”任务评价表的填写。

表 7–6　“补货作业”任务评价表

项目组		成　员				
评价标准	评价项目	分值（分）	自我评价（20%）	他组评价（30%）	教师评价（50%）	合计（100%）
	补货品合格率	20				
	补货数量误差率	30				
	补货时间延迟率	30				
	团队分工、合作情况	20				
合　计		100				

任务三 拣货作业

拣货策略

任务展示

某图书物流配送中心接到甲、乙、丙等不同书店的送货要求，如表 7–7 所示。

表 7–7 送货要求

书店	书名	出版社	刊号	数量（本）
甲	原则	中信出版社	9787508684031	50
	解忧杂货店	南海出版公司	9787544270878	100
	于丹《论语》心得	三联书店	9787108058485	80
	我的第一本专注力训练书	童趣出版有限公司	9787115274328	60
	你不该输在情绪上	四川文艺出版社	9787541148101	40
乙	原则	中信出版社	9787508684031	100
	于丹《论语》心得	三联书店	9787108058485	80
	中国居民膳食指南 (2021)	人民卫生出版社	9787117222143	30
丙	解忧杂货店	南海出版公司	9787544270878	80
	我的第一本专注力训练书	童趣出版有限公司	9787115274328	60
	中国居民膳食指南 (2021)	人民卫生出版社	9787117222143	30

所有图书需要在 3 月 15 日 12 时之前准备出库。请以小组为单位，分析讨论如何安排这项拣货作业，以小组为单位完成此次拣货作业。

任务准备

任务准备 1：什么是拣货作业

所谓拣货作业，是指配送中心依据顾客的订单要求或配送计划，迅速、准确地将商品从其储位或其他区位拣取出来，并按一定的方式进行分类、集中的作业过程。

任务准备 2：拣货作业的一般流程

拣货作业的一般流程具体如图 7–3 所示。

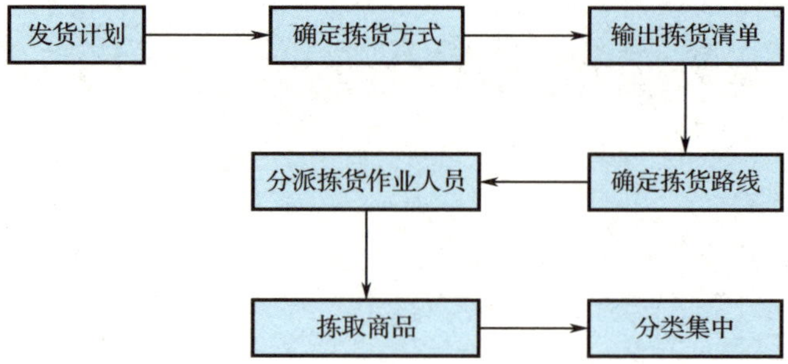

图 7-3　拣货作业的一般流程

1. 发货计划

发货计划是根据顾客的订单编制而成。订单是指顾客根据其用货需要向配送中心发出的订货信息。配送中心接到订货信息后需要对订单的资料进行确认、存货查询和单据处理，根据顾客的送货要求确定发货日程，最后编制发货计划。

2. 确定拣货方式

拣货通常有订单别拣取、批量拣取及复合拣取三种方式。

（1）订单别拣取（也称摘果法）

订单别拣取是指针对每一份订单，分拣人员按照订单所列商品及数量，将商品从储存区域或分拣区域拣取出来,然后集中在一起的拣货方式。订单别拣取作业方法简单，接到订单可立即拣货，作业前置时间短，作业人员责任明确。但对于商品品项较多时，拣货行走路径加长，拣取效率较低。

这种方式适用于订单大小差异较大、订单数量变化频繁、商品差异较大的情况，如化妆品、家具、电器、百货、高级服饰等。

（2）批量拣取（也称播种法）

批量拣取是指将多张订单集合成一批，按照商品品种、类别加总后再进行拣货，然后依据不同客户或不同订单分类集中的拣货方式。批量拣取可以缩短拣取商品时的行走时间，增加单位时间的拣货量。同时，由于需要订单累积到一定数量时，才做一次性的处理，因此，会有停滞时间产生。

这种方式适用于订单变化较小、订单数量稳定的配送中心和外形较规则、固定的商品出货。其次需进行流通加工的商品也适合批量拣取，再批量进行加工。然后分类配送，有利于提高拣货及加工效率，如箱装、扁袋装物品等。

（3）复合拣取

为克服订单别拣取和批量拣取方式的缺点，配送中心也可以采取将订单别拣取和批量拣取组合起来的复合拣取方式。

复合拣取即根据订单的品种、数量及出库频率，确定哪些订单适用于订单别拣取、哪些适用于批量拣取，分别采取不同的拣货方式。

3. 输出拣货清单

拣货清单是指配送中心将客户订单资料进行计算机处理，生成并打印出拣货单。拣货单如表 7-8 所示，拣货单上标明储位，并按储位顺序来排列货物编号，作业人员据此拣货可以缩短拣货路径，提高拣货作业效率。

表 7–8 拣货单

<table>
<tr><td colspan="4">拣货单号码：</td><td colspan="5">拣货时间：</td></tr>
<tr><td colspan="4" rowspan="3">顾客名称：</td><td colspan="5">拣货人员：</td></tr>
<tr><td colspan="5">审核人员：</td></tr>
<tr><td colspan="5">出货日期：　　年　　月　　日</td></tr>
<tr><td rowspan="2">序号</td><td rowspan="2">储位号码</td><td rowspan="2">商品名称</td><td rowspan="2">商品编码</td><td colspan="3">包装单位</td><td rowspan="2">拣取数量</td><td rowspan="2">备注</td></tr>
<tr><td>整托盘</td><td>箱</td><td>单件</td></tr>
<tr><td></td><td></td><td></td><td></td><td></td><td></td><td></td><td></td><td></td></tr>
<tr><td></td><td></td><td></td><td></td><td></td><td></td><td></td><td></td><td></td></tr>
</table>

4. 确定拣货路线及分派拣货作业人员

配送中心根据拣货单指示的商品编码、储位编号等信息，能够明确商品所处的位置，确定合理的拣货路线，安排拣货人员进行拣货作业。

5. 拣取商品

拣取的过程可以由人工拣货作业或机械辅助作业或自动拣货作业完成。

（1）人工拣货作业

通常小体积、少批量、搬运重量在人力范围内、拣出货频率不是特别高的，可以采取人工方式拣取。

（2）机械辅助作业

对于体积大、重量大的货物可以利用升降叉车等搬运机械辅助作业。

（3）自动拣货作业

对于出货频率很高的可以采取自动拣货系统。

6. 分类集中

经过拣取的商品根据不同的客户或送货路线分类集中。有些需要进行流通加工的商品还需根据加工方法进行分类，加工完毕再按一定方式分类出货。

多品种分货的工艺过程较复杂，难度较大，容易发生错误，必须在统筹安排形成规模效应的基础上，提高作业的精确性。

在物品体积小、重量轻的情况下，可以采取人力分拣，也可以采取机械辅助作业，或利用自动分拣机自动将拣取出来的货物进行分类与集中。

任务准备 3：拣货作业基本单位

确定拣货作业基本单位的必要性在于避免分拣及出货作业过程中对货物进行拆装，甚至重组，以提高分拣系统作业效率，同时也是为了适应分拣自动化作业的需要。

1. 单件

单件商品包装成独立单元，以该单元为拣取单位，是拣货的最小单位。

2. 箱

由单件装箱而成，拣货过程以箱为拣取单位。

3. 托盘

由箱堆码在托盘上集合而成，经托盘装载后加固。每托盘堆码数量固定，拣货时以托盘为拣取单位。

4. 特殊物品

对体积过大、形状特殊，或必须在特殊情况下作业的货物，拣货时以特定包装形式和包装单位为准，如桶装液体、散装颗粒、冷冻食品等。

任务准备 4：拣货信息的传递方式

拣货信息是拣货工作的指令。拣货作业的依据是客户的订单或其他送货指令，因此，拣货信息最终来源于客户的订单。拣货信息既可以通过手工单据来传递，也可以通过其他电子设备和自动拣货系统传输。

1. 订单传票

直接利用订单或公司的交货单作为拣货依据。

2. 拣货单传递

将原始的客户订单输入计算机，进行拣货信息处理后，生成并打印出拣货单。

3. 显示器传递

在货架上安装液晶显示器，通过自动控制系统传递拣货信息，显示器安装在储位上，相应储位上的显示器显示该货物应拣取的数量。

4. 无线通信传递

在叉车上安装无线通信设备，通过这种设备把应从哪个储位拣取何种货物用拣取数量等信息批示给叉车司机。

5. 计算机随行指示

在叉车或台车上设置辅助拣货的计算机终端机，拣取前先将拣货信息输入计算机，拣货人员依据叉车或台车上计算机传递的批示，到正确位置拣取货物。

6. 自动拣货系统传递

拣货过程全部由自动控制系统完成，通过电子设备输入订单后形成拣货信息，在拣货信息指导下由系统自动分拣作业。

任务执行

步骤 1：将全班学生分成 4 组，每组 3 ~ 6 人。

（1）第一组将案例中原始传票转换成拣货单或者电子信号，形成拣货资料及选取拣货方法。

（2）第二组确定拣货路径、搬运或行走。
（3）第三组拣货格。
（4）第四组集货。

步骤 2：实训要求

（1）各小组明确各自的职责范围，并制订相应的岗位要求。
（2）各小组按活动要求做好准备工作。
（3）各小组先进行讨论，熟悉自己的职责范围。
（4）各小组相互配合，按相关程序处理订单业务。
（5）各小组以 PPT 形式进行作业交流。

任务评价

在完成上述任务后，教师组织进行三方评价。全班举手投票，选出本任务的“最佳团队”，并完成如表 7–9 所示“拣货作业”任务评价表的填写。

表 7–9　“拣货作业”任务评价表

项目组		成员				
评价标准	评价项目	分值（分）	自我评价（20%）	他组评价（30%）	教师评价（50%）	合计（100%）
	案例分析透彻	30				
	团队讨论分析情况	20				
	PPT 制作情况	30				
	作业讲解情况	20				
合计		100				

任务四 流通加工作业

党的二十大报告强调：“坚持把发展经济的着力点放在实体经济上，推进新型工业化，加快建设制造强国、质量强国、航天强国、交通强国、网络强国、数字中国。”流通加工作业可提高服务水平、提高配送效率、降低配送成本等，增强产品竞争力，进而提高整体的配送经济效益，为促进实体经济的发展，推进新型工业化，有着重要意义。

任务展示

请以项目团队为单位，每个团队 5 人，根据以下案例情景进行分工，项目组长 1 名、项目组成员 4 名，负责工作内容为：备料、拆分、再组装、重新包装、复核、制作装箱单。

某医药配送中心收到 ×× 连锁药店的一笔配送订单，要求为其准备一批促销用药品，分别送往市内各个药店。鉴于本次配送的产品是用于药店成立 10 周年感恩回馈促销活动，产品种类较多，需要对配送中心储存的药品进行拆分、重新组合、包装，然后再进行配送。配送中心流通加工订单如图 7-4 所示。

XX医药集团——配送中心流通加工订单					
流通加工订单编号：	PZJG2021102203	发货库：	PZ1	交货日期：	2021年11月22日
客户名称：	××连锁药店	承运人：	公路运输部	交货部门：	流通加工部
				发货人：	李群
提货地址：	配送中心流通加工部（物流园区3号地块）			提货联系人/电话：	李群187********
收货单位/收货人地址：	云南省昆明市XX医药集团连锁药店十周年店庆项目组			收货联系人/电话：	王经理138********
备注：	根据合同要求，2021 年11月22日上午10点，需要把以下数量的产品，送达收货人指定的地点。				
物料编码	品名及规格	单位	数量	批号	件数
	××连锁药店十周年店庆感恩回馈豪华套装	套	1800		360
合计：					360
提货联系人/仓管员： 日期：		承运商签收： 日期：		客户收货签收： 日期：	

本订单一式4联，其中第一联由加工部留存，第二联由承运商留存，第三联是客户联，第四联是签单返回。

图 7-4　配送中心流通加工订单

本次订单需要按照以下套装的要求来配货并组合包装，套装包含以下功能的物品。

（1）预防心脑血管类疾病的药品、文山三七、天麻等。

（2）脑心舒口服液 2 盒。

（3）血压计、手环、运动护腕、护腰带。

（4）适于家用和车载的急救包：止血绷带、创可贴、消炎药、钳子、手电筒、口罩。

（5）洗漱包：牙刷、牙膏、毛巾、洗面奶、洗发水、沐浴露、护手霜、面膜等。

（6）印制有该药店 LOGO 的徽章一枚、用于书写的卡片 1 张。

套装外包装需要印制 ×× 连锁药店的 LOGO。

以上各类物品，均是以整箱为单位，存放在配送中心的储存区。

分析讨论配送中心应该如何组织实施流通加工作业，确保该笔订单顺利圆满完成。每个项目团队派一名代表分享团队讨论结果。可配合使用卡片代表相关物品。

任务准备

任务准备 1：什么是流通加工

根据《中华人民共和国国家标准物流术语》的定义，流通加工（Distribution Processing）是指物品在从生产地到使用地的流通过程中，根据需要施加包装、分割、计量、分拣、刷标志、拴标签、组装等简单作业的总称。

流通加工是指为了提高物流速度和物品的利用率，在物品进入流通领域后，按客户的要求进行的加工活动，即在物品从生产领域向消费领域流动的过程中，为了促进销售、维护物品质量和提高物流效率，对物品进行一定程度的加工，使物品发生物理、化学或形状的变化，改变或完善物品原有的形态，从而实现提升物品的附加价值。因此流通加工是流通中的一种特殊形式。

流通加工示意图如图 7-5 所示。

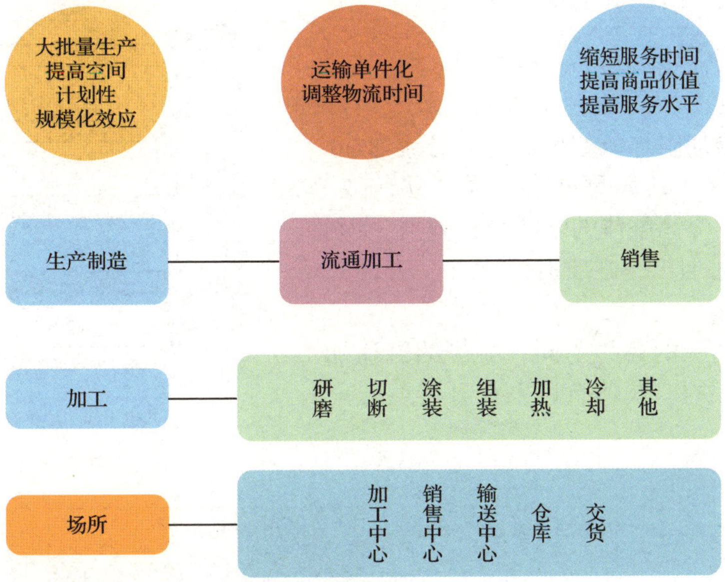

图 7-5　流通加工示意图

任务准备 2：流通加工与生产加工有何区别

流通加工与生产加工的区别如图 7-6 所示。

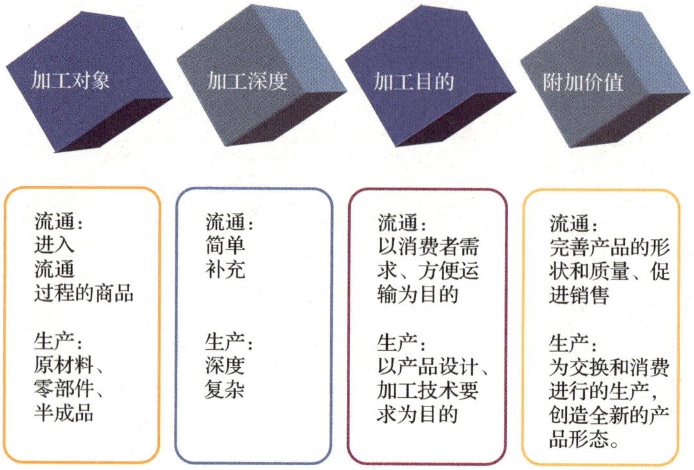

图 7-6　流通加工与生产加工的区别

任务准备 3：流通加工作业类型有哪些

根据用户的需求对物品进行套裁、简单组装、分装、贴标、包装等作业，流通加工是一项可提高服务水平、增加附加值的作业。通过流通加工，可以大大提高客户的满意程度，提高配送效率、降低配送成本，提高整体的配送经济效益。因此，配送中心的流通加工，主要有以下几个方面的目的，如图 7-7 所示。

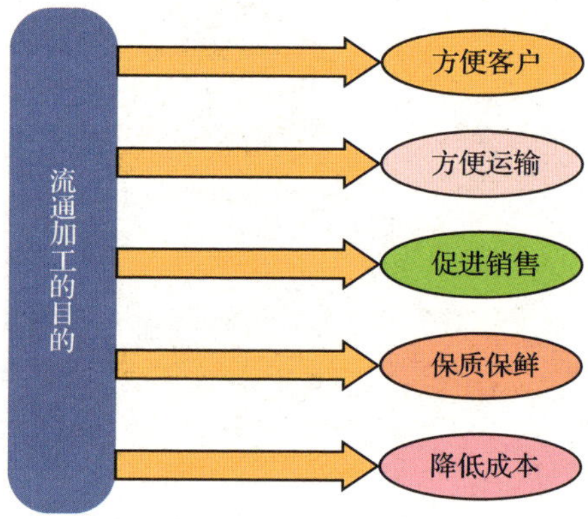

图 7-7　流通加工的目的

由于流通加工的目的不同，相应的流通加工的类型也各不相同，具体有以下几种类型：

- 为弥补生产领域加工不足的深加工

  由于受到各种因素的限制，许多产品在生产领域的加工只能到一定程度，而不能完全实现终极的加工。如钢板、圆木的进一步下料、切裁。

- 为满足需求多样化进行的服务性加工

  生产部门为了实现高效率、大批量的生产，其产品往往不能完全满足用户的要求。为了满足用户对产品多样化的需要，同时又要保证高效率的大生产，可将生产出来的单一化、标准化的产品进行多样化的改制加工。如消费品的不同袋装。

- 为保护产品所进行的加工

  在物流过程中，为了保护商品的使用价值，延长商品在生产和使用期间的寿命，防止商品在运输、储存、装卸搬运、包装等过程中遭受损失，可以采取稳固、改装、保鲜、冷冻、涂油等方式。如水产品、肉类、蛋类食品的保鲜加工、冷冻加工、防腐加工等。

- 为提高装卸效率，方便物流的加工

  如过大设备解体、气体液化。

- **为促进销售的流通加工**：流通加工也可以起到促进销售的作用，例如，将过大包装或散装物分装成适合依次销售的小包装的分装加工；将以保护商品为主的运输包装改换成以促进销售为主的销售包装，以起到吸引消费者、促进销售的作用，例如，将蔬菜、肉类洗净切块以满足消费者要求。
- **为提高加工效率的流通加工**：它以一家流通加工企业的集中加工代替了若干家生产企业的初级加工。
- **为提高原材料利用率的流通加工**：如钢材套裁、集中下料。
- **衔接不同运输方式，使物流合理化的流通加工**：在流通加工点与大生产企业间形成大批量、定点运输的渠道，以流通加工中心为核心，组织对多个用户的配送，也可以在流通加工点将运输包装转换为销售包装，从而有效衔接不同目的的运输方式。例如，散装水泥中转仓库把散装水泥装袋。
- **为实施配送进行的流通加工**：为了实现配送活动，满足客户的需要而对物资进行的加工。如混凝土搅拌车。
- **生产–流通一体化的流通加工形式**：生产企业与流通企业联合，对生产与流通加工进行合理分工、合理规划、合理组织。这种形式可以促成产品结构及产业结构的调整，充分发挥企业集团的经济技术优势，是目前流通加工领域的新形式。

任务准备 4：流通加工作业的主要内容和流程是什么

不同的行业，配送中心的流通加工作业内容不同，一般来说，常见的流通加工作业，如贴标签作业、热缩包装、礼品包装、大包装拆为小包装分装、食品类加工等，流通加工作业流程图如图 7–8 所示。

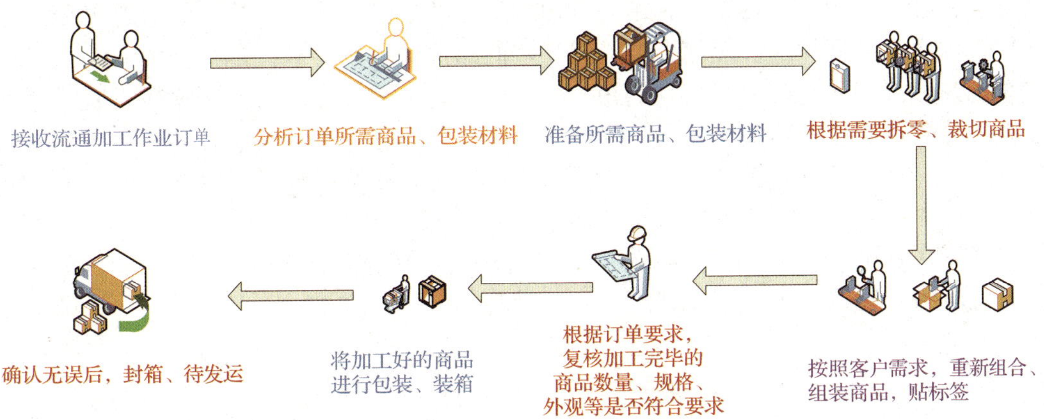

图 7–8 流通加工作业流程图

我们选取几种典型常见的流通加工作业，对其内容和作业流程进行学习研究。

1. 贴标签作业

贴标签作业大致可分为贴中文说明标签和贴价格标签。我国规定进口商品必须要有中文说明标签，所以，贴中文说明标签主要以进口商品为主，是为进口贸易商的一种物流增值服务项目。另一种是贴价格标签，是为销售商提供的一种增值物流服务项目。其作业大部分在分拣作业完成后进行，如服装配送的流通加工和书籍加工等。

服装配送的流通加工作业，主要是缝商标、挂价格标签、改换包装、重新组合包装等。

书籍的加工作业，主要是对书籍进行简单装帧、套书壳、挂书签及运输防破损的包装，还有退回书籍的重新整理和复原等。

贴标签的一般作业流程是：搬运（准备）包装纸箱、切开纸箱—贴标签—封箱（或装入纸箱）—放回托盘。贴标签作业常用的设备是贴标机，平面贴标机、圆瓶专用全自动贴标机分别如图 7-9 和图 7-10 所示。

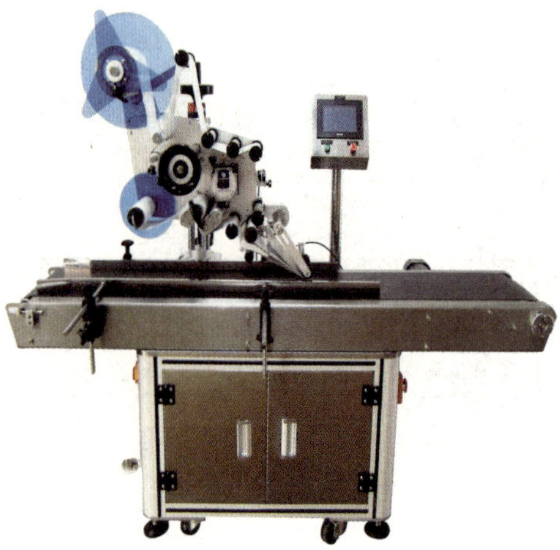

图 7-9　平面贴标机

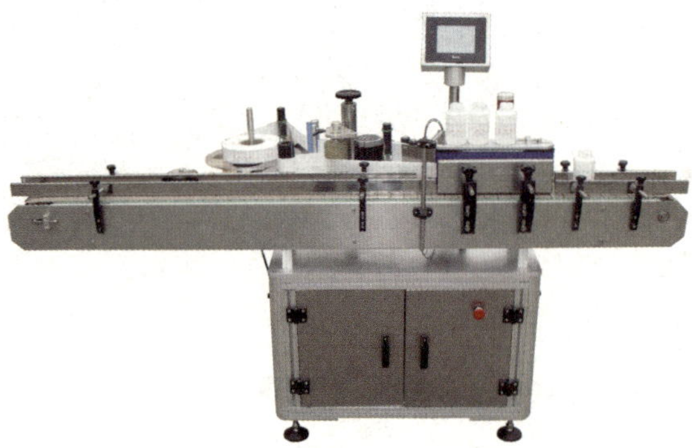

图 7-10　圆瓶专用全自动贴标机

2. 热缩包装

在流通加工作业中，热缩包装是一种比较常见的加工方式，主要是针对超市和大型卖场的销售需求来开展作业。热缩包装是把某些商品按照促销要求，把几种商品进行重新组合，再用热收缩塑料包装材料把这些物品捆绑在一起，采用热缩机使薄膜在高温环境下受热变软，冷却后收缩。热缩包装的收缩强度较大，能承受较重、较大的物品。

热缩包装的一般作业流程是：打开纸箱—取出商品（按组合所需数量）—套 PE（热收缩塑料）袋—封口、热收缩—放入纸箱内—封箱。

在实际工作中，经常使用专业的热缩包装机来完成热缩包装作业，效率高、包装精美，自动恒温收缩包装机（可视窗）如图 7-11 所示。

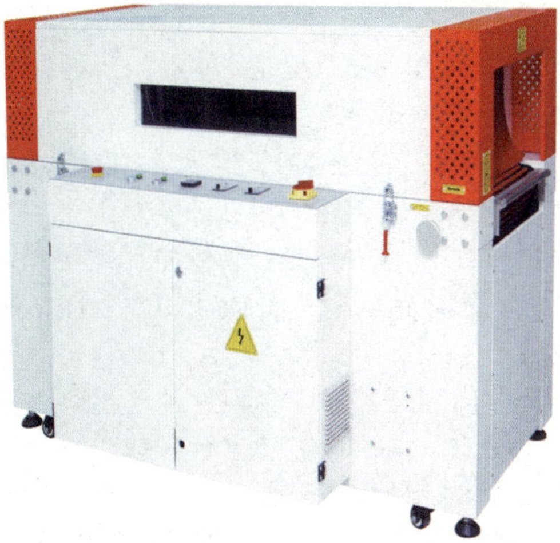

图 7-11　自动恒温收缩包装机（可视窗）

3. 礼品包装

礼品包装主要是节庆日促销或者是作为员工福利发放，需要把多种商品组合在一起，组装成礼盒进行配送。如南北特产礼盒、中秋月饼礼盒套装、旅行套装、家用（车载）爱心医药箱等。

礼品包装的一般作业流程是：准备包装材料和商品—拿出礼盒—清点礼品清单—放入商品—再次核对礼品—热收缩—贴标签、装箱—封箱。

以上作业经常用到一种包装设备——打包机，全自动打包机如图 7-12 所示。

在日常的流通加工作业中，有时客户会要求为纸箱套上塑料材质的保护袋，一方面保护商品在运输过程中不会因为挤压变形，另一方面也能增加礼品盒的价值。一般会使用纸箱套袋机来完成套装作业，全自动纸箱套袋机如图 7-13 所示。

图 7-12　全自动打包机

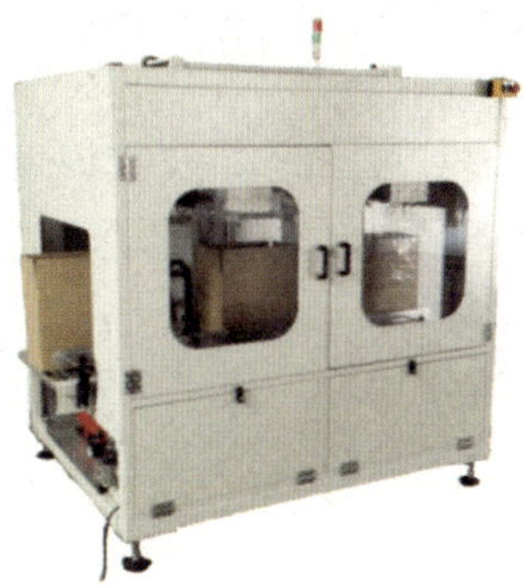

图 7-13　全自动纸箱套袋机

4. 大包装拆为小包装分装

把大包装改为小包装分装，一种情况是为国内外厂商的大包装和整件商品或者散装商品，以计量或计重的包装方式，改为商品的销售包装。另一种是按照消费者需求，因为需要的数量不多，所以把整件的商品拆零，根据客户订单需求配送。

大包装拆为小包装分装作业的一般流程是：准备包装材料和商品—按单拆零（计量或计重）—填充空隙—封口、贴标签—放入纸箱内—封箱。

比较典型的大包装拆为小包装分装的加工作业是：钢板剪切与套裁、玻璃裁制及木材的加工等。具体作业内容如下。

（1）钢板剪切与套裁的加工作业内容是：剪板加工是在固定地点设置剪板机；下料加工是设置各种切割设备，将大规格钢板裁小，或裁切成毛坯，便利用户。包括卷板的开卷与剪切、线材的拉直与裁剪等。

（2）玻璃裁制的加工作业内容是："集中套裁、开片供应"是重要的流通加工方式。在消费比较集中的地区，按照用户需求，对玻璃进行套裁和开片，在此基础上，有利于玻璃生产厂简化规格，形成单品种大批量生产。套裁中心按需要裁制，可以逐渐形成从工厂到套裁中心的稳定、高效率、大规模的平板玻璃"干线输送"，以及从套裁中心到用户的小批量、多用户的"二次输送"的现代物流模式。

（3）木材的加工作业内容和流程是：磨制木屑、压缩输送。在林木生产地就地将原木磨成木屑，然后采取压缩方法，使之成为容重较大、容易装运的形状，最后运至靠近消费地的造纸厂。

集中开木、下料。在流通加工点将原木锯开裁成各种规格的锯材，同时将碎木、碎屑集中加工成各种规格板。

5. 食品类加工

食品类包括海鲜、蔬菜水果、酒类、饮料等，一般来说有以下作业流程。

（1）冷冻加工

对海鲜等需要冷藏运输的产品，首先进行冷冻，达到冷冻规定温度，再用专门的冷藏车进行配送。

（2）分选加工

农副产品离散情况较大，为获得一定规格的产品，采取人工或机械分选的方式加工，称为分选加工。广泛用于果类、瓜类、谷物、棉毛原料等。

（3）精制加工

精制加工是在产地或销售地设置加工点，去除无用部分，甚至可以进行切分、洗净、分装等加工。可对加工的淘汰物进行综合利用。

（4）分装加工

在销售地区按所要求的零售起点量进行新的包装，即大包装改小包装、散装改小包装、运输包装改为销售包装。

任务执行

步骤1：项目团队按照客户要求，组织开展流通加工作业

每个项目团队首先分析这一笔配送订单属于哪种类型的流通加工，有没有可以直接选用的作业流程，加工作业中需要注意什么。经过分析讨论，得出：这一笔配送订单，属于

典型的礼品包装的流通加工作业，我们可以参照如图 7–14 所示流通加工作业流程示意图的作业流程来开展加工作业。

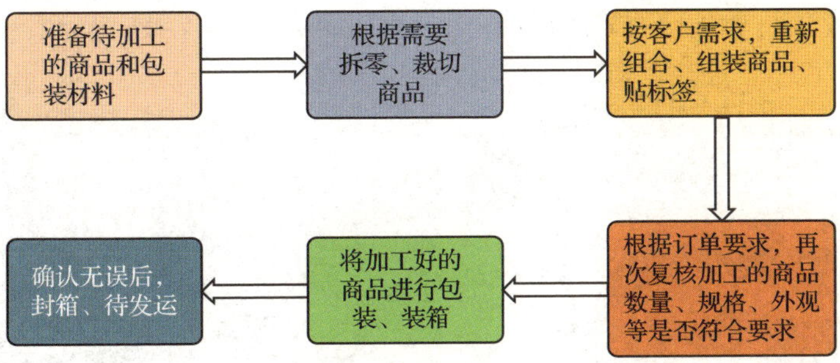

图 7–14　流通加工作业流程示意图

注意事项：由于本次作业的内容是礼品，所以在作业过程中，我们需要认真核对礼品清单，确保没有遗漏，不会出现多装、漏装和错装等情况，同时注意轻拿轻放，保护好商品，避免商品破损。

步骤 2：确定流通加工作业类型，选择合适的作业流程，分工合作，实施加工作业

本项目任务展示的流通加工作业，属于典型的礼品包装加工作业。一方面需要严格按照客户要求的清单明细准备商品，进行包装，确保无遗漏、无错装等情况；另一方面需要考虑运输和装卸搬运的便利性，在保证礼品盒在配送过程中不会变形、破损的情况下，还要考虑包装尽可能方便销售商促销，方便消费者携带。具体作业流程如下。

1. 准备包装材料和商品

包装材料包括客户指定的礼品盒和为了方便搬运和运输的外部保护的纸箱。在实际操作中，需要考虑加工的合理化，根据运输要求和销售要求，考虑成本和环保等因素，选用合适的包装材料。本次作业选用纸箱、热缩膜和捆扎绳等包装材料，包装用纸箱和热缩膜如图 7–15 所示。

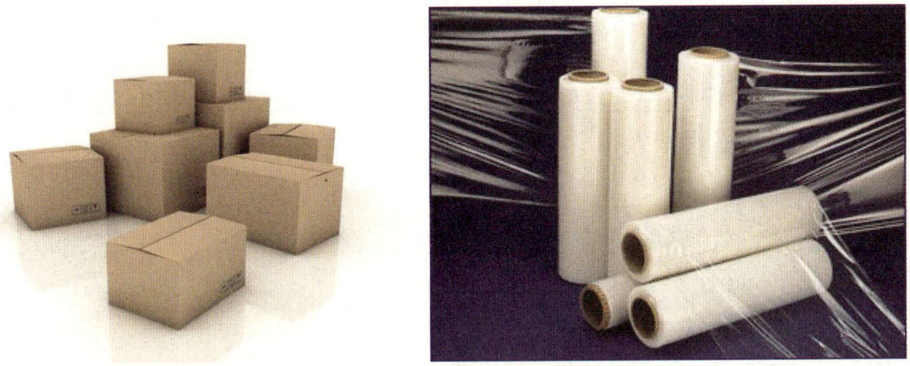

图 7–15　包装用纸箱和热缩膜

2. 拆零商品

把整件的商品拆零，放在托盘上备用。

按照礼品清单，从周转箱里逐一拾取产品，然后重新组合在一起，打开礼品盒，准备装入礼品盒内，按照订单所需产品清单备货、拆零商品如图 7–16 所示。

图 7–16　按照订单所需产品清单备货、拆零商品

3. 组装礼盒

将备好的礼品逐一放入礼品盒，并再次核对清点礼品盒里的内装物品是否与礼品清单一致，组装礼盒如图 7–17 所示。

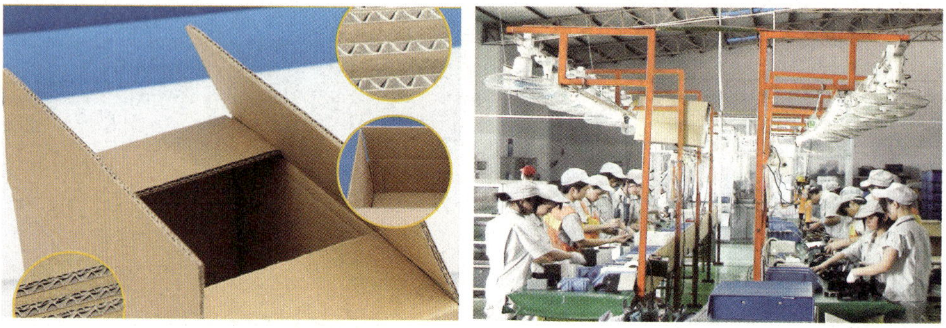

图 7–17　组装礼盒

4. 热缩包装

为了保证运输过程中礼品盒不因挤压、颠簸等导致破损，需要对礼品盒进行热收缩包装，塑料热收缩膜包装保护礼盒，如图 7–18 所示。

5. 贴标签、装箱

给礼盒贴上标签，标明内装物明细及规格、组装日期等，然后装箱，装箱、贴标签并扫码读取信息如图 7–19 所示。

6. 制作装箱单、封箱

为了方便装卸和运输，把多个礼盒放进纸箱里，制作装箱单，装箱单需要包括内装物品品名、尺寸规格、重量、数量等信息。封箱，然后把装箱单贴在纸箱正面，方便装卸运输核对信息，礼盒内装物品清单如图 7–20 所示。

图 7-18 塑料热收缩膜包装保护礼盒

图 7-19 装箱、贴标签并扫码读取信息

装箱日期：2021年11月15日
DATE: Nov. 15. 2021
包装方式： 热缩卷装

装 箱 单

PACKING LIST

箱件号:PZJG-01-01/02
名称：礼品盒

产品名称	××连锁药店十周年店庆感恩回馈豪华套装		
序号 IT	零部件名称及规格	数量	单位
1	三生三世十里桃花旅行小样装：12片装三件套面膜	1	套
2	血塞通胶囊12粒×2板/盒×200盒/件	2	盒
3	文山三七粉（40头×100 g）/瓶	1	瓶
4	昭通天麻粉100 g/瓶	1	瓶
5	脑心舒口服液10 mL×10支/盒	2	盒
6	家用/车载型急救包	1	个
7	电子血压计	1	个
8	运动手环	1	个
9	运动护腕	2	个
10	护腰带	1	条
11	洗漱包（旅行套装）	1	套
12	××医药公司LOGO徽章	1	个
制表员 Tab Members	装箱尺寸 Encasement		
装箱员 Packer	审核员 Auditor		

图 7-20 礼盒内装物品清单

7. 做好加工作业记录

清洁作业现场，并填写加工作业记录表。

记录作业起始时间、项目成员、加工的产品内容等，存档备查。

任务评价

在完成上述任务后，教师组织进行三方评价。全班举手投票，选出本次任务的“最佳团队”，并完成如表 7–10 所示“流通加工作业”任务评价表的填写。

表 7–10 “流通加工作业”任务评价表

项 目 组		成 员				
评价标准	评 价 项 目	分值（分）	自我评价（20%）	他组评价（30%）	教师评价（50%）	合计（100%）
	礼品道具卡片准备情况	25				
	团队讨论分析情况	25				
	团队代表发言情况	30				
	团队分工、合作情况	20				
合 计		100				

任务五　送货作业

党的二十大报告强调："构建优质高效的服务业新体系，推动现代服务业同先进制造业、现代农业深度融合。加快发展物联网，建设高效顺畅的流通体系，降低物流成本。加快发展数字经济，促进数字经济和实体经济深度融合，打造具有国际竞争力的数字产业集群。"物流体系中，科学规划送货路线、采用新能源动力的运载工具等开展送货作业，对于提高物流流通效率、降低物流成本，建设高效顺畅的流通体系有着重要意义。

任务展示

某医药配送中心送货作业环节的流程，运输组工作流示意图如图 7-21 所示。

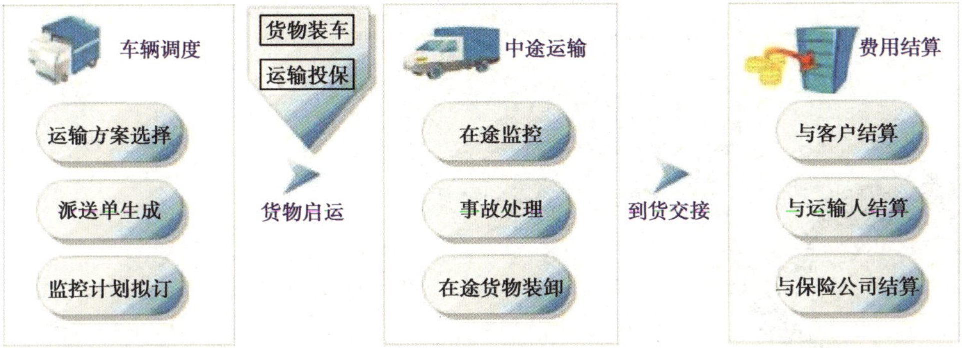

图 7-21　运输组工作流示意图

根据示意图展示的工作流程，每个项目团队安排两位同学进行"堵城配送"情景剧表演。扮演角色分别是王调度和小李（王调度是某配送中心负责调度车辆的调度员，小李是某配送中心的送货员）。台词如下：

没错，要先送医药公司的货，所以装在最后了，这可急死人了，你快给想想办法。
你的右前方100米左右有条通往××医院的路，你一会儿右转，开往××医院，先去医院送货，送达后再从南二环赶往 ××医药公司。时间来得及。
是吧？可是，这不得先把××医药公司的货先卸了，才能卸载医院的货啊！
哈哈，你的车厢右侧有侧门，到了医院，你打开车厢右边的侧门，就可以直接卸载医院的药。
哦，对！真是神机妙算。你怎么知道我右前方这条路通往医院的呢？这条路不堵吗？
这不是GPS定位嘛，我用软件给你重新规划了路线，系统显示，正好那条路不堵。送货也要讲科学嘛，快去吧！

请以项目团队为单位，分析讨论应该怎么开展送货作业，需要注意什么，才能像王调度一样，不受外界因素影响，保证准时送达。每个项目团队派一名代表分享团队讨论结果。

任务准备

任务准备 1：什么是送货作业

送货作业是指将被订购的货物使用汽车或其他运输工具从供应点送至顾客手中的过程。货物可能是从工厂等生产地仓库直接送到客户手中，也可能通过批发商、经销商或由配送中心、物流中心转送至客户手中。

送货作业即配送运输作业，通常是一种短距离、小批量、高频率的运输形式，它以尽可能满足客户要求为宗旨。如果单从运输的角度看，它是对干线运输的一种补充和完善，属于末端运输、支线运输，主要通过汽车运输的方式开展作业；对于具有城市轨道货运条件的，则采取轨道运输方式开展送货作业；对于跨城市的地区配送，可采用铁路运输进行，具备航运条件的则采用船舶进行送货。

任务准备 2：送货作业有什么特点

送货作业是物流配送中心最终直接面对客户的服务，送货作业的特点如图 7–22 所示。

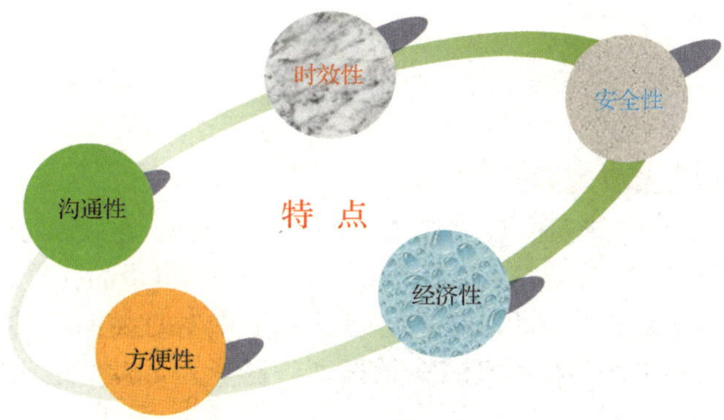

图 7–22　送货作业的特点

- 沟通性：通过送货上门服务直接与客户接触。
- 时效性：快速及时，确保在客户指定的时间内送达指定地点。
- 安全性：货物完好无损地送到目的地。
- 经济性：以较低的费用，完成送货作业。
- 方便性：尽可能地让顾客享受到便捷的服务。

任务准备 3：影响送货作业开展的因素有哪些

影响送货作业效果的因素很多，可以分为动态因素和静态因素，影响送货作业开展的因素如图 7–23 所示。

动态因素：如车流量变化、道路施工、配送客户的变动、可供调动的车辆变动等。

静态因素：如配送客户的分布区域、道路交通网络、车辆运行限制等。

各种因素互相影响，很容易造成送货不及时、配送路径选择不当、贻误交货时间等问题。因此，对配送运输的有效管理极为重要，否则不仅影响配送效率和信誉，而且将直接导致配送成本的上升。

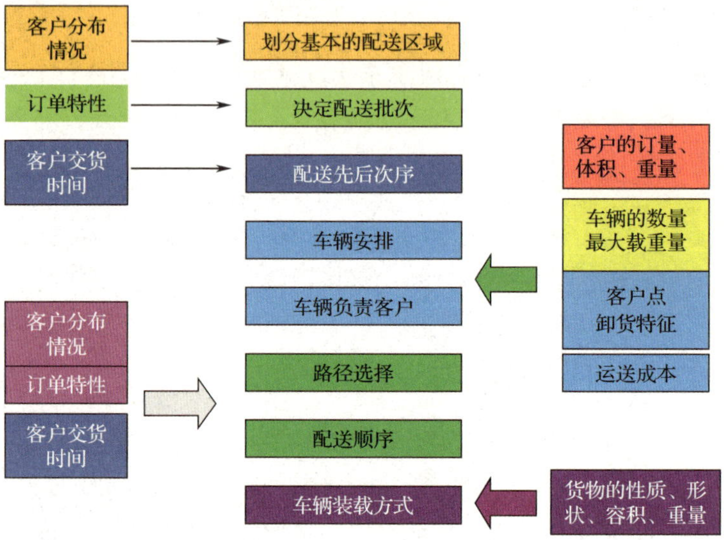

图 7-23　影响送货作业开展的因素

任务准备 4：送货作业应遵循哪些基本原则

1. 制订送货计划主要应遵循以下原则

根据市场、客户需求，决定配送资源规划的重点。送货路线的规划要能将各商店的时间要求和先后到达顺序安排妥当，确保在指定的时间内，将货品完好无缺地送达目的地交货。在作业过程中，需要注意装卸过程中、运送过程中对货品的保护。安排送货人员时，需要充分考虑对客户地点及作业环境的熟悉程度。送货人员良好的沟通能力和服务态度，能有效提升送货的服务水平。

尽量满足客户的需求，计划应该具有弹性，以便能随时应对突发情况，为客户提供优质的服务，如信息传递、顺道退货、辅助资源回收等。

在保证安全的前提下，坚持按照成本最低、路程最短、运力利用最合理、人员占用最少、车辆损耗最低的原则来制订送货计划。

2. 车辆装载应遵循以下原则

- 轻重搭配的原则
- 确定合理的堆码层次及方法
- 到达同一地点的适合配装的货物应尽可能一次积载
- 装载时不允许超过车辆所允许的最大载重量
- 大小搭配的原则

车辆装货时，必须将重货置于底部，轻货置于上部，避免重货压坏轻货，并使货物重心下移，从而保证运输安全。

可根据车厢的尺寸、容积、货物外包装的尺寸来确定。

- 装载易滚动的卷状、桶状货物，要垂直摆放
- 货与货之间、货与车辆之间应留有空隙并适当衬垫，防止货损
- 装货完毕，应在门端处采取适当的稳固措施，以防开门卸货时，货物倾倒造成货损
- 货物性质搭配原则
- 尽量做到“后送先装”

拼装在一个车厢内的货物，其化学性质、物理属性不能互相抵触。

任务准备 5：送货作业的主要方式是什么

影响送货作业的因素较多，为了在运输方法的选择上既有利于客户的便捷性、经济性，又有利于货物的安全性，应尽量避免不合理运输。送货作业的主要方式如图 7–24 所示，送货作业的主要方式有：汽车整车运输、多点分运及快运。

图 7–24　送货作业的主要方式

1. 汽车整车运输

汽车整车运输是指同一收货人、一次性需要到达同一站点，且适合配送装运 3 吨以上的货物运输，或者货物重量在 3 吨以下，但其性质、体积、形状需要一辆 3 吨以上车辆一次或一批运输到目的地的运输。

2. 多点分运

多点分运是在保证满足客户要求的前提下，集多个客户的配送货物进行搭配装载，以充分利用运能、运力，降低配送成本，提高配送效率。具体包括往复式行驶线路、环形行驶线路、汇集式行驶路线和星形行驶路线四种形式。

3. 快运

根据《道路货物运输管理办法》的有关规定，快件货运是指接受委托的当天 15 时起算，300 千米运距内，24 小时内送达；1 000 千米运距内，48 小时内送达；2 000 千米运距内，72 小时送达。

快运具有送达速度快、配装手续简捷、实行承诺制服务、可随时进行信息查询等特点。包括定点运输、定时运输、特快运输、联合快运等形式。

任务准备 6：送货作业的一般流程是什么

为了更直观地了解送货作业开展的流程，我们参照如图 7–25 所示的送货作业业务流程图，来学习送货作业的开展步骤，图中中间的步骤是决策结果，而决策依据是左右两边所示的因素。

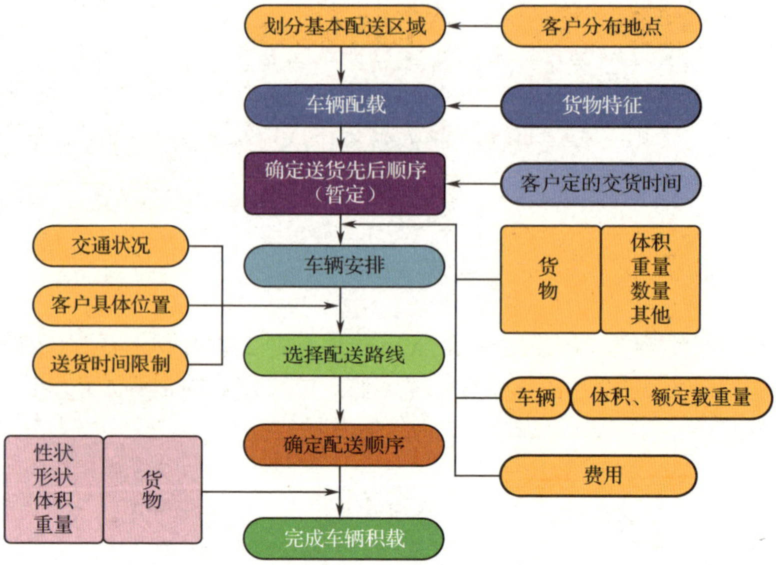

图 7-25　送货作业业务流程图

1. 划分基本配送区域

为使整个配送有一个可遵循的基本依据，应首先将客户所在地的具体位置，进行系统统计，并划分为不同的区域，将每一个客户囊括在不同的基本配送区域中，以作为下一步决策的基本参考。例如，按行政区域或根据交通条件，划分不同的配送区域，在此区域划分的基础上进行弹性调整来安排送货。

2. 车辆配载

由于配送货物品种的特性各异，为提高配送效率，确保货物质量，必须首先对特性差异大的货物进行分类。在接到订单后，将货物依特性进行分类，以分别采取不同的配送方式和运输工具，如按冷冻食品、速冻食品、散装货物、箱装货物等分类配载。其次，配送货物也有轻重缓急之分，必须初步确定哪些货物可配于同一辆车，哪些货物不能配于同一辆车，以做好车辆的初步配装工作。

3. 暂定配送先后顺序

在考虑其他影响因素、做出最终的送货方案前，应先根据客户订单要求的送货时间将配送的先后作业次序进行概括的预计，为后面车辆积载做好准备工作。计划工作的目的，是为了保证达到既定的目标，所以，预先确定基本配送顺序可以既有效地保证送货时间，又尽可能地提高运作效率。

4. 车辆安排

车辆安排要解决的问题是：安排什么类型、什么吨位车辆进行最后环节的送货作业。

一般企业拥有的车辆车型和数量是有限的，当本公司车辆无法满足要求时，可使用外雇车辆。在保证配送运输质量的前提下，是组建自营车队，还是以外雇车辆为主，则须视经营成本而定。

但无论是自有车辆还是外雇车辆，都必须事先掌握可供调派的车辆的条件是否满足要求，比如容量和额定载货等是否满足要求；其次，安排车辆之前，还必须分析订单上的货物信息，如体积、质量和数量、性状以及对于装卸的特别要求等，综合考虑各方面的因素，做出最合适的车辆安排。

5. 选择配送线路

明确每辆车负责配送的具体客户后，如何以最快的速度完成对这些货物的配送，即如何选择配送距离短、配送时间短、配送成本低的线路，这需根据客户的具体位置、沿途的交通情况等做出优先选择和判断。除此之外，还必须考虑有些客户或其所在地点环境对送货时间、车型等方面的特殊要求，如有些客户不在中午或晚上收货，有些道路在某高峰期实行特别的交通管制等。

6. 确定配送顺序

做好车辆安排及选择最佳的线路后，依据各车负责送货的具体客户的先后，将客户的最终派送按顺序确定。

7. 完成车辆积载

明确了客户的配送顺序后，接下来就是如何将货物装车、以什么次序上车的问题，即车辆的积载问题。原则上确定了客户的配送先后顺序，只要将货物依“后送先装”的顺序装车即可。但有时为了有效利用空间，可能还要考虑货物的性质(怕震、怕压、怕撞、怕湿)、形状、体积及质量等做出弹性调整。

此外，对于货物的装卸方法也必须依照货物的性质、形状、质量、体积等来做具体决定。

在以上各阶段的操作过程中，需要注意的要点有：

- 明确订单内容
- 掌握货物的性质
- 明确具体配送地点
- 适当选择配送车辆
- 选择最优的配送线路
- 充分考虑各作业点装卸货时间

任务执行

步骤 1：表演“堵城送货”情景剧

每个项目团队安排两位同学扮演小李和王调度员，表演“堵城送货”情景剧。

步骤 2：分组讨论如何保证准时送达

本项目任务展示中出现的情况，属于送货作业过程中常见的情景。送货途中因为堵车延误，会造成顾客的不满而导致服务水平下降，对配送中心影响极为不好。送货服务质量的高低，通常关系整个配送中心的运营水平和对外形象。那么如何优化送货路线保证准时送达？那就是要严格按照送货作业的流程来开展工作，在综合考虑各线路车流量、道路状况、客户的分布状况、配送中心的选址、车辆额定载重量及其他车辆运行限制等因素的基础上，找出一条最佳的运输线路解决方案，以达到节省运行距离、运输时间和运行费用的目的。

由于送货作业也是配送中心各项工作中较为重要的一个环节，所以，在具体实践中，往往需要具备系统思维，综合考虑各个环节的协调和配合。具体可以参照以下工作流程来开展作业。

1. 审核送货订单

首先审核送货订单，区分紧急状态，确定订单是否正常，根据订单制订送货计划。依据订单审核结果，紧急状态不同，处理方法也不相同，在实际操作中，具体参照如图 7–26 所示送货订单审核工作流程图的处理方法来执行。

在制订送货计划时，应该主要考虑以下因素。

- 订单内容的检查、确认订单的紧急程度
- 送货处所、送达地点确认
- 配送路径如何顺路
- 货品送至客户手中时间的估计
- 考虑装卸时间以便做出调整
- 查询交通路况，根据情况，对出发时刻做出调整，避免拥堵
- 对送货运输工具进行选定
- 充分考虑不同路径运送的物资的重量和体积
- 送货的费用和成本

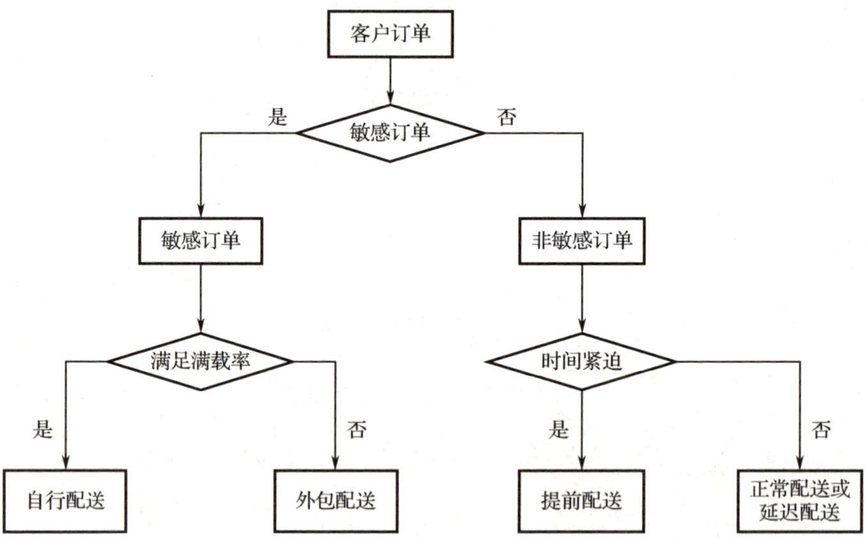

图 7–26　送货订单审核工作流程图

2. 制订合理的送货计划

制定合理的送货计划，主要是依靠经验法来实施，在实际操作中，制订合理送货计划需要考虑的因素及内容参照图 7–27，有利于送货计划更高效、更顺利地开展。

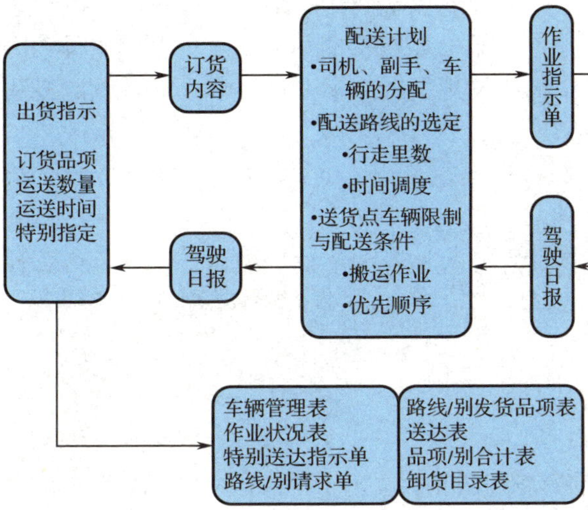

图 7-27　制订合理送货计划需要考虑的因素及内容

3. 选择合适的送货路线和运输工具

送货路线和运输工具的选择，是基于如图 7-28 所示的运输业务操作步骤图来展开的，所涉及的相关业务需要在这个环节对送货人员进行安排和培训，以免遗漏和出差错。

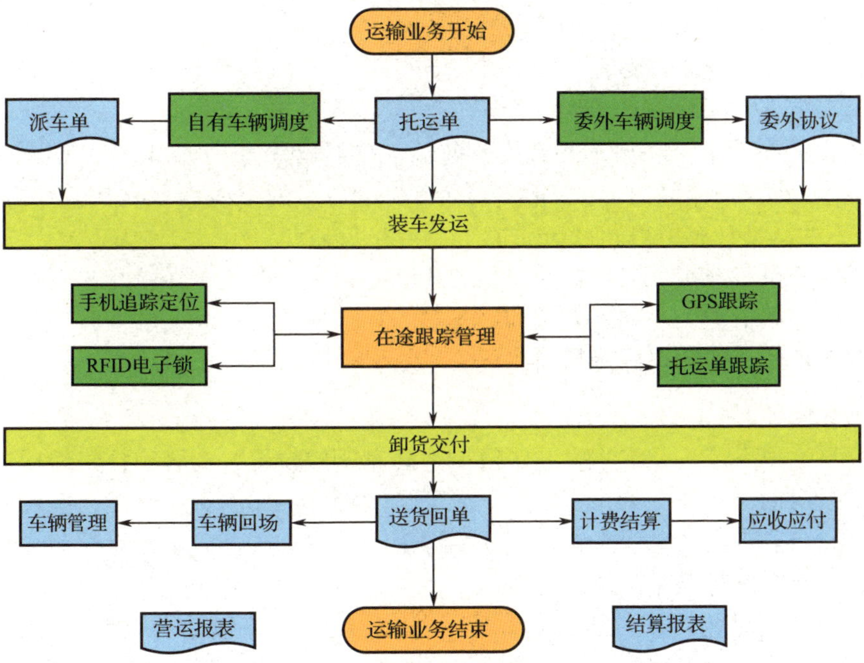

图 7-28　运输业务操作步骤图

（1）选择合适的路线

根据交通管理部门的规定，以人工经验为主，依靠车辆调度员对于交通路况等的经验，借助软件等工具的辅助决策，选择适合送货车辆行驶的路线，避免走拥堵的路线。在运输成本合理的情况下，优先考虑路程较短、不拥堵的路线，这样可以提高送货效率。

简单的运输送货，可以借助常用的导航软件和卫星定位系统来辅助决策。专业、复杂的运输送货，可以用运筹学中的线性规划方法来开展工作，如最短路径法、表上作业法和图上作业法等。

正确选择运输配送路线，实行送取结合。尽量避免空载和对流等不合理的运输。

（2）选择合适的运输工具

根据货物的数量、重量和体积及对储藏、运输环境条件的要求，选择载重量、车辆高度等符合货物特点的车辆，如大、中、小型货车，厢式货车或者冷藏专用车等运输工具，保证运输任务按期完成。

4. 车辆配装、装载合理

（1）装卸的基本要求

装车前需要对车厢进行检查和清扫，并且根据货物性状和体积等特点，确定最恰当的装卸方式，合理配置、使用装卸机具，保证装卸质量的同时，提高装卸作业效率，力求减少装卸次数。防止货物装卸时的混杂、散落、漏损、砸撞，装车的货物应数量准确，捆扎牢靠，做好防丢措施；卸货时应清点准确，码放、堆放整齐，标志向外，箭头向上。提高货物集装化或散装化作业水平，做好装卸现场组织工作，确保作业规范和安全。

（2）装车堆积

堆积的方式

堆积的方式有行列式堆码方式和直立式堆码方式。

堆积应注意的事项如下。

①堆码方式要有规律、整齐。

②堆码高度不能太高。

③货物在横向上不得超出车厢宽度，前端不得超出车身，后端不得超出车厢的长度。车厢的长度为：大货车不超过 2 m；载重量 1 000 kg 以上的小型货车不得超过 1 m；载重量 1 000 kg 以下的小型货车不得超过 50 cm。

④堆码时应重货在下、轻货在上；包装强度差的应放在包装强度好的上面。

⑤货物应大小搭配，以利于充分利用车厢的载容积及核定载重量。

⑥按顺序堆码，先卸车的货物后码放。

5. 运输车辆追踪

利用卫星定位系统，能实现实时了解、追踪车辆的位置，为客户提供送货车辆的状态和信息，掌握运输送货任务的执行情况，保证运输相关工作的有序开展，实现最小的运输成本投入。如果条件允许，应选择随车使用温度记录器和行车记录器等设备，对车辆送货过程中的运行情况进行即时、详细的掌握。

温度记录器随时监控车内的温度情况，多用于货品温度需要有效控制的配送车辆上，如疫苗，需要冷藏、冷冻的食品等。温度记录器，能及时提醒送货人员注意温度异常的情况，采取必要措施。记录器储存的数据资料可供事后管理人员检查查询。

行车记录器的用途很广，只要是涉及货物运送而且需要精细化管理的送货业务，都可以采用这个设备。行车记录器最主要的功能就是能掌握车辆送货过程中的行驶数据，包括时间、里程数、行车速度等，行车记录器功能描述如表 7-11 所示。

表 7-11　行车记录器功能描述

序号	功能名称	功能目的描述
1	记录车辆行驶及交货时间	记录由配送中心出发至各客户点的经过时间以及各客户点相互之间的路程时间，有利于判断此路线的送货过程中是否有阻碍，是否需要更换路线。根据到达每一个客户点的时间，以便观察有无延迟交货发生。根据离开客户点的时间，有助于检查司机交货作业开展的效率。根据返回配送中心的时间，以便观察整趟送货任务所需的时间。可根据这些数据来制订以后的调配车辆的计划
2	记录车辆行驶里程数	记录配送中心至各客户点及客户点之间的里程，考察配送顺序和路径是否合理。记录空车返回配送中心的里程，以便检查空车行驶的里程情况，优化运行效益
3	记录车辆运行速度	车辆的行车速度和平均速度：随时记录车辆的运行速度，观察是否经常受红绿灯的影响，或者是否受拥堵情况的阻挠，用于评估所选择的路线是否顺畅，送货的时间段是否是最佳的。 超速次数：以此来衡量驾驶员的行车素养，是否会为公司带来不当费用和潜在风险。 记录油耗量和平均油耗量：市区行车、负载过重等容易耗油，司机操纵不当也容易耗油，对于行驶的油耗量进行记录，这对于分析和降低运输成本有很大帮助。 记录引擎转速：由车辆引擎的转速是否正常，可以看出车辆本身状况是否正常。状况不良的车辆，及时维护保养。避免因为车辆状况不良造成货物延交的情况，提高送货服务水平

6. 在各阶段操作过程中，需要注意的要点

（1）明确订单内容，掌握货物的性质。

（2）明确具体送达地点。

（3）选择合适的送货车辆，选择最优的送货线路。

（4）充分考虑各作业点装 / 卸货时间。

（5）送达及交接的作业手续和记录，要规范、完整。

任务评价

在完成上述任务后，教师组织进行三方评价。全班举手投票，选出本次任务的“最佳团队”，并完成如表 7-12 所示“送货作业”任务评价表的填写。

表 7-12　“送货作业”任务评价表

项目组		成员				
评价标准	评价项目	分值（分）	自我评价（20%）	他组评价（30%）	教师评价（50%）	合计（100%）
	“堵城送货”情景剧表演情况	25				
	送货计划制订	25				
	车辆选择、配装组合	30				
	团队分工、合作情况	20				
合计		100				

任务巩固

一、单项选择题

1. 配送中心的业务活动以（　　）发出的订货信息作为驱动源。

A. 生产订单　　B. 客户订单　　C. 采购订单　　D. 内部订单

2. 接受订货是订单处理的第（　　）步。

A. 一　　B. 二　　C. 三　　D. 四

3. 某配送中心某天有 120 份订单，有 6 份订单没有及时交货，订单延误率为（　　）。

A. 5%　　B. 6%　　C. 12%　　D. 7.2%

4. 某配送中心每天订单需求数量平均 50 份，订单满足率 90%，那么实际交货数量为（　　）。

A. 50　　B. 45　　C. 90　　D. 40

5.（　　）的产生是提供产品出库的提示资料，是作为拣货的依据。

A. 提货单　　B. 拣货单　　C. 送货单　　D. 发货单

6. 拣货作业可以最简单地划分为订单拣取、（　　）及复合拣取三种方式。

A. 摘果式拣取　　B. 播种式拣取　　C. 批量拣取　　D. 指令式拣取

7. 拣货的最小单位是（　　）。

A. 货箱　　B. 订单

C. 包装的单件商品　　D. 托盘

8. 关于对“流通加工”的理解，正确的是（　　）。

A. 流通加工的对象是不进入流通过程的商品，不具有商品的属性，因此流通加工的对象不是最终产品，而是原材料、零配件、半成品。

B. 一般来讲，如果必须进行复杂加工才能形成人们所需的商品，那么，这种复杂加工应专设生产加工过程，而流通加工大多是简单加工，而不是复杂加工，因此流通加工可以是对生产加工的取消或代替。

C. 从价值观点看，生产加工的目的在于创造价值及使用价值，而流通加工则在于完善其使用价值并在不做大改变的情况下提高价值。

D. 流通加工的组织者是从事流通工作的人，能密切结合流通的需要进行这种加工活动，从加工单位来看，流通加工与生产加工则都由生产企业完成。

9. 根据流通加工的定义，下列属于流通加工的是（　　）。

A. 某工厂采购布匹、纽扣等材料，加工成时装并在市场上销售。

B. 某运输公司在冷藏车皮中保存水果，使之在运到目的地时更新鲜。

C. 杂货店将采购的西红柿按质量分成每斤 1 元和每斤 2 元两个档次销售。

D. 将马铃薯通过洗涤、破碎、筛理等工艺加工成淀粉。

10. 将钢板进行剪板、切裁；钢筋或圆钢裁制成毛坯；木材加工成各种长度及大小的板、方等加工方式是（　　）加工。

A. 生产　　B. 来样　　C. 来料　　D. 流通

11. 在超市对各类肉末、鸡翅、香肠等在上架之前，进行加工，如清洗、贴条形码、包装等，属于（ ）。

A. 冷冻加工 B. 分选加工 C. 精致加工 D. 分装加工

12. 送货作业管理的核心内容是（ ）。

A. 满足客户需求

B. 控制送货成本

C. 保证送货质量

D. 满足客户需求与送货成本两者的均衡控制

13. 中国国内配送中心、物流中心的配送有效距离大约在（ ）千米以内。

A. 30 B. 50 C. 80 D. 100

14. 在送货作业流程中，送货路线及车辆配载方案确定后，下一步骤应该是（ ）。

A. 货物装车 B. 车辆出发

C. 送货监控 D. 拟订送货作业计划

15. 配送路线的选择与确定工作的核心目标应该是（ ）。

A. 效益最高 B. 准时性最高 C. 成本最低 D. 劳动消耗最低

16. 由配送中心向一个客户进行专门送货，这种情况一般是针对（ ）。

A. 需求紧急的客户 B. 需求平稳的客户

C. 临时客户 D. 优质的主要客户

17. 合理配载是提高运输工具（ ）的一种有效形式。

A. 装卸效率 B. 运输效率 C. 装载率 D. 实载率

18. 在配载作业过程中，装货人员最常采用的配载方法是（ ）。

A. 经验法 B. 容重法 C. 数学模型计算 D. 软件模拟

19. 在采用经验法进行配载时，也要用简单的数学计算来验证（ ）。

A. 货物的数量

B. 是否按客户要求装载了需要的货物

C. 装载的货物是否满足车辆在载重量及容积方面的限制

D. 装载时间是否满足要求

20. 送货作业管理人员主要的工作内容应该是（ ）。

A. 制订作业计划

B. 安排送货线路

C. 安排送货人员

D. 合理制订送货作业计划并调度实施

21. 以下属于车辆调度应遵循原则的是（ ）。

A. 先近后远 B. 先重后轻

C. 先重点，后一般 D. 先高价，后低价

22. 在送货作业进行过程中必须进行有效的控制，以下不属于需要控制的内容的是（ ）。

A. 监督和指导货物的配载装运过程 B. 监控车辆按时出车

C. 监控汽车按时到达装 / 卸货地点 D. 送货人员的一举一动

23. 调度管理部门获得必要统计资料的一个重要途径是（ ）。

A. 调度人员每日填写的调度日志 B. 调度部门的每日例会

C. 送货人员的送货单回执 D. 客户的反馈意见

二、多项选择题

1. 常用的补货方式有（　　）。

A. 整车补货　　B. 整箱补货　　C. 托盘补货　　D. 货架补货

2. 拣货作业包括以下内容（　　）。

A. 行走与搬运　　B. 分类与集中　　C. 拣货　　D. 拣货资料处理

3. 通常拣货单位可分为（　　）及特殊货物几种形式。

A. 销售包装　　B. 托盘　　C. 箱　　D. 单件

4. 常见拣选信息传递方式有订单传票、（　　）、自动拣货系统传递等方式。

A. 拣货单传递　　B. 显示器传递　　C. 无线通信传递　　D. 计算机随行指示

5. 摘取（拣选）方式和播种（分货）方式分别适合于（　　）的配送作业。

A. 货物类型多、数量少和货物易于集中移动且对同种货物需求量较大

B. 货物类型少、数量少和货物易于集中移动且对同种货物需求量较大

C. 货物类型多、数量大和货物易于集中移动且对同种货物需求量较小

D. 货物类型少、数量少和货物易于集中移动且对同种货物需求量较小

6. 流通加工过程包括（　　）。

A. 形成产品零配件、半成品的过程　　B. 产品的辅助性补充加工

C. 创造价值和使用价值的过程　　D. 完善产品使用价值并提高附加价值

7. 关于流通加工的理解，（　　）是不正确的。

A. 流通加工可以是对生产加工的取消或代替

B. 流通加工的目的在于完善其使用价值并在不做大改变的情况下提高价值

C. 从加工单位来看，流通加工与生产加工则都由生产企业完成

D. 流通加工具有生产制造活动的一般性质

8. 属于生产资料流通加工的是（　　）。

A. 木材流通加工

B. 玻璃流通加工

C. 水泥流通加工

D. 大包装或散装物分装成适合依次销售的小包装的分装加工

9. 实现流通加工合理化主要考虑以下哪些方面（　　）。

A. 加工和配套结合　　B. 加工和配送结合

C. 加工和合理商流结合　　D. 加工和合理运输结合

10. 不合理流通加工的几种主要形式有（　　）。

A. 流通加工作用不大，形成多余环节　　B. 流通加工成本过高，效益不好

C. 流通加工地点设置不合理　　D. 流通加工方式选择不当

11. 配送送货作业的特点包括（　　）。

A. 范围广　　B. 距离短　　C. 批量小　　D. 频率高

12. 配送路线合理与否对（　　）影响很大。

A. 配送速度　　B. 配送成本　　C. 配送准确性　　D. 配送效益

13. 在进行配送路线的选择时，要考虑的约束条件包括（　　）。

A. 满足所有收货人对货物品种、规格及数量的要求

B. 满足收货人对货物发到时间范围的要求

C. 在允许通行的时间内进行配送，各配送路线的货物量不得超过车辆容积和载重量的限制

D. 在已有送货运力资源允许的范围内

14. 节约法的适用条件是（　　）。

A. 适用于有稳定客户群的配送中心

B. 各配送线路的负荷要尽量均衡

C. 要考虑客户要求的交货时间

D. 货物总量不能超过车辆的额定载重量

15. 在进行车辆配载时，应遵循的原则包括（　　）。

A. 充分利用车辆的有效容积和载重量

B. 重不压轻，大不压小，货物堆放要前后、左右、上下重心平衡

C. 尽量做到“先送后装”

D. 货物标签朝外，方便装卸

16. 以下车辆配载时的注意事项，正确的有（　　）。

A. 外观相近、容易混淆的货物分开装载

B. 切勿将渗水货物与易受潮货物一同存放

C. 不将散发粉尘的货物与清洁货物混装，危险货物要单独装载

D. 包装不同的货物视车辆空间可以混装

17. 制订送货作业计划的主要依据有（　　）。

A. 客户订单

B. 客户分布、运输路线、距离

C. 货物的体积、形状、重量、性能、运输要求

D. 运输、装卸条件

18. 最终编制完成的送货作业计划，应该包括（　　）。

A. 一份一定时期内综合的送货作业计划

B. 依据综合送货作业计划制订的每一车次的单车作业计划表（单）

C. 该送货作业计划的执行步骤

D. 该送货作业计划的调度实施预案

思政课堂

课后习题

参 考 文 献

[1] 陈雄寅．物流设备应用 [M]. 北京：电子工业出版社，2018.

[2] 梁旭．物流仓储与配送管理（第 2 版）[M]. 北京：清华大学出版社，2021.

[3] 陈荣秋，马士华．生产运作管理 [M]. 北京：机械工业出版社，2021.

[4] 唐连生．物流运输与配送管理 .2 版 [M]. 武汉：武汉大学出版社，2021.

[5] 袁雪妃，尹爱光．浅议现代物流产业中流通加工职能的延伸 [J]. 环渤海经济瞭望，2021(03).

[6] 常佩佩．浅谈企业物流管理中流通加工合理化问题 [J]. 经贸实践，2016(17).

[7] 邓传红．配送实务 [M]. 北京：中国人民大学出版社，2015.

[8] 丁爱美．仓储与配送管理实务 [M]. 北京：中国轻工业出版社，2014.

[9] 徐贤浩．物流配送中心规划与运作管理 [M]. 武汉：华中科技大学出版社，2014.

[10] 孔继利．物流配送中心规划与设计 [M]. 北京：北京大学出版社，2014.

[11] 阮喜珍．仓储配送管理 [M]. 武汉：华中科技大学出版社，2013.

[12] 陈雄寅．仓储与配送实务 [M]. 上海：华东师范大学出版社，2013.

[13] 郑彬．仓储与配送实务 [M]. 北京：高等教育出版社，2013.

[14] 蓝仁昌．仓储与配送实务 [M]. 北京：中国物资出版社，2011.

[15] 谭利其，何敏瑜．配送与流通加工作业实务 [M]. 北京：科学出版社，2011.